青をステディー 町へレディゴー

安田謙一
辻井タカヒロ

SEIKOSHA

お気づきになっただろうか

ロック漫筆家、安田謙一と、漫画家、辻井タカヒロのコンビによる新しい本が出来ました。雑誌「CDジャーナル」で2010年〜19年の間に連載した『書をステディ町へレディゴー』を執筆順に102回分集めたもので、同じコンビによる『ロックンロールストーブリーグ』からの流れを汲むものとなります。『ロックンロールストーブリーグ』は音楽出版社から10年4月に単行本（ムック）化されており、それに掲載されなかった最後の4回分も本書のイントロとして収録しています。

改めて、どういう内容の読みものかと聞かれると、返事に困ります。音楽や映画、書籍などカルチャーに関することが中心ではありますが、そこに著者、安田のこまごました生活について、紀行文、健康についての話題、たまにゃメイキンラブ、そうでなきゃハンドジョブな日々を主題としたものも混じっています。本屋さんが大事に扱ってくれるのでは、と淡い気持ちを「書」の文字にこめました。来るべき英訳の為に「READY, STEADY, BOOK OFF」という英題も考えています。

さて、お気づきになっただろうか。このページ、ここまで何ひとつ面白いことを書いていません。それには理由があります。本屋でまずこのページから読みはじめて、面白いことが書かれていたら、立ち読みしながら笑い死にするかもしれないからです。サウナのあとに水風呂に入るまえに、心臓から遠い場所からちろちろと冷たい水をかけて身体を慣らす、あの心得です。笑い死にしたい方は、そのままレジに持って行って、次のページから思い存分、楽しんでください。

「ロック漫筆」ということで、最初のうちはなにかひとつでもロック、あるいは音楽の話題を文章に盛り込むことを試みていたのですが、そのうち、そういうことを忘れて、まったく何も考えず、書きたいがまま文字を埋めてきました。ずばり、ロック漫筆とはそういうことなのかもしれません。

文句ひとつ言わずに、のびのびと書かせてくれた『ロックンロールストーブリーグ』の産みの親でもある藤本国彦さん、CDジャーナルの川上健太さん、市川誠さんに感謝申し上げます。

書籍化にあたり、快く出版と販売を請け負っていただいた誠光社の堀部篤史さんにも感謝以外の言葉はありません。御多忙の中、デザインをお引き受けいただいた藤田康平さん、著作「90年代の若者たち」(岬書店)に安田が惚れ込んで「あとがき」をお願いした島田潤一郎さんにも深く御礼申し上げます。

さて、お気づきになっただろうか。このページは本文と同じフォーマットで書き下ろされた「まえがき」なのです。ちなみに、この「お気づきになっただろうか」というフレーズ、ここ最近、テレビの心霊現象を扱ったバラエティ番組で動画を再生して「なにか映った」シーンをやり過ごしたあとに使う言い回しで、それに気づいたとき、あ、これは新しいな、と思ったのです。そう思ったら、こういう風に文章にして、辻井さんが漫画を描く、ということが安田と辻井コンビの長年の仕事だったのですが、今、母体となる連載が無く、調子が狂います。本書を読んで、ピンときた編集者のみなさん、お仕事お待ちしています。安田と辻井のコンビに終わりはありません。

巻末に、ボーナス・トラックとして同じコンビが不定期刊行誌『ビートル・ストーリー』で連載した「ポールがジョージにジョンずにリンゴの絵を描いた」を収録しています。

目次

お気づきになっただろうか　2

ロックンロールストーブリーグ

パンディモニアム花粉ショウ　8
いいものを見た　10
おばけの蘆江ロール　12
ロックンロールストーブリーグ改め…
書をステディ町へレディゴー　14

書をステディ町へレディゴー

ノーモア・ミスター・ひとちがい　18
バットマンといえば　20
ヘイ！自由度　22
サトって　サトられて　24
テケレッツのパ　26
男はつらいぜよ　28
ファンキー・コタツ　30
宇宙で死ぬわ　32
デトロイトなんとかシティ　34
ライク・ア・ヴァージン　36
愚かなり、わが行為　38
マーヴィン芸　40
川柳のはらわた　42
サマー・イズ・ヘブン、今年もたぶん　44
終わらないマンガ道場　46
出てこい、Shazam　48
これがこれでこれなもんで　50
時を数えるプール　52

怒るで、ふがし 54
モーもじり娘。 56
で・じゃ・ぶーマイフレンド 58
ながらＤＪ　手ぶらＤＪ 60
♪カ〜ラジオから〜 62
お TOMMY さん 64
老眼図乱 66
赤ちゃんが寝ています 68
燃えるいい女軍団 70
京都の中華　日本のロック 72
限りなく透明に近いフィルム 74
幻想の魔送球 76
ポセイドンのおめざ 78
生きてるって言ってみた 80
面白い　白い恋人 82
将棋の王将 84
アカちゃんよ永遠に 86
誰だ？　誰だ？　ダルだ！ 88
毎年、毎年、僕らは。 90
きけ　ふくろとじのこえ 92
知らなくもない町 94
26〜24 96
スプーン曲げたら40万円 98
海老田海老蔵 100
つけたけど、また消して 102
常時多発エロ 104
ライフオブしょっぱい 106
ＭＵＯ・ん…嘘っぽい 108
たいやき・イン・ザ・ＪＫ 110
ストレートのすっぽ抜け 112
TOKYO JOE のガラージュ 114
カレー or ハヤシ 116
幽霊の気分デー 118
ザ・なるほど　ザ・ワールド 120
ＩＺＡＭイズム 122
EACH 時空 124

思てたんとちゃうのチャチャチャ 126
21世紀の貸本 128
リバーシブル　翼を授ける 130
マザーとチャイルドのリユニオン旅 132
目的地に到着しました 134
帰ってきたウルトラ・ハイ・フィデリティ 136
爆走　リリーフカー 138
デビルスタワーはかき氷 140
見えすぎちゃって困るの？ 142
しろやぎさんからおてがみついた 144
妙な映画を観た 146
お値段以上 148
透明人間に毛が生えた 150
ＰＩＳＳはビルにして！ 152
ドント・ウォーリー・カズコ 154
今は幸せ会 156
タマホーム。たまにアウェー。 158
トリオ。兄弟。マン。マシーン。 160
りんごを齧ると 162
そのまんまの世界 164
仕事その前に 166
レコード墓場のシーボーズ 168
旧ソ猫を噛むロック 170
がんばれジョン　ジョンがんばれ 172
HELLもんじゃなし 174
勝手にしやがれ 176
ビラン・ロック 178
乗っ取り砂丘 180
俺はなんでも歌う女 182
あ〜あ爆弾 184
若者のはなればなれに 186
アメ！アメ！アメ！トラ！トラ！トラ！ 188
赤ちゃん　運ちゃん 190
ブレードランナー４１２６ 192
訳詞〇ひろ子 194
一曲集中 196

ポーの一族 198
ダイアモンドだね 200
そんなやつおらんやろ 202
秀樹の弟たち 204
シェイム・シェイム・シェイム 206
クーラーを止めるな! 208
顔はカラダの一部です 210
レコード欲しいなぁのうた 212
カメを助けただけなのに 214
ノー美勇士 乃~羅イフ 216
ハイク KAWASAKI ハイク 218
最終回ヅラ 220

ポールがジョージにジョンずに
リンゴの絵を描いた

1962 イワン・ウイスキーの年間ベスト10 224
1963 ノルウェイの暗殺の森 226
1964 オリンピックの顔と顔と新幹線の顔 228
1965 だけども ぼくは とべるんだ 230
1966 サム・ハヴ・ゴーン・アンド
・サム・リメイン 232
1967 さむくないかい 234
1968 メキシコ・シティは絵文字だらけ 236
1969 野球するなら。しなくても。 238
1970 万博でもいい 240
1971 しかたないではすむものか 242
1972-73 サイダー'72 サイダー'73 244
1974 2度漬け解禁 246
1975 ダイナマイトがチャール屯ヘス屯 248

安田謙一の最新アルバム
文・島田潤一郎(夏葉社) 250

パンディモニアム花粉ショウ

花粉症の季節がはじまった。

まだ京都にいるときに発症したので、20年以上のつきあいだ。

毎年、毎年、春になれば律儀にやってくる。ちょうど春を迎える前に、「なんとなく、今年は治ってんじゃないか」と根拠もなく考える瞬間があるのだが、そう考えた途端、それをあざ笑うかのように、毎年、きっちりやってくる。映画『キャリー』のラストシーン、束の間の安堵を打ち砕くように墓から出てきた手に腕を掴まれるような。いや、そんな恐ろしいもんでもないか。ただ、しつこいね。

行きつけの耳鼻咽喉科に、たぶん製薬会社のノベルティのティッシュペイパーの箱が置いてあって、そこにはこんなコピーが書かれていた。

「スプリング　鼻かむ」

これを最初に見たのは10年以上前だけど、毎年、この季節になると思い出すのが、これ。なんか悔しい。

薬を飲むと症状は治まるのだが、その分、眠くなる。いずれにしても集中力が無くなる季節である。もともと無いのだが、さらに無い。この原稿の長さで、まとまったものが書けそうにない。そうだなー、１４０字くらいなら書けるかなー。書けるというか、つぶやけるかなー、とか。

ツイッター。僕はやってませんが、こうしてカナ表記で活字にしてみると、たまのドラマー、石川浩司の声で「ついったー！」と叫んでみたくなりませんか？

あ、花粉症の話だった。ね、集中力無いでしょ。

当然、鼻水が出る。何度も鼻をかむと、鼻の皮膚がぼろぼろになるので、家では鼻うがいのついでに、水でかんでいる。高い紙質が〝売り〟のティッシュペイパーに「鼻セレブ」というのがあるが、さながら「鼻スレイブ」である。

「鼻セレブ」というのも、なかなかのネーミングだが、桃屋の「辛そうで辛くない少し辛いラー油」もすごい。すごいだけでなくて、美味い。何にかけても美味いんだけど、一度かけると、これが無いとなんか物足りなくなるんで、困る。

「辛そうで辛くない少し辛い」って名前。昔、イギリスにドクター・ストレンジリー・ストレンジっていうバンドがあって、彼らのアルバムに『ストレンジリー・ストレンジ・バット・オッドリー・ノーマル』っていうのがあるんだけど、ちょっと、似てると思うのだが、どうだろう。

どうだろう、という発見シリーズ、パート2。

「ノルウェーの森」と「ガール」が入っているビートルズ『ラバー・ソウル』はある意味、「森ガール」を予見していたのではないだろうか。

どうだろう、という発見シリーズ、パート3。

『ウルトラQ』のオープニング曲（宮内國郎）、あのギター・インストの、あれって、ジョン・バリーの「007のテーマ」と〝つくり〟が一緒ですね。二つとも大ネタ過ぎて…な話。

ついったー！「スプリング　鼻かむ」花粉症なう。

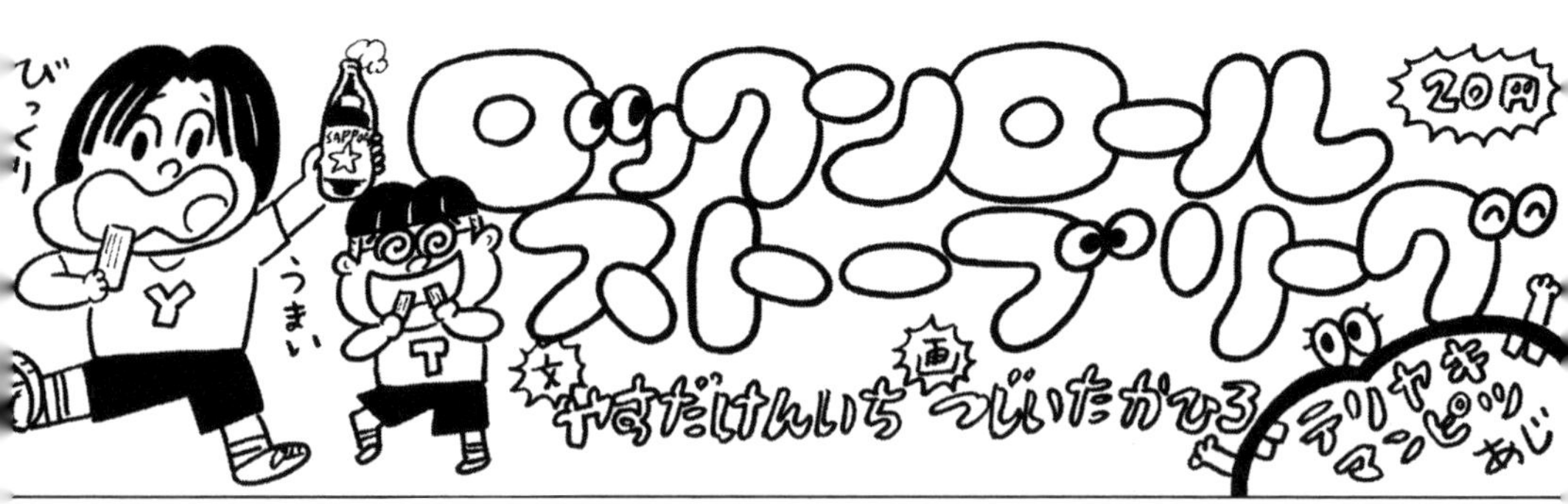

いいものを見た

昼から酒が呑める店、という話になって、教えてもらったのが、駄菓子屋と居酒屋が一緒になっている店。ある日の夕方、近くの温水プールに泳ぎにいったついでに行ってきた。

たしかに駄菓子屋の一角に呑み屋のカウンターがあった。ビール中瓶と冷奴を注文。気さくな女店主と話すうち、今、自分が座っている場所が、地下化する前の私鉄が走っていた線路の上だと教えられた。中学、高校と通っていた路線の、ひなびたホームの景色がよみがえる。

ちょっと気持ちよくなってきたので、ビールを追加。書き忘れていたが、ビールはセルフ・サービスで冷蔵庫から勝手に持ってきて、勝手に栓を抜く。メニューを見ると「たこせん　卵のせ」とある。忘れていた、駄菓子屋だった。注文すると、文字通り、たこせんの上にソースを塗り、その上に玉子焼きを乗せたもの。渋いね。カウンターで背中を丸めてビールを呑んでいると肩ごしに女の子の手が伸びてきた。のし梅さん太郎、6枚、60円を買っていた。忘れていた、駄菓子屋だった。

昼から、どころか開店は朝6時とのこと。これはいい店を教えてもらった。

…というような話を書いていて、ふと考える。

読者のうち、果たして何人が朝6時から酒が呑める駄菓子屋の話を読みたいのだろうか。

こういうことを考えていると、思い出さずにはいられないのが、斎藤茂吉の『接吻』という随筆。岩波文庫から出ている『斎藤茂吉随筆集』にも収録されている。

歌人、斎藤茂吉（1882〜1953）は40歳のころ、ヨーロッパに留学するのだが、その際、ウイーンの街頭で接吻をしている男女に遭遇する。大正10年、日本ではもちろん公衆の面前でキスをする男女などいなかった。その衝撃はハンパなものではなかった。「うつむき加減になつて、右の手を女の左の肩のところから、それから左手は女の腰のへんをしっかりおさへて立つてゐる」と冷静に観察を始め、それから1時間続く行為（あくまで接吻）の始終に付きあう。木陰から覗き見つつ、「ながいなあ。実にながいなあ」と漏らす。

興奮醒めやらぬまま、居酒屋に入りビールを3杯飲む。頭を抱えて再び、「どうもながかつたなあ。実にながいなあ」と独り言。もう一杯ビールを呑み、日記を書き、帰り道にもう一度、現場を訪れるも、そこには男女の姿は無かった。

家に帰り、床につく。最後の言葉が素晴らしい。

「今日はいいものを見た。あれはどうもいいと思つたのである。」

いま、どこかの街で口づけを交わす男女を目撃したことで、それを文章に表す人もいないだろう。が、斎藤茂吉の驚きと興奮はまったく色褪せることはない。

というわけで、素直にびっくりしたことを書いていこうと思う。最近、びっくりしたこと。あっ！、なんか本が出るらしいね。安田謙一というのが文章を書いて、辻井タカヒロってのが画を描いている『ロックンロールストーブリーグ。ステレオ！　これがロック漫筆』。これ、びっくりするほど、面白いよ。びっくりして！

おばけの蘆江ロール

テレビ局らしき大きなスタジオの中。照明は天井からのピンスポットひとつけ。光の中で男がひとり、スツールで熱心に本を読んでいる。

カメラは男の顔にズームイン。その視線に気づくことなく、まだ熱心に本から目を上げない。

約10秒、顔のアップ。男は突然、声を出して笑い出す。カメラ、バストショットまでゆっくりとズームアウト。ここではじめてカメラに気がつく。

男「おやおや、失礼いたしました。みなさん、こんばんは。下町のナポレオン14世こと、安田謙一です。いや、読んでいた本があまりに面白かったので、つい夢中になってしまいました。えっ？ 何を読んでいたかって、それは…」

ここでCM。ソフト・ロック調の男女コーラス「♪パーパパッパー、パパラパーラパー、ロックンロールストーブリーグ。読まなきゃ死ねない〜、死んだら読めない〜、チュルルルル〜、チューチューポマシェリーマシェリー、ロックンロールストーブリーグ、ナウオンセール！」

…と、長くなりましたが、安田謙一&辻井タカヒロ共著『ロックンロールストーブリーグ〜ステレオ！ これがロック漫筆 VOL.1〜』、好評発売中です。改めて、よろしくお願いいたします。買ってね。

では、気を取り直して。

今、読んでいた本は平山蘆江の『蘆江怪談集』です。これがめちゃくちゃ面白いんですよ。

平山蘆江（ひらやまろこう・一八八二〜一九五三）はウィキペディアによると、小説家で詩人で歌人で俳人で作家で放送作家で随筆家（コラムニスト）で文芸評論家…というマルチな文人。同時代の泉鏡花らと共に、「怪談好き」としても知られる彼が昭和9年に書いた怪談集。なんと75年ぶりにウェッジ文

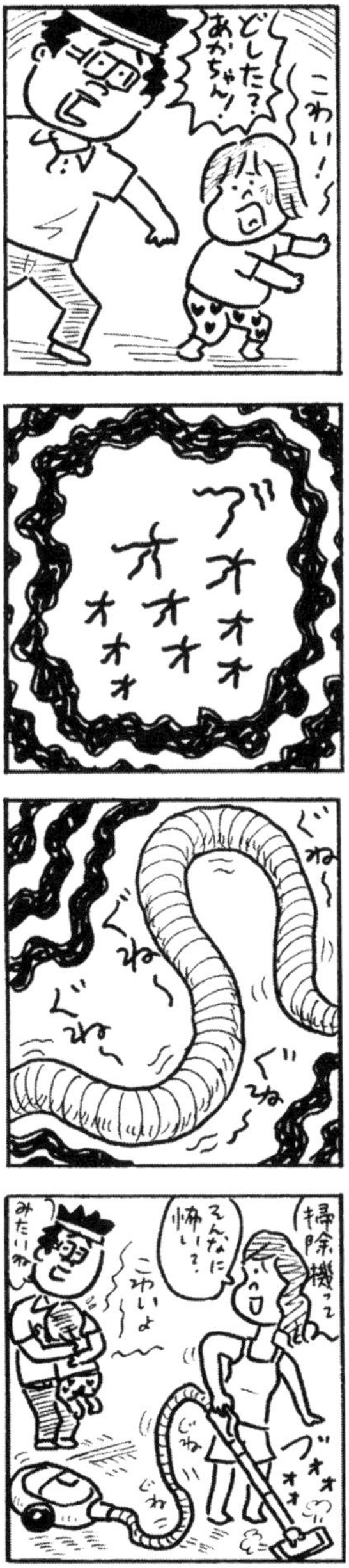

庫から復刻された。『ロックンロールストーブリーグ』とあわせて買っても三千円でお釣りがくる良心価格です。

文字通り、短編怪談が12本、収録されているのですが、それぞれの完成度、読み応えが尋常じゃないです。例えば「火焔つつじ」。人間の嫉妬心が庭一面の炎と化すカタルシス。鮮烈なイメージは誰の脳内にも映像を生み出すことでしょう。和田誠もオムニバス作『怖がる人々』（94年）で、この短編を映画化しています。

「うら二階」では完全にモダン・ホラーの「つくり」が出来上がっていることに驚かされます。先の「火焔つつじ」が映像的だとすれば、これは映画的というべきか。自身の「怪談好き」を客体化してみせる「怪異雑記」はスティーヴン・キングの「死の舞踏」を…何年？…先駆けています。キングに負けず劣らずのページ・ターナー、蘆江を発見しました。

優れた怪談短編はどこかポップ・ソングの魅力に通じます。読み終えて／聴き終えて、しばらくして、ぞくっとくるような感覚。ひんやりとした「つくりもの」の美学。と、書いていて思い出す「作家」は、（元、ですね）ゆらゆら帝国の坂本慎太郎と、シスターポールのススムちゃんの二人。その源泉をたどれば、赤と白のボーダーシャツに身を包んだ、あの「作詞家」がいるわけですが。

ロックンロールストーブリーグ改め…
書をステディ町へレディゴー

今、西暦2010年5月23日、深夜。いや、深夜ではなくて、お昼すぎ。だけどキブンが出ないので文章の上だけでも深夜。BGMはエグザイル…（約五秒空けて）…オン・メイン・ストリート。

この連載が単行本になった『ロックンロールストーブリーグ　ステレオ！　これがロック漫筆VOL.1』が発売されてから、ちょうど1ヶ月。ついでに言えば、今、こうして書いている原稿が読者の目に届くのはさらに1ヶ月あとになる。

発売からのひと月の間、なんだかんだで表に出た。犬も歩けば、の諺どおり、出たらで出たで、いろいろなことがあった。連載百回を記念して二ページを頂いたので、「いろいろ」を日付入りで書いてみようと思う。

5月2日。金沢のギャラリーSLANTで行なわれた、日本が誇るロック画家の2大巨匠、ロッキン・ジェリービーンとキング・ジョーの二人展「ダブルファンタジー2010」のオープニング・イベントで二人を相手のトークショウの司会として招かれる。鬼才キング・ジョーの画風に刺激されて天才ジェリービーンが描く春画の数々。まるでキース・リチャーズのミストーンまでをコピーするミック・テイラーの図。最高！

5月3日。金沢からキング・ジョーと雷鳥で大阪へ。中津のART COCKTAILへ根本敬＋蛭子能収＋佐川一政の3人による『世界に誇るより他ない、ハッテンバプロダクション――GW関西お披露目トーク興業――』を観に行く。佐川さんの「今、食べたい芸能人」などサービストークに感涙。根本さんから蛭子さんに「三十年前に京都で…」と紹介される。根本さんが新世界で買ってきた應蘭芳「渚

の歓喜（エクスタシー）」に一同、盛り上がったのを「これ、ヒット曲だよ」とクールに反応し、鼻歌を歌う蛭子さん…を片隅で眺めていた18歳の想い出。

5月5日。神戸湊川神社でギリヤーク尼ヶ崎。実演を観るのは初めて。昔、舞踏でも映画でも演劇でも「おかーさーん」と叫ぶのをアングラの典型と馬鹿にしていたが、今は、もう「それしかない」と思える。痺れました。ついでに。ギリヤーク尼ヶ崎と、ゲイリー芦屋って名前だけは似ているね。

5月8日。神戸アートビレッジセンターで行なわれた「正しい音楽の聴き方」というイベントに参加。桃屋の「辛そうで辛くない少し辛いラー油」をモジって「辛そうで辛くない少し辛いロック漫筆」という1時間の（電波を飛ばさない）ラジオ番組を行う。一部、好評を得たようで、来る6月27日、京都shibiで「まったく同じこと」を演ります。イベント名は「コードシンコーミュージック」。共演は細馬宏通（かえる目）ともぐらが一周するまで。7時半開演。ユーストリームでの放映も予定。

5月10日。ジョージ・A・ロメロ監督の新作『サバイバル・オブ・ザ・デッド』試写。上映前に滑り込むように隣の席にガリガリガリクソンが。おかげで映画の間、何度も「一生一緒にウィキペディア」と脳内再生。

5月12日。近所に出来た安いレンタカーを利用して潮干狩へ。潮干狩はすっかり年中行事。詳しくは「ロックンロールストーブリーグ」第64回を御覧下さい。途中で寄った古着屋の駐車場で隣の車をこする。完全に僕の過失。被害者さまに心からお詫び。免責補償があってホッとした。そういえば一昨日会ったのが、ガリガリガリクソン。ガリガリガリ・苦・損。オーメン（凶兆）だったのか。

5月15日。京都shibi（今度、僕も出るところだよ）で、湯浅学＋小説家いしいしんじの二人による「ことばの使い方特別編――Beatlesの音楽作法」。二人のビートルズ、アナログ・コレクションをじっくり聴かせていただく会。お昼2時に始まって、終演が夜7時。5時間という長さをまったく感じさせない。生まれて初めて、英パーロフォンのマトリックス1を聴いたことも重要だったけど、湯浅さんの、当初はなんかロックを感じないなと思っていた『サージェント・ペパーズ』を、世界の盤を聴き比べ、オーディオ環境を吟味することによって最終的にもっともロックな『サージェント・ペパーズ』に行き当たるまでの（終りなき）旅に深く感銘を受ける。終演後、いしいさんに、ベストセラー漫画「怪猫！女中屋敷」（れれ、題名、違ってたかも）の作者女史を紹介され、狂喜。サインも頂く。

5月16日。京都は磔磔でサンハウス。日本語ロック詞の最高峰、菊こと柴山俊之と、ブルース～ロック・リフの大蔵ざらえ、鮎川誠を中心に、ルックスこそ商店街の自治会の集まりみたいだが、ツボを押さえまくりのグルーヴを紡ぐオリジナル・メンバーによる最高のロック・ショウ。幸いにも会場での打ち上げに参加させていただく。鮎川さんには、僕がどれだけシーナ＆ロケッツのエルボン盤が好きか、を1分間で力説。まるで夢を見ているような空間の中、友人たちと、隣の席のサンハウスのみなさんに聞こえないくらいのヴォリュームでくだらないロック談義を連発。そのひとつ。（菊さんが、というわけではなく）ロック・バンドのヴォーカリストがギター・ソロの間にマラカスやタンバリン、たまにハープを吹くのはバンド・サウンドに貢献しているのではなく、本人が退屈な自分を（赤ちゃんみたいに）あやしているのだ、という論でした。

おっと、字数が余りました。
百回ということで、なんか、やらなきゃ。というわけで突然ではありますが名前を変えます。
「ロックンロールストーブリーグ」改め「書をステディ町へレディゴー」
次回から安田謙一＋辻井タカヒロの新連載「書をステディ町へレディゴー」をお楽しみください。
内容は…ま、変わらないです。

で、決めたあとで言うのもなんだけど、ステディとレディの順番が逆ですな。でも、語呂が命。このままでいきますね。

もし口に出して読まれることがあるなら、「書をステディ」は、伴淳三郎が東北弁で「書を捨てて」

を訛って呟くように、「町へレディゴー」は、プロアクティブのＣＭの眞鍋かをりみたいに闇雲に元気よく。せ〜の、

「書をステディ町へレディゴー」

そして、

「ロックンロールストーブリーグ」

さようなら、バイバイ。

ノーモア・ミスター・ひとちがい

予告どおり、連載の名前を変えます。百回続いて、単行本化もされた「ロックンロールストーブリーグ」の名前を捨て、「書をステディ町へレディゴー」。今回が第一回です。名前を変えることで、更に運気があがればいいな、と願いをこめて。石原真理子が石原真理絵になったように。ジェファーソン・エアプレーンがスターシップになったように。西鉄ライオンズが太平洋クラブライオンズになったように。…………って、みんな運気下がっとるやないか〜い!

さて。先日、大阪は十三のライヴハウス、ファンダンゴにレインコーツを観行った。激しい雨が降る帰り道、一緒に観に行った妻が笑いながら、さっき面白いことがあった、と言う。

僕が妻と離れたとき、待ち構えていたように、となりにいた男性が彼女に声をかけた。

「あの、お連れの方、ひょっとして…」と、持っていたカバンから本を差し出された。

ここで出てくる名前は安田謙一、本は「ロックンロールストーブリーブ」…となったら、普通の話。

いや、そんな素敵なことも、普通はないんだけど。

そう。完全な人違いであった。

妻の記憶によると「きくちまこと」さんですか、と聞かれたらしい。

家に帰ってインターネットで検索してみた。妻の記憶によると、差し出された本の表紙イラストを西島大介が描いていた。辻井タカヒロではなく、西島大介が(しつこい!)。

で、すぐに発見。ファンダンゴで男が差し出したのは菊池誠の「科学と神秘のあいだ」という本だった。

菊池誠(敬称略)は58年生まれ、大阪大学サイバーメディアセンターの教授である。

なにわともあれ画像検索で著者の顔を見た。おっ、いい男。俺より、いい男。これは気分がいいものだ。間違われた男が、がっかりするような風貌だと、ここで話は終わってる。話題としても、記憶からもフェイドアウト。せっかく間違えられるなら、いい男。気分が良くなって、つい勢いでこの3月に出たばかりの「科学と神秘のあいだ」を買って読んだ。めちゃくちゃ面白いのです。

映画「カプリコン1」のプロットみたいに、「アポロは実際、月には行ってない」と真顔で言う人が存在するが、それを、実況中継を見ていた体験者の「リアル」として否定する姿勢、ついでに、ジミー・ペイジからテルミンに興味を持ったことも併せて、完全に同時代人を感じた。

「説得力」を上回る「納得力」という表現にも唸った。さっそく、これは別の原稿で使ってみよう。

この人、ディックの訳書も出してるんだ。なるほど。

ちなみに「科学と神秘のあいだ」はwebちくまに連載されていた原稿を集めたもの。筑摩書房から発売されています。

もしも、あなたが、街で見知らぬ誰かに声をかえられて、「安田謙一さんですか、サインください」と「ロックンロールストーブリーグ」を差し出されることがあれば…。

「いいえ」と答えて、ついでに本を探して、買って、こんな風に宣伝してくださいね。

バットマンといえば

ここ数日、チカーノ・バットマンというLAの3人組バンドのアルバムを聴いている。これが、ゆるゆるの、いい塩梅の音で。好みの音やねと言われたら、はい、としか答えようがないような音楽です。なんたって、あーた。名前がいい。ネットで最初に名前を見ただけで、一目惚れしてしまった。チカーノで、バットマン。オレにとっては最強だ。はっきり言って、名前が音楽に下駄履かせている。ま、そういうもんだ。

前にゾンビについても同じようなことを書いたけど、バットマンも毎年のようになんだかんだ話題と生活に刺激を与え続けてくれるね。

映画『ダークナイト』も『バットマンガ』も08年。だけど、後者は机のヨコの本棚の目立つところに置いていて、しょっちゅう原稿書く前にページ開いて、気合い入れてるんで、今もフレッシュというか。ミント・コンディションというか。

『ダークナイト』はいいとして、『バットマンガ』についてはちょっと書いておいたほうがいいかな。

正確には『Bat-Manga!: The Secret History of Batman in Japan』というタイトルの洋書。内容は66年、アメリカのTV版ドラマが公開されていたときに、日本の少年キングに連載されていた桑田次郎（!!!!）の漫画「バットマン」の全エピソードを集めたもの。編集とデザインを装丁家のチップ・キッドが手がけていて、これがなんとも、いい塩梅に狂っていて、いい塩梅に狂っているものを見たいときには最高の一冊。まだ日本でもネット通販で買えるので、いい塩梅に狂っているものを毎日眺めてみたい人は是非！ ちょっと高いけどハードカヴァー版で。

さて。バットマンの話になったら避けて通れない話を思い出した。

バットマンといえば。いや、正しくは「バットマンといえば」といえば…についての話だ。

もう10年ほど前のこと。個性的な仕事で長年に渡りカルト的人気を持つフリー編集者のMさんが神戸に来ると、ちんき堂の戸川昌士さんから連絡があった。さっそく、妻と友に元町の居酒屋へ向かった。ビール呑みながら、何を話したかはほとんど覚えていないが、唯一、覚えているのがMさんによる「バットマンといえば」というフレーズだ。例えば、こんな感じ。

安田「最近、若い人がエロ漫画、漁ってるみたいですね」
戸川「もうピークは越えたんちゃうかなー」
Mさん「バットマンといえば…（以下、延々）」

そう！　誰もバットマンと言ってないのだ!!　おそらくMさんの脳内では目の前の会話のすべてをバットマンと変換する翻訳機のようなものが機能しているのだろう。これが一度ならず、二度、三度。

Mさんと別れて、ひとしきり戸川さんと「バットマンといえば」で盛り上がった。

ネルソン・リドルから、ベンチャーズ、リンク・レイ、ザ・フー、キンクス、シナロケ、ジャム…いろんな「バットマン」集めたコンピ盤って、ありそうでないね。出ないかな。タイトルはもちろん、「バットマンといえば」。ライナーはM…、いや、松尾多一郎さんにお願いしたい。

ヘイ！自由度

ひさびさに自由について考えた。

夏の高校野球での応援歌「ハイサイおじさん」問題のことである。

今年、地方紙の沖縄タイムスに〝遊郭を遊び歩く、酒飲みおじさんをからかう「ハイサイおじさん」原曲の歌詞が、高校野球応援歌にそぐわない〟という内容の投書があり、それに応じて、第92回沖縄県代表校野球部ＯＢ会は使用自粛を決めた。

しばらくの間、自粛されたものの、8月20日、興南と報徳学園の準決勝で、興南の応援席の市立尼崎高校吹奏楽部が禁を破り（試合後の同高校教諭への取材によると、興南サイドには事前に演奏の予定を知らせ了解を得ていたとのこと）、「ハイサイおじさん」を演奏する〝感動的な〟シーンがニュース番組で放映された。（騒動について、ウィキペディア「ハイサイおじさん」の項を参考にした）。

まず、投書内容のくだらなさ、それに応じる野球部ＯＢ会のくだらなさについては、くだらないので、ここでは触れない。その経緯は報道されたのだが、なんともショボいドラマである。にもかかわらず、ブラバン演奏で「ハイサイおじさん」が鳴らされる瞬間には、強烈なカタルシスがあった。ほんの数週間、規制されていた〝だけ〟なんだけど、まるで１５０年ほど禁じられていたものが解放されたかのような。

音楽には、なんというか、こういう強さがある。ズルさとも言える。絵に描いたような自由が入道雲のようにもくもくとブラウン管から（２０１１年7月から地デジになります）湧きでてくるのが見えた。

ひさびさに自由について考えたついでに、思い出した。「よだれ一滴」というお気に入りのブログで「フェアウェル さらば、哀しみのスパイ」という映画に、旧ソ連に住む少年がクイーンの「ウィル・

ウィル・ロック・ユー」を（西側のスパイによってもたらされた）ウォークマンで聴きながら、誰も見ていない場所で思い切りフレディーのマネをするシーンがある、ということを知った。ああ、これだけで観たい。必ず、観よう。このシーンを妄想しながら、モーフィングしたのが、20数年前に京都で偶然、目撃した「ジャンピン・ジャック・フラッシュ」小僧。古い町屋の2階の窓にうつるのは、その部屋に住んでいる男子中学生（と、後で近所に住む友人から情報を得た）が、かなりの爆音で再生されるストーンズ「ジャンピン・ジャック・フラッシュ」に合わせ、必死で踊る姿。蛍光灯の白い光が照らす影絵となって、カーテンいっぱいに映る（もはや）ミック・ジャガー。しばし見とれてしまった。それで自由になったのかい、と聞くまでもないわな。ウォンチュー！

クレイジーケンバンドがアルバム『ミント・コンディション』で披露した韓国トロット「無条件（ムジョコン）」のカヴァー。この曲との出会いは、バンドが、ライヴハウスの楽屋代わりに使用している韓国料理屋のマスターがカラオケで熱唱していたのを目撃して、というハナシ。

もうひとつ。ドラマ『モテキ』で満島ひかりが、神聖かまってちゃん「ロックンロールは鳴り止まないっ」を、これまた熱唱するシーン。

音楽の自由はシロウトの特産物である。

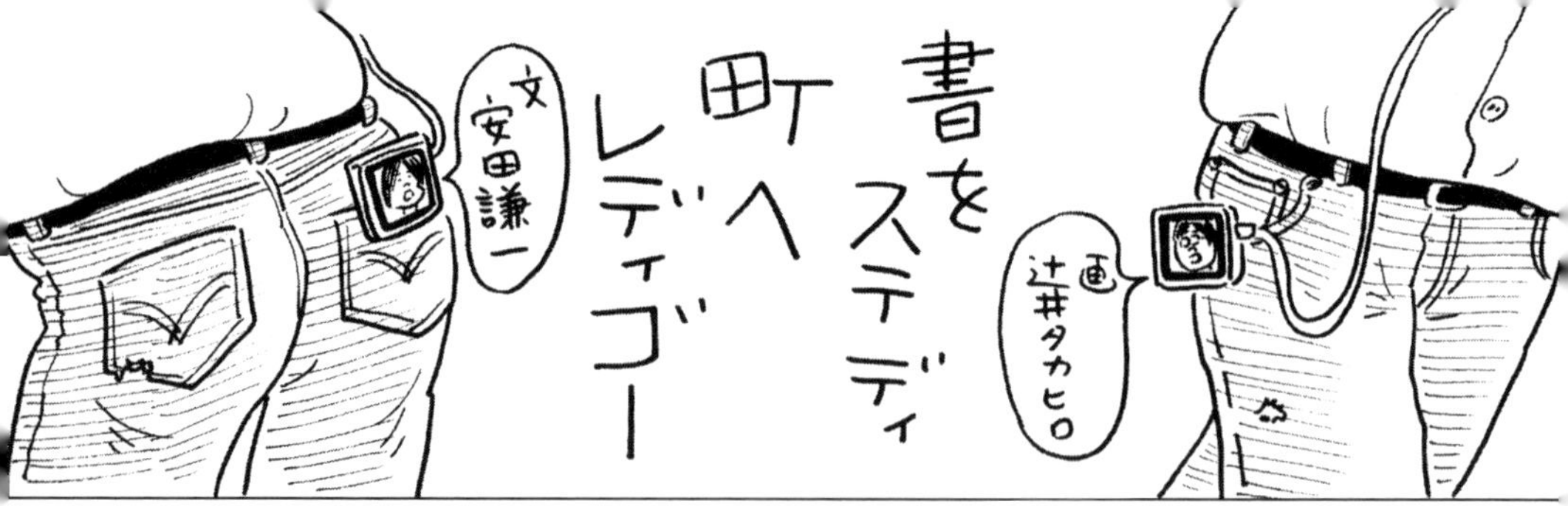

サトって　サトられて

友人から、今年の9月に発売された「iPod nano」の通称「第6世代」を薦められた。前の「ロックンロールストーブリーグ」から、何度もアップル社のデジタルオーディオプレイヤーの新製品について書いてきたが、未だ、何も買ってはいない。…という原稿を書くのも何度目だろう。最初に「薦められた」というのも、「買え」というのではなく、「書け」ということだ。いやー、わかってらっしゃる。

この「iPod nano」の「第6世代」…について書く前に、ひとこと言いたいのだが、「アイ・ポッド・ナノ」について考えるたびに、♪マコ、甘えてばかりでごめんね、ミコはとっても幸せnano」と、歌ってしまいませんか。しまいませんか。ませんか。そうですか。

さて、「iPod nano」の「第6世代」。大きさは37.5㎜（縦）×40.9㎜（横）で、そのほぼ全面がタッチパネル式のモニターになっている。

いろいろな機能があるのだが、ここで問題にしたい特性は、ただひとつ。今、聴いている曲の「レコジャケ」が、ほぼ正方形（約4センチ四方）のモニターいっぱいに表示される、ということ。これにクリップがついていて、胸のポケットや、襟なんかに装着出来るのだが、これが、なんというか、ロック喫茶でよくあった「now playing」（今、演奏中のレコードはこれです、ってことね）って書いてあるレコジャケ・フレーム感覚という感じ。子供の時から今まで、電車で本を読むときにブックカヴァーをすべきか、どうか、を、本の内容によってうじうじ迷ってしまうような、または、絶対に人が読んでる本の書名を確認しようとしてしまう僕のような人間にとって、この「自意識」の表明は、なかなか新鮮なものがある。しかも、大きさ（小ささ）のガジェット感がまた、なんともたまんないですな。ボブ・ディ

ランのジャケのチロル・チョコにも通じるミニチュア趣味。

「表紙だけで本の中身はわかんないもんだぜ」と歌ったボ・ディドリーはなんと言うだろう。

ひょっとすると、新手のコミュニケーション・ツールとして利用出来るかもしれない。

たとえば、スミスを聴きながら（＝ジャケをディスプレイしながら）歩いている見知らぬ男と女が街ですれ違う瞬間のドラマ。なんとなく、「（500日の）サマー」の世界ですが。

あるいは、こっちがビートルズの『ホワイト・アルバム』聴いて歩いていると、向こうから歩いてくる女の子が、突然、iPod nanoを操作、僕の「真っ白」なモニターに対して、「真っ黒」なジャケをディスプレイしたりして。おっ、それってプリンスの『ブラック・アルバム』？　ひょっとして、スパイナル・タップの『ブレイク・ザ・ウインド』？　俺に対抗してんの？　とワクワクしてたら、単に電源切っただけでした…ちゃんちゃん。なーんてね。

落ち込んでいて、誰にも声をかけて欲しくないときには、サニー・ボーイ・ウイリアムソンの『ダウン・アンド・アウト・ブルース』のジャケでも出したいところ。

レコジャケは雄弁ですなー。

あっ、雄弁nanoだ、でした。

テケレッツのパ

2010年8月、チリ北部コピアポ郊外サンホセの鉱山の落盤事故で、作業員33人が地下700mの避難所に閉じ込められたが、事故の17日後、奇跡的に全員の生存が確認され、10月14日に無事救出された。

…と、わざわざ3行も費やして、誰もが知っているニュースを繰り返してみた。この原稿が世に出る頃には、今更ながら、の話かもしれない。

作業員の最初のひとりが救出される様子をCNNの中継で見た。救出が無事に終了するのを見届けてから、ヤボ用があったので外に出た。もし在宅していたなら、ずーっと観続けていたような気もする。まる一日をかけて全員が救出された。そのニュースも外出先の電光ニュースで知った。「33人救出」の文字に、いや、まだ救出の為に地下に潜ったままの人が、と思った。家に戻ってそれも含めての全員の無事を確認。ホッとするとても大きく心を動かされる出来事だった。画面の中でひとりの男が歓喜の声をあげている。作業員の親戚か友人か、と考えて、その考えをひっこめた。この人は生命の帰還に立会って反応している、ただそれだけなのだろう。画面を通じてその感情以前の感情が伝わってきた。

…って、今月、なんか、妙にイイ話になってませんか。参ったな〜（と、加山雄三のように）。

でね。このニュースが凄かったねーと誰かに話したら、たいてい、「ハリウッドで映画化決定だってね」とか、「嫁と愛人が…」とか、「保険金が凄いらしいね」とか、そういうリアクションばっかり。そういうことじゃないんだよなー。最初に書いたようなシンプルな感動、それがすべてなんだよねー。それぞれ際立った作業員の魅力的なキャラについての話題も余計に思えるほど。

以前にも、下半身まで土に埋まった子供や動物が救出される映像を観たこともあるけど、今回の救出劇はそれとも一線を画した。そりゃ、子供や動物は大事だよ。言うまでもなく。ただ、今回の、酸いも甘いもかみしめた人間が、『レッド・ローズ・スピードウェイ』の中ジャケのイラストに描かれたレトロなロケットみたいなカプセルに乗って出てくる図は、これまでに遭遇したことの無い凄いものがあった。一言で言うと、

「次から次と、おっさんが地球から産まれ出てくる」

ずばり、そんな図だったのだ。

…あ、あんまりイイ話じゃなくなってきた？　あれー？（橋幸夫の真似をする、ぼんちおさむのように）。

思えば、単純に〝衛星中継〟が好き、と言う話かも知れない。不謹慎な話だが、「浅間山荘」も「三菱銀行北畠支店」も「9・11」も、またしかり。子供の時に「夜、寝なくても怒られない」という記憶や、「ひょっとして明日、学校休み？」という甘い予感が今も染み付いているのだ。

さて、チリ鉱山の話に話を戻すと、あれ、金や銅を掘ってたんですね。炭鉱と鉱山と混同しちゃいかんが「チチチ、レレレ、ビバチレ！」の掛け声をつい「炭坑節」に脳内変換してしまった。過酷な現実を麻痺させるような陽気な曲調。そう考えると「炭坑節」ももの悲しい。

芙蓉軒麗花「ろうきょく炭坑節」（祝ＣＤ化）で悲しみをぶっ飛ばす。

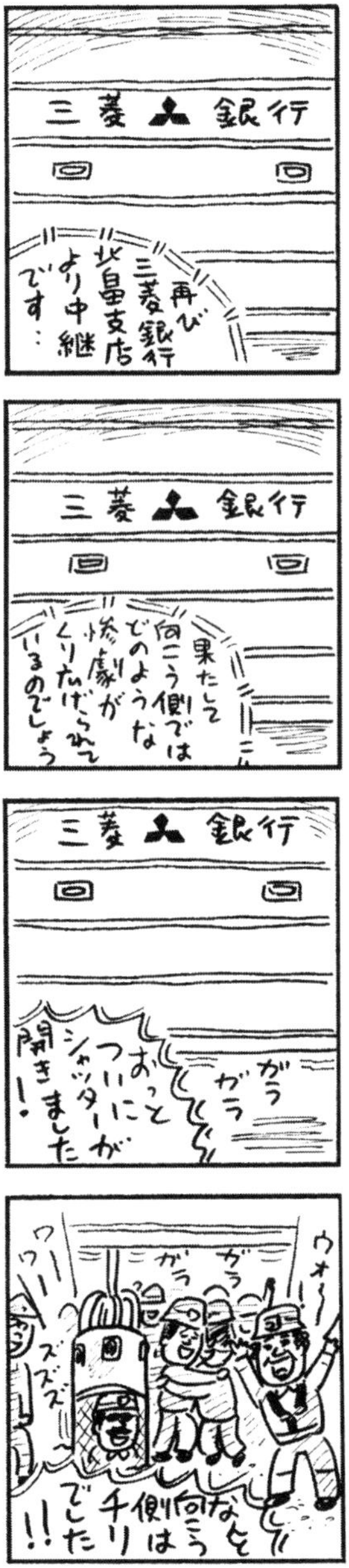

男はつらいぜよ

近所に温泉の源泉をひいた、大きな銭湯がある。この銭湯での出来事はこれまでにも書いた気もするが、今もたまに利用する。

その銭湯から遠くない場所に、日本でもっとも有名な「組」の「事務所」がある。そこに所属している人が、この銭湯をよく利用している。

サウナ風呂や、最近のいわゆるスーパー銭湯のほとんどが「刺青の方、お断り」というシステムなのだが、この銭湯に限ってはウェルカム。誰も差別しない。そういう場所だからか、先に書いた「組」以外の「組」の人や、「組」に属さない刺青の男（ストーンズ！）もわざわざ入りに来ているのだろう。それほど刺青の男（スタート・ミー・アップ！）が多い。湯船に使っている6人のうち、僕以外の5人が刺青の男（ハング・ファイヤー！）という状況も珍しくない。当たり前といえば当たり前だが、彼らは刺青を入れているだけで、こっちを睨むとか、威嚇するとか、殴るとか、蹴るとか、恫喝するとか、襲うとか、そういうことはなく、とても行儀よく入っている。ある意味、慣れないカタギの人よりもマナーがいいようにも感じる。

刺青の男（リトルT&A！）と、僕なんかが一緒に湯船に使っている図。カメラを引いてみたら、ライオンとカピバラがひとつの檻の中で共棲しているように見えるだろう。

そんな環境の中で、唯一、彼ら、刺青の男（ネイバーズ！）が「ライオン」なんだと感じざるを得ないときがある。たとえば、「目上」が風呂からあがるとき、脱衣場で「目下」がその身体を丁寧にバスタオルで拭くとき。あるいは休憩所で「目下」が「目上」の靴下を履かせるとき。なんとなく「カピバラ」としては見てはいけないものを見た、という感じでさりげなく目をそらす。

「目下」は若い刺青の男（ウォリード・アバウト・ユー！）がほとんどだが、中にはかなり年配の人もいる。おそらく僕よりも年上の人が、休憩所で生ビール呑んでいる僕の隣で、腰を屈めて人の靴下を履かせている図を見ていないフリをしながら、見ていると、なんとも不思議な気持ちになる。一般に刺青の男（友を待つ！）は闇雲に偉そうにしているというイメージがあると思うのだが、これほど「偉そう」から距離のある姿もないだろう。それを僕みたいな「カピバラ」に見られるのは、どんな気持ちだろう。

ずばり、人に仕えるのがイヤなあまり、思い切り人に仕えてしまっている、のだ。

ただ、それが出来るのも、ひょっとすると苦でないのも、ヘタすると好きなのも、きっと根本に「自分で選んでいる」という気持ちがあるからだろう。

たとえばビートルズの『マジカル・ミステリー・ツアー』のカブリモノも然り。もし彼らが売れないバンドで、これでも被って、と誰かにあのコスチュームを手渡されたら…。男はいつも「自分で考えた」にこだわるカピバラなのだ。と、書きながら、なんとなくオフコース『NEXT』を思い浮かべたりして。

冒頭から「刺青の男」を連発したが、ケーシー高峰なら白板に「刺青の男＋銭湯→タトゥー湯（ユー）」と書くことだろう。ケーシー高峰といえば、２０１０年暮の「笑点」が凄かった。

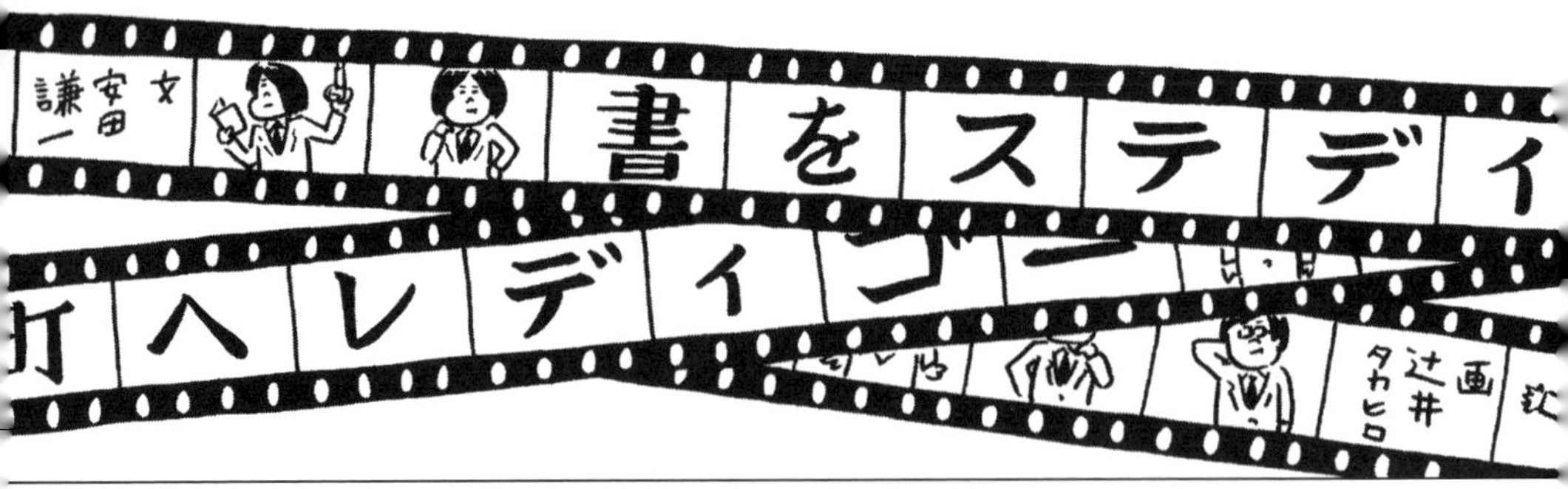

ファンキー・コタツ

覚せい剤辞めますか？ それとも人間辞めますか、という公共広告があった。

毎年、このコピーを思い出すのはこたつを出すときだ。こたつは確実に人間をダメにする。

ＥＬ＆Ｐ「タルカス」の恐竜戦車みたいな格好で本読みながら、いつしか寝る。すぐに寝る。寝ちゃいかんと思いながら、ずるん、と眠りに吸い込まれていく。寝るというより、コール・ポーターの「エヴリタイム・ウィ・セイ・グッバイ」の歌の〝I die a little〟じゃないけど、ちょっと死ぬ、って感じ。だいたい、いつも夕方5時から晩飯の間に、ちょっと死んでいる。よく考えると、夏は夏で、ナイターが始まるくらいの時間にも、ちょっと死んでる。

せっかく、こたつの話題になったので、こたつとロックについて考えてみよう。

まずは、レコジャケ。当然、国産になりますね。ヒカシューの初期音源集『１９７８』は、屋外でメンバー5人がこたつに入って、麻雀よろしくアナログ・シンセをいじっている、という構図だ。これはジャケで使用される以前にもアーティスト写真としてよく目にしていたものだ。麻雀といえば、ＹＭＯ「ソリッドステート・サヴァイヴァー」のパロだったのか、どうなのか。

歌詞でいえば、なんと言ってもはっぴいえんど「春よ来い」の〝お正月と言えば、こたつを囲んで〟、これに尽きる。ヒカシューのジャケにしても、松本隆の歌詞にしても、ロックと相反するイメージのこたつを、そのイメージの力を利用して、見事にロック表現に昇華している。なーんて考えながら、また眠けが。

いかん、いかん。こたつ、いかん。

これでよく、「書をステディ町へレディゴー」なんて、よく言えたもんだ。こたつを出よう。ブライアン・ウイルソンにもサーフボードを抱え海に向かう日が必要だ。

しばらく前に、近所にある「神戸フィルムサポートセンター」にエキストラの登録をした。もちろんギャラは出ないが、映画の現場が体験出来るのと、それ以上にどんな小さな形であれ、映画に〝残る〟というのは魅力的だ。ちなみに友人は、同じオフィスからの紹介で、北野武「アウトレイジ」の警官役を演じた。いいな、いいな。俺も、俺も。

というわけで、この日、はじめて参加したのは有川浩の小説を映画化した「阪急電車」（11年春公開）のロケ。役どころは阪急電車の乗客の役。これはハードルが低い。が、逆に言えば、「アウトレイジ」の警官や、ヤクザと違って嘘がない。あくと・なちゅらりー、とはこのことだ。

ロケは半日。さすが映画。阪急今津線の電車（6両くらい）を貸し切って、何度も今津線を往復し、撮影は敢行された。その日は谷村美月や、宮本信子のシーンがあったのだが、ドラマが起こるのとは別の車両で、淡々と電車の乗客を演じた。休憩時間にはサンドウィッチを振舞われ、午後からはまた乗客を演じる。空調を切った電車の寒さを思い知った。たぶん、いや、完全に映ってない。

勉強になった、とまでの経験は無かった。が、最後までコタツの話で終わるよりはマシだろうと思った。　コタツの中で。ｚｚｚｚｚｚ。

宇宙で死ぬわ

そろそろ春を迎えようか、という時に、前の年を振り返る、というのも今さらながら、な話題ではある。が、しばらく時間が経ってから、ああ、この年は××な年だったな、と気がつくことがある。

ずばり！　２０１０年は『エクソシスト』な年であった。

『エクソシスト』は、ウィリアム・ピーター・ブラッティの同名小説を、『フレンチ・コネクション』のウィリアム・フリードキン監督が映画化、73年に世界規模のヒットとなったホラーつうか、オカルト映画の古典的名作。そんな映画『エクソシスト』にまつわる、あんなこと、こんなことが、２０１０年、一年の間に次から次と起こったのだ。これから複数の事例を挙げてみよう。

まず、ひとつ。『エクソシスト』のテーマ（言わずと知れた、マイク・オールドフィールド「チューブラ・ベルズ」）をマンボ王、ペレス・プラードがカヴァーしているアルバムを、長い間、探していたのだが、ついに、この年に知り合ったばかりの村上さんからプレゼントしていただいた。

次に。押尾学がＭＤＭＡを飲ませた女性の容態の変化について『エクソシスト』みたいだった、と表現した。78年生まれの押尾の辞書（↑ページ少なそう）にも、しっかり『エクソシスト』の文字があった。

もうひとつ。『エクソシスト』をネタにした笑いでは、上方よしお・西川のりおの漫才と並ぶ傑作『裸の十字架を持つ男／エクソシストフォーエバー』（90年）で主役を務めたレスリー・ニールセンが84歳の生涯を閉じた。

おまけに。中島哲也監督の「告白」の〝少年Ｂ〟の描写はモロ！…だよね。

ついでに。２０１１年1月18年の間寛平のツイート（ツイッター）から。

『今日はすごいわ、寛平ちゃんこっち向いて、寛平ちゃんこっち向いて、寛平ちゃんこっち向いて、

寛平ちゃんこっち向いて、寛平ちゃんこっち向いて、俺はエクソシストか、どんな首やねん、アーメーマー。』

…いかがですか。これだけの『エクソシスト』が1年のうちに。都市伝説かぶれの陰謀論者だったら一冊の本が出来そうな勢いでしょう。

そんな『エクソシスト』が公開された73年。私は小学5年で、神戸の、ある市営住宅に住んでいた。中学にあがる年に両親が離婚し、母親と2人でその家を離れた。

残った父が再婚し、娘が生まれ、その部屋で新しい家族と暮らした。この市営住宅の建物は、よく利用する電車から見えていた。かなり老朽化したものの、ずっと残るものだと思っていた。

2011年になって急に、建物の解体工事が始まった。ほとんど逢ったことのない義理の妹からメールが届いた。

「引っ越す前に思い出のありそうな押し入れの落書きを写真に残しておきました」というメッセージに、写真が一枚、添付されていた。

そこには40年近く前に私が書いた（んだろうな）「LINDA BLAIR THE EXORCIST」の文字があった。

…悪魔か、俺は。

デトロイトなんとかシティ

元ゴーリーズの黒人ギタリスト&ヴォーカリスト、ミック・コリンズ（45歳）率いる、デトロイト出身のガレージ・バンド、ダートボムズ。新しいアルバム『パーティー・ストア』が面白く、楽しく、素晴らしい。ダートボムズといえばなんといっても２００１年に出した『ウルトラグライド・イン・ブラック』。スライ&ザ・ファミリー・ストーンの「アンダードッグ」、スティーヴィー・ワンダー「リヴィン・フォー・ザ・シティ」などソウル／Ｒ＆Ｂの渋い選曲のカヴァー集で、自らに気合いを入れたくなったときや、そうでなくても、ひっぱり出して再生する逸盤だ。

新譜『パーティー・ストア』は、またしてもカヴァー集。デトロイトつながり、ということで、なんと全曲、デトロイト・テクノ／ハウスを取り上げている。驚かせやがるぜ。デリック・メイ、ホアン・アトキンス、ケヴィン・サンダーソン、カール・クレイグ…とテクノ専門学校に通っていなかった筆者が見ても、キラ星の如し選曲…と言いたいところだけど、正直、曲そのものは知らなかったりする。テクノ・ミュージックの反復をガレージ・バンドで、という自らが課した無理なお題を喩えるなら、『クイズ☆タレント名鑑』の〝芸能人！ このオファー、引き受けた？〟コーナー、みたいなもんか。ミニマルなフレーズはそのまま粗暴なギター・リフに変換される。執拗なリフがダンスフロアを掘削したら、ロックの源泉を掘り当てた！ そこに同郷、イギー・ポップの生霊も！

ミック・コリンズといえばキング・ジョーの名著『悪魔のティーンエイジブルース』に99年、スクリューズでの来日が記録されている。そこでも彼がＹＭＯが好きだとちゃんと書かれている。あらためて言うまでもなく『パーティー・ストア』は伊達や酔狂ではない。…っていうか。こんだけ粋な「ダテ」やガッツのある「スイキョー」も、そうは無い。

ミック・コリンズとデトロイト。その強烈な郷土愛に感じ入る。

俺も生まれ育った神戸に何か愛情を示しているだろうか。

と、20秒ほど考えて、思い出した。何度か、この連載でも触れてきたが、神戸市は数年前から積極的に映画のロケ地として誘致活動を行ない、そこに筆者もエキストラとして参加登録している。これも書いたが映画『阪急電車』にも参加した。続いて、テレビ・ドラマの『砂の器』にもエキストラ出演した。この号が出る頃には放映されているはずだが、…まあ、たぶん、映ってないだろうな。

6時間ほどの撮影を終えて、エキストラ参加者に粗品が配られた。紺色のエコバッグで、ポケット・ティッシュほどの大きさに折りたたまれている。ロケからの帰り道、スーパーマーケットで「下町のナポレオン　いいちこ25度」の1800ミリパックを2本購入。レジで、さっきのエコバッグを所持していることを思い出し、「あ、袋はいいです」とクールに。

エコバッグに入れた「いいちこ」2本を片手に三宮をぶらぶら。ふと大きなガラスに写る自分の姿を見て驚いた。紺地のエコバッグには白抜きで大きく『砂の器』のロゴ文字。かっこわる〜。すかさずバッグを裏返して、字が読めないようにした。

気づかず歩いた約20分の間、「麦焼酎　いいちこ」は、さながら「灘の清酒　砂の器」になっていた。

書をステディ町へレディゴー

CD JOURNAL

文 安田謙一 画 辻井タカヒロ の2人で連載しています。

ライク・ア・ヴァージン

この原稿を書いているのが、大きな地震が起こってから13日後。もうすぐ2週間が経とうとしている。ここまでの1日1日でさまざまな問題が起こり、状況は変化し続けている。現在のことでも書くのが困難だが、さらに1ヵ月後の読者に向けて何を書けばいいのか。野球に例えるなら、野手も走者も、誰もいないのが分かっているベースにむかって牽制球を投げるような、そんな気分だ。

神戸に住んでいるので、今回はまったく被害が無かった。1週間、ずっとテレビを見ていた。阪神淡路の震災の時は、被災地にいて、ずっと停電していたためテレビを見ることが出来なかった。その中で、なんとかしなければ、という〝気〟が張っていた。わざわざ言うまでもなく、あの時はあの時でしんどかったが、今回、何もすることがなくテレビで繰り返される惨状をただただ眺めているのも、まったく別の意味で、しんどいものだ。

こんな時にロック漫筆家として出来ることは何かあるのだろうか。

自問しながら自答した。即答で。

ない。悲しいくらい、ない。笑ってしまうくらい、ない。

こういう場合、シンプルな肩書きのヒトはシンプルな答えを持っているように思える。歌手なら、歌うだけ、とか。漫才師なら、笑ってもらうだけ、とか。

それに対して、ロック漫筆とか、エロ詩吟とか、カリスマ主婦とか、人間発電所とか、お天気お姉さんとか、野球ロボットとか、恐竜戦車とか、こういう凝った肩書きのヒトはなにかあったときには弱い。脆い。

1週間ほどテレビを見ていて、近所にある学生センターで年に一度の「古本市」が始まっていたことにも気付かなかった。とりあえず出かけたが、特に収穫はなかった。隅にCDの棚があり、そこでグレン・グールドの『平均律クラヴィーア曲集』（CD4枚組）を百円で買った。

　しばらくは、こればかりを聴いた。音楽が流れている間は、もともと近くはない被災地はもちろん、今、自分が存在する日常からも隔離された場所にいるような不思議な気持ちになった。が、しばらくしてこの効果が、ジョージ・ロイ・ヒルが撮った映画『スローターハウス5』での、グールド「ゴールドベルク変奏曲」のイメージをイージーにスライドしただけであることに気がついた。イージーにもほどがある。

　テレビと並行してインターネットもよく見た。良くも悪くもツイッターの影響力を目の当たりにした。デマも多かったが、なるほどそうだよなと思わせる正論も少なくない。いや、正論で満ち溢れている。「被災地以外の人は普段のように消費をして、景気を停滞させるな」という趣旨のものも多かった。まさに正論。ただ、「普段」を意識すると、いつもたいした消費などしていない自分が情けなくなってきた。思わず、正論に逆ギレした。ほっとけよ。

　そこで、今までしたことがないことをしてみようと考えてみた。メイド喫茶とか。バンジー・ジャンプとか。日焼けサロンとか。ヴィンテージ・ジーンズとか。クリスチャン・ラッセンとか。う〜ん、ロクなことを思いつかない。…と思っていたら、ありました。今まで一度もしたことがなかったことが。

　献血と募金。

愚かなり、わが行為

誰かが何かについて話している。

その話を聞いているときは、なにをワケのわからん話を一生懸命…と、聞き流していたのを、後になって、ああ、あいつが言いたかったことは、この事か、と気がつくことが、たま〜にある。

たしか81年、82年だったか。

のいずんづりというバンドのリーダー、福田くんとビールを呑んでいたら、突然、こんな話をされた。

「安田、今、アメリカで恐ろしい性病が流行っているらしいぞ」

性行為によって感染し、発病すると確実に死に至る病だという。

「それは、スーパー梅毒、と呼ばれているらしい」

ここで爆笑してしまった。なんやねん、そのネーミング。

言うまでもなく、病気そのものは数年後に世界で猛威をふるうAIDSのことだった。ただ、最初に聞いた話は、スーパー梅毒という響きの〝オチ〟の前に記憶の隅に追いやられてしまっていたのだ。

この話とはちょっと意味が違うような気もするが、あとになって、「ああ、こういうことが言いたかったのか」という話をもうひとつ。

『300』や『ウォッチメン』を撮ったザック・スナイダー監督の新しい映画『エンジェル・ウォーズ』を観た。ストーリーはなんとも混みいった構造になっているので、面倒くさいので日本語ウィキペディアからコピー&ペーストすると、〝1950年代。精神病院に入れられ、5日後にロボトミーを受けることになったベイビードール（エミリー・ブラウニング）が、同じ精神病患者の仲間とともにファンタジーの世界へと飛び込み、人格破壊の危機を回避するための5つのアイテムを集める。〟と、まあ、そういう映画である。主人公のベイビードールが人前で〝踊る〟とき、彼女の脳内では〝戦い〟が始まる。かつて、映画という空間を恐れるかのように詰め込まれた歌と踊りが、今はアクションに変換されている、という今更ながらの発見に導いてくれた。

で、この『エンジェル・ウォーズ』。ずばり、浜崎あゆみの頭の中みたいな映画だった。彼女の、なんやわからん、大げさな、誰とか知らんが常に戦っている…そんな世界がそのまま具現化されているような映画。ああ、浜崎あゆみが言いたかったことは、これか、と今更ながら納得した。

『エンジェル・ウォーズ』のラストではロキシー・ミュージックの「恋はドラッグ」が出演者（しかも脇役）によってカヴァーされる。それで思い出したが、ソフィア・コッポラの「SOMEWHERE」もまた、ブライアン・フェリーの「煙が目にしみる」で幕を閉じる。「SOMEWHERE」はまるで『セレブはつらいよ』といった映画で、なんとも生気の無い主人公の言動に、つい〝酔ってんじゃないよ〟とツッコミつつも、フェリーの歌でグッときてしまった。

今野雄二のことを思い出した。というか、〝こんな〟映画、今野雄二を知らなきゃ観てないよ、と思った。コンちゃんと一緒に観ていた。いや、観ている間、俺は今野雄二なのだ。

人は死んでも生き続ける。よくある弔辞だけど、それって、ああ、こういう事なのかも、と思った。

マーヴィン芸

神戸のAM局ラジオ関西で今年の4月から9月まで、いわゆるナイターの「雨傘番組」のラジオDJをやらせてもらっている。番組名は「夜のピンチヒッター」。生放送だ。

5月24日の放送回で、内田裕也の「いま、ボブ・ディランは何を考えているか」をオンエアした。名盤『ア・ドッグ・ランズ』（乞う再発…と、何度書いてきたことか）の収録曲だが、シングル化もされていて、老舗の放送局のライブラリーには当たり前のように保管されていた。

放送日の10日ほど前に、裕也さんは女性問題のトラブル（強要未遂と住居不法侵入）で逮捕された。が、このスキャンダルに乗じて、曲を流したわけではない。この日、2011年5月24日はボブ・ディランの70歳の誕生日。ディランの曲と、この「…何を考えているか」を続けてかけることは、それ以前に決めていた。

局に「今、内田裕也をかけても大丈夫かな?」と確認もしなかった。おそらくダメと言われるだろう。するっとオンエアしたら、何事もなかった。そもそも内田裕也の歌なんて、そうそう気付く人間もいないのだ。

この「事件」について、いくつかの場所で裕也さんを非難する声を目にした。ま、そりゃそうだ。で、なんというか、少しだけホッとするものもあった。事業仕分けの見学、被災地への慰問、夫婦でのCM出演、バラエティー番組への登場などの影響で、裕也さんがどこか「面白くて、ファンキーな、いいオジイさん」みたいな評判に落ち着いてきたことに、正直、かなり違和感があった。

この事件で再び、「（なにひとつ曖昧なところはないくせに）なんで惹かれるのか、よくわからない人」という、僕の内田裕也に対するデフォルトな状態に戻ったような気もしたりする。これって「ロックンローラーだから、これくらい反社会性があっても当然」というのとは違うんだ。わかるかなー？　自分でも微妙な感情なのでうまく伝わらないかも。

先に書いた裕也さんの非難の中に、「石巻にバナナ６９０本持っていった、まさにその時に、女性とトラブルがあった」というのがあった。

要約すると、「社会への関心」と「性欲」。これがひとりの人間として同居することが信じられない、とワイドショーのコメンテーターは呆れた表情を見せた。そこで気づいた。「社会への関心と性欲の同居」。それって、まんまマーヴィン・ゲイの「ホワッツ・ゴーイン・オン」と「レッツ・ゲット・イット・オン」じゃないか。

マーヴィン・ゲイのこの相反する二つの曲に「聖なるものと俗なるものが表裏一体で」と言えるなら、内田裕也もまた然り。そもそも人間なんてマダラ模様なんだよね。♪人間なんてマダラららら～ら、ですわ。しかし、この流れでいくと、次は「離婚伝説」…こりゃ調子に乗りすぎ。

醜聞といえば青山ミチ。物心ついてから数十年、一枚にまとめられないかな、と願い続けてきた60年代、ポリドール時代のベストが地味～に発売されていた。『GOLDEN★BEST』。ユニバーサルのUＰＣＹ―６６５８だ。ライナーノーツが無いのは悲しすぎるが、爆発する歌声が履歴書だ。

書をステディ町へレディゴー
其の十三
文 安田謙一
画 辻井タカヒロ

川柳のはらわた

6月9日はロックの日、ということで友人のキング・ジョーくんがツイッターで主宰する「6／9《ロック》川柳大会」が行われた。昨年も実行されていたのだが、その時は自分のアカウントを持っていなかったので、不参加。今年は、先月号にも書かせてもらったラジオ番組『夜のピンチヒッター』のアカウントを使用して、いっぱい投稿した。

夜9時頃から真夜中0時の締切りまでの3時間ほどの間に、全部で96首も詠んでいた。1時間に約30コ。2分に一コ。憑かれていたとしかいいようがないが、こういうテンションでないと、枯れてしまう。川柳は質より量、が俺流だ。あの男は量が多かった、と面影ラッキーホールも歌っている。

最初に詠んだ一句はこんなの。

●『狂気』ジャケ／勃起《たち》の角度を／測るシド

73年、ピンク・フロイドからシド・バレットの家に送られてきた『狂気』のサンプル盤。レコードに一度も針を落とすこともなかったシドが、ジャケのプリズムをみて、自分の勃起角度を確認する。当時まだ30前のバレットさんの邪気の無い姿が目に浮かぶよう。

比較的、票（リツイート）を集めた（当社比）ものは、

●鬼六が／思わず勃起／ダン・エレクトロ

あ、勃起ばっかりだ。いい娘にあったら勃起（伊藤咲子…じゃなくて、昔の笑福亭鶴瓶のネタでした）。

勃起以外で比較的人気が高かったのは、

●クリーデンス／クリアウォーター／リバイバル

っていうのと、

●シーナイズ／アパンクロッカ／シーナイズ
っていうやつ。シンプル・イズ・ベスト。こうしてみるとラモーンズと川柳は相性がいいのかも。
●ガバガバヘイ／アイドンワナピンヘ／ガバガバヘイ
って今、考えてみたりした。
あと、加齢臭漂う作品も多かった。
●フジロック／雨風しのげて／呑めるなら
とか
●なんとかと／なんとかがいた／なんとかズ
…実際、年中、こんな事言ってるような気がします。
というわけで、8月9日は「パンクの日」。「8／9《パンク》川柳大会」でも狂ってみせるぜ。
●カムトゥギャザー／ライトナウぜよ／オーバーミー
良い子のみんなも参加してみよう。そして俺を乗り越えていけ。もちろん、質じゃなくて量で。

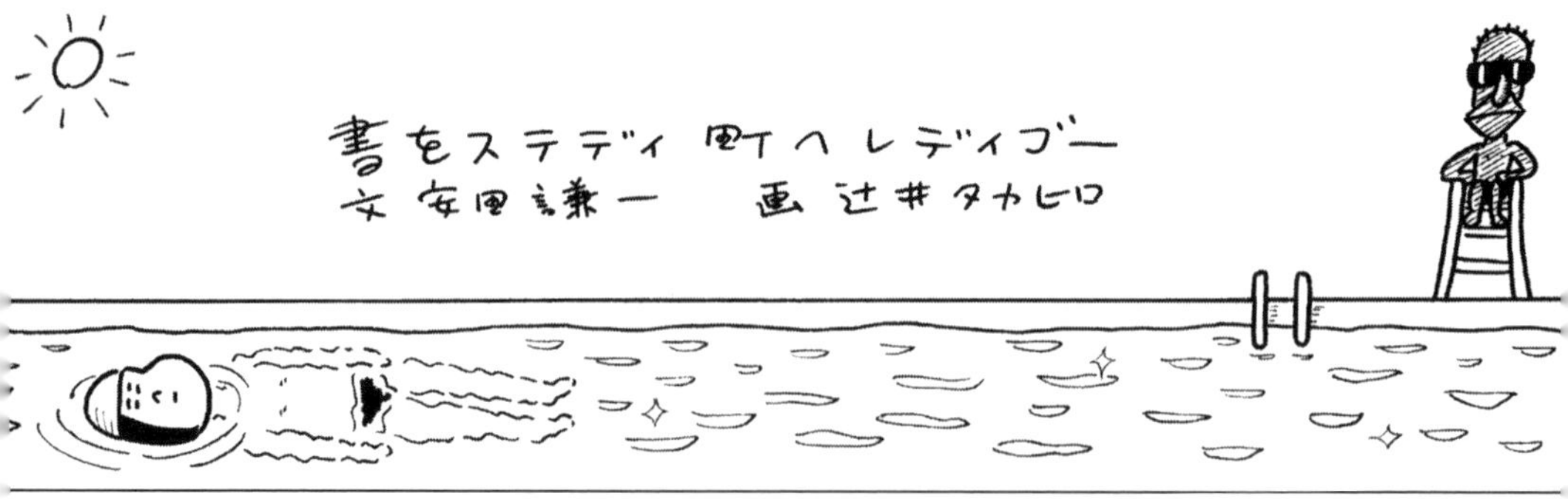

サマー・イズ・ヘブン、今年もたぶん

ここ数年、夏は近所の公営プールに行っている。ここにはブラジルが誇るサンバ歌手で作曲家のカルトーラそっくりの監視員がいることで知られて…はいない。

いつもは平日の昼間、がらがらの50メートル・プールでくたくたになるまで泳ぐのだが、今年は残念ながら、ウィークデイは生活を維持する為にさすがに自由が利かなくなった。

マーゴンと名付けられた大きな台風が上陸して、そのおかげで一日、ぽっかり時間が出来た。住んでいる場所に朝のうちは警報が出ていたのだが、昼からは暴風域が通り過ぎて、薄曇りの日となった。これはチャンス。足は自然とプールに向かう。

平日のプールはやはり空いていた。カルトーラ似の監視員も元気そうだ。2時間半ほど泳いだ。泳いでいないときは浮かんだり、潜ったりした。浮かんでいるとFMラジオのBGMからニール・ヤングの「シー・ザ・スカイ・アバウト・トゥ・レイン」が流れてきた。もはや死後の風景。あなたの知らない世界。世にも不思議なお墓の物語。いやいや、お墓は関係ない。死んでもいない。ただプールに浮かんでいるだけ。

泳ぎ疲れたプールの帰り。これで青春も終わりかなとツイートしたりはしない。自動販売機でセブンティーン・アイスを買ってプールサイドのベンチで食べる。今日はシンプルにバニラ味。破ったパッケージに大きな蟻が寄ってくる。それを指で弾いたりしながら、また食べる。

と、夏のある一日の風景を書いてみた。夏はいいですな。なんとなく夏というだけで、ひとつの世界が成立するような気になる。気だけ？

先日、歯医者に行った。

何ヶ月か前に奥歯のツメモノの一部が欠けてしまった。特に問題はなかったけれど、辻井画伯のブログで、ビッチビチに溜っていた歯石を取った、というのを読んで、気持ちが良さそうだったので、久々に予約して診察を受けた。欠けた歯というのは20歳そこそこで入れた銀歯。何の説明もなく、若者（俺のこと）に銀歯を入れた医者に文句を言うべきだ、と妻が憤ったのを覚えている。

それ以来、特に銀歯をネガティブなものと考えてはいなかったのだが、数年前のオノ・ヨーコの来日公演のとき、ロビーで逢ったヨシミちゃんのお子様に（指を差されて）「銀！ 銀！」と言われたときは、軽くショックを受けた。ショックを隠して照れ笑いする口元からまた、銀歯がキラリ。

欠けた銀歯を詰めるのに、少なくとも3回は通院するだろうな、と覚悟していたら、あれよあれよの間に全行程が終了した。女医に「早くなりましたね～」ともっともらしい顔で言うと、「進歩してますから」と返された。歯のツメモノ治療は10年ぶり。まるで女医にはiPodかなんかを差して、便利になりましたなー、と感心しているアナログしか知らないジジイが見えていたはずだ。

こうして、知らぬ間にいろんなものが進歩している。その割に雨傘はいっこうに進歩しないのは何故だろう。死ぬまでに、雨が降っても〝平気〟な傘は誕生するのだろうか。

なんてことをね。考えたり、考えなかったりしている…夏。

終わらないマンガ道場

テレンス・マリック監督の新作『ツリー・オブ・ライフ』を観た。

小さい頃、♪親亀の背中に子亀を乗せて…という歌をよく口ずさんだものだが、まあ、そういう生命の連鎖を名匠マリックの超魔術的映像でこれでもか、と見せつけてくれた。

徳の高い僧侶のありがたい話を延々聞いているようなところもあった。ありがたすぎて、つい、うつらうつら。はっと目を覚ませば、さっきから話はまったく進んでいないような。何度も「…これ、ひょっとしたら終わらないんじゃないか…」という気持ちになった。この感じ、懐かしいなー。昔は、こういう映画体験を何度かしたもんだ。『去年マリエンバートで』とか。タルコフスキーの『鏡』とか。という話で忘れられないのが『天井桟敷の人々』。20年以上前、京都の祇園会館に観に行った。たしか朝一番の上映に行って、途中で寝て、起きてまた観て、また寝て…を何度か繰り返し、「ああ、俺、2回観たけど、まだ全編は観てないな〜」と表に出ると3回観ていた、という恐怖体験をしたことがあった。まだ、映画館に指定席やら入替制なんて無かった時代ならではの話だ。

こう書くと、まるで楽しんでいるようには伝わらないかもしれないけど、これがこれで、得難い体験なわけで。例えるならば、徳の高い僧侶のありがたい話を延々聞いているようでもあり。ありがたすぎて、つい、うつらうつら。はっと目を覚ませば、さっきから話はまったく進んでいないような。何度も「…これ、ひょっとしたら終わらないんじゃないか…」という気持ちに…、あれ、これさっき読んだぞ…というような、こんな感じ。嫌いじゃないんだよね。

音楽では、テリー・ライリーとかスティーヴ・ライヒなんかのミニマル・ミュージックを最初に聴いた時に、こういう体験をした…かと言えば、これはなんか別もの。最初から、そういう約束で〝入っ

ている〟わけで。それよりむしろ、友人のバンドを観に行ったときに出てきた想定外の前座の演奏がなかなか終わらない、という状態に近いかも。「…これ、ひょっとしたら終わらないんじゃないか…」と思っちゃうような。やっと最後の曲かなと思いきや、「こんばんは、＊＊です」なんて挨拶したりして。ステージ足元のモニターに貼られたセットリストを覗いたら、般若心経みたいに細かい字がびっしり書かれていたり。ぞーっ。

という風に「終わらないんじゃないか」感覚は、キワキワの感覚。基本的に「そろそろ終わってもいいんじゃないか」という心の声をスルーされるような。だからこそ、の終わったあとのカタルシス。

富士急ハイランドのお化け屋敷が、〝所要時間1時間〟と聞いて、つい反応してしまった。俺の中の「終わらないんじゃないか」欲がぐいぐい鎌首をもたげてきた。1時間だよ！　おそらく体感は3時間くらいではないだろうか。3時間ということは、脳内では…もう1日ってことじゃないかな。ということは、もう一生出られないようなもんだ。

と考えて、もっと恐ろしいことを考えた。ここでバイトして、怖がりに来た客を待ってる方が、よっぽど、〝終わらない〟んじゃないだろうか。

出てこい、Shazam

複数の編集者の方から「何か、面白い単行本の企画があるか？」と尋ねられることが、続けてあった。それも「ＡＫＢ48では誰が推しメンですか」などと不毛なことを聞かれているような感じじゃなく、具体的に企画があれば、すぐにでも検討してみます、という雰囲気で。

少し考えてはみたけれど、無い、と返事してしまった。

「面白い企画」の「面白い」を額面通りに受け止めると、そりゃ、いくらかアイデアはある。が、そこはオトナ。面白くて、そこそこは「売れるモノ」じゃないと。と、考え出すと、「面白い」が人間もどきのように溶解してしまう。しゅーん。

もし、そんなに売れなくてもいいなら、僕の原稿を集めた本を、と言いたい。はじめての単行本『ピントがボケる音』から、そろそろ10年。ネタは溜りまくっている。自分で言うのもなんだが、そこそこ面白いと思う。だけど、そんな事は言わない。言えない。そのへんは紳士だ。お口が貴族だ。ああ、関西人って図々しいなあ、と思われ、数千万人の同胞に迷惑をかけるのも困る。だから、思っていても言わない。ついでに、辻井タカヒロの漫画集も、とも言えない。いや、ついで…なんて話じゃなく、ウェブマガジン『エルマガ ジェイピー』で連載中の「辻井さん」の面白さたるや！ ああ、こういう本当の気持ちを、声を大にして言える人間になりたいなあああああ。

と、関西人特有の心情吐露はここまでにして。

では、どんな本を「面白い」と感じ、実際に購入したか、という話。これは理屈じゃないよね。

つい最近、書名だけで飛びついたのは「美人すぎる◯◯ ４００連発!!」（メディアックス）。いわゆるコンビニ本で定価６００円。タイトルに偽りなく、美人すぎる海女、大向美咲や、美人すぎる市議、

藤川ゆりなど、有名すぎる美人すぎる人を筆頭に、看板娘、アスリート、文化人から、有名人の家族まで、美人すぎる人たちが4百人も載っている素晴らしい本だ。ああ、買ってよかった、と心から叫びたくなる。原稿のネタにしたくなる。もう、した。

ところで。数ヶ月前にiPhoneを購入した。この連載では前に「アイの付く機器は気になるけど、買っていない」と言いっぱなしだった気がする。

アプリもいくつかダウンロードした。中でも街で流れている曲の歌手名、曲目名がわかる、という「Shazam」は、日本の曲には反応が鈍いのは難だけど、なかなか楽しい。調べた曲の履歴も残っている。アーニー&ザ・トップ・ノーツ・インク「ダップ・ウォーク」、シュガ・ン・ハニー「ショック・ダ・ワールド」、パッション・ピット！「スリーピーヘッド」…か。ふむふむ。実際には今まで、こうやって調べた曲をCDで買ったり、ダウンロードしたり…は残念ながらない。調べて、わかった、ってとこで完結している。調べるときの、周りから目立たぬように、十数秒間、スピーカー近くにアイフォンをかざしている図が、スパイみたいで、あれが「Shazam道《どう》」のキモだと思う。

ところで、ところで。映画『モテキ』は、「iPhoneの着信音＝マリンバ」映画としても、記憶される一編でありました。

これがこれでこれなもんで

詳しく素性を明かすのは面倒くさいけど、いい加減なこと言っていたら、あとで辻褄があわなくなる。というようなことがたまにあって、ある人に対して自分の職業を「モノを書いている」とだけ説明していた。

ある日、その人と顔をあわせた時、「今日も仕事ですか?」と聞かれ、ええ、と答えたのだが、その時の私のポーズにツッコミを入れられた。

「書くっていっても、これ（紙にペンを走らせる動き）じゃないでしょ?」…と。てへへ、と少し照れながら、「ああ、そうですね、こっち（キーボードを打つしぐさ）です」と、返事をした。

そういえば、バンドでヴォーカルをやっていたときに、誰かに「バンドをやっている」と説明する時のポーズは、（弾けもしない）ギターを弾く真似だったりした。ギターというか、牧伸二ポジションでウクレレ弾くような感じでもあったが。

高田漣とかも、スティール・ギターを説明するのは面倒な相手に対しては、「音楽やってます」みたいな時、きっと牧伸二っぽい動きをしているのではないだろうか。あくまで想像ではあるが。

じゃあ、これはどうだろう。

読売ジャイアンツ、中日ドラゴンズと渡り歩いたプロ野球選手、川相昌弘は送りバントの名手だったが、彼が「今日は試合です」と誰かにジェスチャーで伝えるとき、さすがに送りバントのポーズじゃなく、スカっとフルスイングの動きをしたのではないだろうか。

そう考えると、人は無意識のうちにポーズの中に、「本当はこんな風にやりてえなー」、という欲望を込めてしまうのかもしれない。

ここからは、ここ（本を読むポーズ）で売ってるこれ（股間の前に手で逆三角形を作るポーズ）の話。

ある日、本屋のエロ本コーナーを（シールドで立ち読み出来ない店も多いので）巡回していると、女性誌がエコバッグかなんか付けるような感じで、「パンティ8枚付き」と書かれた雑誌を発見し、びっくりした。

さすがに買わずに帰ったが、ネットで検索してみると、いろいろなことがわかった。

昨年あたりからコンビニ売りのエロ本に「1冊に1枚、純白パンティ!!」「OLのシミ付きパンティ封入!!」などといった惹句とともに、パンティがオマケでつけられ、これが近年に無いほどのヒット商品となったらしい。ただ、PTA（懐かしい響き！）からコンビニ業界にクレームがついて、付録パンティは風前のともしび状態だという。

PTAがどう言ったかは知らないが、確かにコンビニで食料品と一緒にパンティを売ってるのに抵抗を感じる人がいるのは当然だろう。レジでの「一緒にお入れしてもいいですか？」の声にも力が入るだろう。このパンティが「使用済みか否か」という話は、バラエティ番組『ほこ×たて』でやってもらいたいものだ。かたや、そうと信じる購入者と、…戦う相手がいない気もしてきた。

ここで、アリス・クーパーの「レコード屋で売っていた、付録パンティ」の話に持っていくのがロック漫筆である。なにせ、こういう仕事だから（と、畳一畳くらいの紙に全身全霊で巨大な筆をふるうポーズ）。

時を数えるプール

時そば。関西では、時うどんという落語の演目。まだ西条凡児が司会をやっていた頃の『素人名人会』でも、よく落語好きの小学生が演じていたのを覚えている。このネタや、「風邪うどん」のおかげで、センスを使って「ずず、ずずずーっ」とうどんをすする真似が落語家の基本芸と認識されている。

そば屋の代金16文を小銭で渡し、店主が「ひー、ふー、みー」と数えはじめ、「8」まで来たときに、「おやじ、今、なん時?」と訊き、「へえ、ここの《9》つです」と返したあと、「10」から声を出し数え始める、という噺。子供ごころに、少々邪魔されていても、数えている勘定がわからなくなるなんてことは、そう無いやろ〜、となんとなく思っていた。

が、あるもんですな。

もっとも「今、なん時?」と邪魔をするのは他の誰でもない、自分自身なのだが。

はい、マクラは終わり。

週に一度はプールに行って泳ぐ、という習慣を何年か続けている。

クロールで続けて泳ぐ距離を少しずつ延ばして、ちょうど1キロまで泳げるようになってから、それをひとつのセットにしている。前にも書いたが、夏に行く屋外プールは50メートルの長さがあって、これだと、ちょうど10往復すると1キロになる。

無心に力を抜いて泳ぐ、という行為に似合わないのが、回数を数えること。ただ10往復というだけでも、厄介なのだが、秋から次の夏がくるまでの長い季節の間、屋内で温水の25メートル・プールだと、かなり大変なことになる。

「今、何周目（の往復）だったっけ?」と、何度もわからなくなるのだ。わからなくなるシステムは

シンプルで、たとえば「5周目」だとして、「これが終われば、次は6周目」と考えはじめると、パチンコの液晶画面みたいに「5」が「6」にモーフィング。次第に「6周目」になって、1往復が失われてしまう。そういうメカニズムを意識するがあまり、「16周目」くらいのときに、いや、実際はまだ「15周目と考えておいたほうがいいのでは」と考えてしまう。疑わしき時は、多めに数える、というのが基本精神。おかげで、延べ何キロかは多めに泳いでいるような気もする。

ある日、画期的な数え方を発見した。今、私が「5周目」を泳いでいるとして、そこに「6」という数字が割り込んでこない工夫。

1周目は「1」にまつわる歌を脳内で歌う。たとえば「バロム1」。〝マッハロッドでブロロロロ〜〟と歌うことに専念する。で、2周目は「トゥー・オブ・アス」。イントロのギターからきっちり脳内再生する。3周目はデ・ラ・ソウルの「マジック・ナンバー」（♪スリー・イズ・ア・マジック・ナンバーってやつ）。それぞれ「次は何周目」という邪念が入り込む余地が無いほど、目盛り「11」の大音量で歌う。くどいけど、脳内で。10周目は10cc「アイム・ナット・イン・ラヴ」で11周目からは別の「1」をはじめる。いろいろ試してみたが、歌っていて楽しい曲が残ってくる。

というような原稿を泳ぎながら、さらに歌いながら考えて、プールから出て書いてみた。

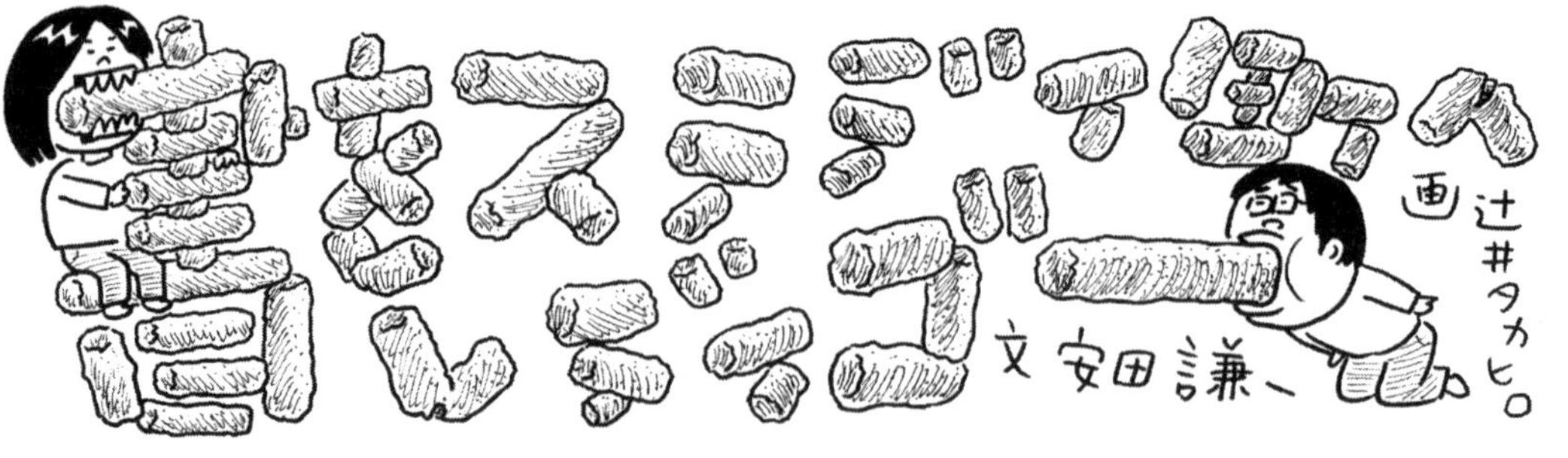

怒るで、ふがし

新しい年を迎え、去りゆく年に起こったことで、なにか書き忘れたことはないか、と考える。あった。秋の夜、友人と呑んだ。

その日、私はユニクロの黒いショルダーバッグを持っていた。廉価にもかかわらず、とても機能的で気に入っているものだ。偶然にもその日、友人も同じかばんを持っていた。ああ、彼も気に入ってるんだな、と口には出さずに思っていた。

楽しい宵。たらふくビールを呑んだ。帰り支度をしていると、くいっくいっと何かが身体を引っ張る感覚があった。ふり返ると、僕より少し早い時間から呑み、かなり酔っていた友人が、僕のショルダーバッグを引っ張っている。ああ、自分のかばんと間違っているんだな、と思った。

が、少し様子がおかしい。私が間違って肩から下げているかばんを奪い返そうとしているのではなく、まるで、自分のかばんが、ひっつき虫のように私の身体についてしまったものを剥がそうとしている感じ。自分が木か電柱になったような気分になって、しばらくされるがままにしていた。それから4、5回、引っ張ってみたものの、かばんが取れないのでついに彼は諦めた。

その後、別の場所に置いていた自分のかばんに気づいたのだろう。弁解するでもなく、こっちも指摘するでもなく、その場はそれで収まった。

たまにあの時の、くいっくいっと引っ張られる感覚を思い出す。甘噛みのひったくり、みたいな。

今度また逢ったとき、必ず酒を呑む仲なので、くいっくいっとされないように、私は自分のかばんに「王冠」のアップリケをアイロンプリントして、カスタマイズしておいた。

もうひとつあった。

近所のスーパーで「カーズ　お片づけＢＯＸ」という商品を見た。ピクサー社のアニメ『カーズ』のノベルティで、コドモが遊び終えたおもちゃを片づける小さな箱に、いくつかお菓子が入っている。お菓子の内訳は「カーズ　えびスナック」と「カーズ　ポップコーン」…と、ここまではいいとして、もうひとつ「ふがし一本」とある。これが商品にしっかりと印刷されている。カーズとは無縁の、ただの、プレーンの、ふがしが一本。なんだか悲しい気持ちになってきた。

これは、入れない方がよかったのではないか。ふがし一本が加わることで、せっかくライセンスを取得した、えびスナックとポップコーンが持つパワーも失せていくような。

たとえば、ピンク・フロイドの『狂気ボックス』の内訳がブックレット、写真集、アート・プリント、カード、チケットのレプリカ、バックステージ・パスのレプリカ、スカーフ、ビー玉３個、コースター９枚、そして、ふがし一本だったとしたら。

あるいは、ローリング・ストーンズ『女たちボックス』の内訳が７インチ・シングル、ハードカバー本、ポートレイト、ポストカード、ポスター、そして、ふがし一本だったら。

あるいはフガジのボックスが…。

新しい年はふがしでコドモを騙したりしない景気の良い年にしたいものですな。

モーもじり娘。

『家政婦のミタ』には参った。ドラマは観てないんだけどね。

これだけ堂々としたモジリのタイトルが（念のため書いておくけど、『家政婦は見た!』ですね）、これだけの大ヒットとなったことに、かねてから、ちびちびとモジリ続け、世のモジリを観察してきた者としてちょっとしたショックを受けた。

あと、同じ時期に『11人もいる!』っていうのもありました。モジリ、キテるのか？

そういえば、前の連載『ロックンロールストーブリーグ』でも「エコジョーズは床上手のモジリか」などとモジリについて書いたことがある。

世にいろいろモジリはあるけれど、スーパーで見かける「こんにゃく発表」というネーミングにはいつも腰がくだける。「婚約発表」、ってことですよね。うーん。モジレばいいってもんじゃな…くはないな。結構、好きなんですよ、こんにゃく発表。記者をいっぱい集めて、発表してみたい。こんにゃくしました!、と。薬指に〝ねじりこんにゃく〟はめて。

こんな風にモジリについて考えてばかりいると、あれも、モジリじゃねえの、と森羅万象のネーミングに疑いの目を向けてしまう。目つき悪いぜ、そんなときの俺は。

テレビ・アニメ『アタックNo.1』のエピソードのひとつで、70年に劇場映画化された時にはタイトルにもなった「涙の世界選手権」。これは「涙の乗車券」だろう。ちょっと「世界」が邪魔だけど。そう思ってから、このタイトルを見るたびに、ジョージの弾く12弦ギターが聴こえてくる…って嘘、つくんじゃないよ。「涙の世界選手権」ってタイトル、目にすること無いっちゅーねん。

で、モジリ・パトロールとして、こ、これは!、と最近唸ったのが、Vシネ、映画でもお馴染み漫画『難波金融伝　ミナミの帝王』と、カルト映画の誉も高い『北国の帝王』（73年 ロバート・アルドリッチ）。同じ帝王、しかもミナミとキタだよ！　両者のあまりにもの距離感にくらくら。ミナミの帝王は、竹内力が借金で道を踏み外した奴らをとっちめるし、北国の帝王では、アーネスト・ボーグナインは無賃乗車者をとっちめるんだから、似てなくもない。とっちめるときの形相も…似てなくもない！

もうひとつ、『どおくまん』と「WALKMAN」。この共通点は…自分で勝手に考えて。もちろん、WALKMANが後ですが、これから、どおくまん、と口に出すときには、WALKMANの発音で、よろしく。ど、うぉーくまん、って風に。ね、カッコイイでしょ。

『J・エドガー』は「J・リーガー」もモジリじゃないか…と、来た日には、これは病気ですね。

最後にもうひとつ。坂本慎太郎のソロ・アルバム『幻とのつきあい方』に収録されている「ずぼんとぼう」という曲。英タイトル「A Stick and slacks」が示すとおり、「ズボンと棒」なんだけど、これは古いアメリカの曲「ボタンとリボン」のモジリですね。この「ボタンとリボン」は原題「Buttons and bows」が、日本人には「バッテンとリボン」と聞こえる、ということでも有名な曲なんだけど、つまりは「リボン」が「ズボン」に、「バッテンボー」の「ボー」が「棒」になっているという、一筋縄ではいかぬ見事なモジリ。見事！

で・じゃ・ぶーマイフレンド

花粉症の季節がはじまった。まだ京都にいるときに発症したので、20年以上のつきあいだ。毎年、毎年、春になれば律儀にやってくる。ちょうど春を迎える前に、「なんとなく、今年は治ってんじゃないか」と根拠もなく考える瞬間があるのだが、そう考えた途端、それをあざ笑うかのように、毎年、きっちりやってくる。映画『キャリー』のラストシーン、束の間の安堵を打ち砕くように墓から出てきた手に腕を掴まれるような。いや、そんな恐ろしいもんでもないか。ただ、しつこいね。…と、ここまで書いて、あれ、俺、この連載で花粉症のこと書いたことあったんじゃなかったっけ、と思いバックナンバーを調べてみた。

あった、あった。

ちょうど2年前の同じ季節。どんなこと書いてたっけ、と読み直してみる。

花粉症の季節がはじまった。まだ京都にいるときに発症したので、20年以上のつ…あれれれ、まったく、同じじゃん。読み進めていくと、最初の6行まで、一字一句まったく同じことを書いていた。春になって花粉症の季節が来て、無意識に同じことを考え、同じ文章を書いてしまったのか。…なーんて、わけないじゃん。

そうだす、ジューダス、プリーストだす。コピーだす、ペーストだす、コーピー&ペーストだす。

たまには、エクスペリメンタルっていうんですか、そういうのもいいんじゃないかな、と思って。

昔、新聞で長期連載している4コマ漫画で、作者が数年前だったか、数十年前だったかの自分が描いたネタと、まったく同じ話を描いて、それを読んだ読者から指摘される、という話があった。あれ、誰だったかな。こういう時は、足立守正さんに聞いてみよう。

電子メールで問い合わせると、「僕が知ってるのはいしいひさいちです。忍者のマンガだったと思います。本人がブログをやってた時期に、その比較をしてたことがあったので、10年前くらいのことと思います」とのご返事。ありがとうございます。

でね。この話をどう受け止めるか、という話を書きたいわけです。

作家がボケてるとか、いいかげんだとか、そういう風に非難することは簡単だと思う。

で、もうひとつの見かた。その人が、それほど面白いと考えているからこそ、無意識に同じネタが出てくるのだ、という考え方もあるわけで。

なんというか、年々、私もそういう考えに近づいている気がします。

そういう無意識と、私が冒頭で意識してやったコピペとは、まあ誰の目にも別モノなんだけど、その別モノを奇跡的に両刀遣いしているのが、クレイジーケンバンドの横山剣だ。『ITALIAN GARDEN』でも、迷いなく、恐れることなく、自分の「これしかない」を涌出している。

グループ魂の「欧陽菲菲」という曲の歌詞が1コーラス目と2コーラス目、まったく同じであることについて、宮藤官九郎が作者の剣さんに理由を尋ねたところ、返事は「デジャヴ効果」だったそう。

花粉症の季節がはじまった。

ながらＤＪ　手ぶらＤＪ

ひさしぶりにＤＪの仕事をした。

いくつかのアーティストが出演するイベントで、開場からの1時間と、それぞれのセッティングの合間に15分ずつ、会場ＢＧＭを担当する、という仕事だった。

10年以上前にＤＪを辞めると宣言（大袈裟）してから、しばらくは出演依頼があったのだが、次第にフェイドアウト。完全に閉店状態となった。そんな中、奇特というか、なんというか、一人だけ、ＤＪを依頼してくる人がいる。その度に、ＤＪのやり方、忘れちゃったので、と断るものの、なんとなく乗せられて、もちろんギャラの魅力もあって、引き受けてしまう。

ＤＪのやり方を忘れた、といってもターンテーブルやクロスフェイダーの使い方は覚えている。そりゃそうだ。そういう事じゃなくて、たとえば、ひとりでも多くのヤツを踊らせようとか、他のＤＪから今の何？と聞かれるような曲をかけようとか、なんか、そういうモチベーションが持てなくなってしまったのだ。レコードもほとんど買っていないし。

小西康陽言うところの「いつもレコードのことばかり考えている人のために」をモジれば、「いつも家賃のことばかり考えている人」に、気がつけばなっていたのだ。

なにはともあれ、ＤＪの仕事を引き受けた。

会場は京都のライブハウス。神戸からは、そこそこ遠い。肩にバッグの紐が食い込むほどレコードを持って行く気にならない。ましてやキャリア（通称コロコロ）を引いていくのも面倒だ。

与えられたざっと時間を計算すると、2時間弱。1曲5分として24曲。いくらか予備も含めて30曲は必要だろう。うーん、多い。なんとか20曲（＝20枚）に絞りたい。

そこで考えた。最初の1時間のプレイ。あるいはしのぎ方。

まず、ゴドレイ&クレーム『ギズモ・ファンタジア』の1曲「フラッド」をかける。この曲、最初に男が歯磨きをする音で始まり、彼が閉めた蛇口からぽたり、ぽたり水が落ちて、その水音がファンキーなリズムになり、次第に盛り上がり、最後はハードロックとなったところを洪水が襲い…という構成。その「水音」から「ハードロック」までの5分をかけて、その盛り上がりのまま、クイーン「タイ・ユア・マザー・ダウン」とつなぐ。で、曲が終わると、またゴドレイ&クレームの「水音」に…(中略)…「ハードロック」の盛り上がりから、10cc「シリー・ラブ」とつなぐ。で、曲が終わると、ゴドレイ&クレームの(後略)。…と、この方式で1時間を6曲(プラス1曲)でやり過ごすことが出来た。静と動のコントラスト(笑うところ)。名付けて、金冷法プレイ。

ひさびさにDJをやって思いだした。僕のように、コスりもしない、ミキサーもいじらない、という人間にとって、ほとんどの時間は手持ち無沙汰なのであった。しょうがない。回しながら原稿でも考えるか、ということで、考えたのがこれですわ。

終わって、主催者に「また、DJやってください」と言われた。絶対、聴いてないな、と思った。

次は2枚持って行こう。両手に一枚ずつ。空のDJバッグには『淀川ハートブレイカーズ』を一冊。

♪カ〜ラジオから〜

この4月からラジオのDJをやっている。以前、このページでも書かせていただいた『夜のピンチヒッター』（ラジオ関西）という、ナイターがない日にオンエアされる、いわゆる雨傘番組の生放送で、今年で2シーズン目となる。

その前にもうひとつ書き損ねていたが、今年の1月からアルバイトを始めている。仕事は午前中、軽自動車で神戸市のいろんな場所を廻る配達業務だ。これまでの漫筆業（業になっていないからバイトを始めたのだが…）は昼から、という生活パターンを始めている。

配達業務のほとんどの時間をひとりの運転席で過ごす。車にはAMラジオが付いているので、自然とそれをつける。『ありがとう浜村淳です』をはじめ、関西局のローカル番組をザッピングする。ほとんどが喋りばかり。音楽はほとんどかかることがない。

その中でもお気に入りは『テレホン人生相談』。この番組の面白さを教えてくれたのは、誰あろう、『書をステディ…』のパートナー、天才漫画家の辻井タカヒロさんだ。

連日、素人からの悩み相談がオンエアされる。最初は、人の不幸は蜜の味というか、興味本位で聞いていたのだが、次第にパーソナリティの加藤諦三先生をはじめ、諸先生方の名回答にいちいち感心、時には感動することが増えてきた。アンビリーバボーな悩みよりもむしろ、なんでもないような内容に対して、それはあなた（相談者）に問題があります、と切り返す瞬間のカタルシスは、ミステリーのクライマックスのようでもある。この番組が聞けない日は、奇特にも毎日、YouTubeにアップしてくれる人がいるので、家に帰ってから動画で楽しんだりもする。

午前のAM番組ばんざい！、と言い切ってもいいのだが、唯一の欠点はどの番組でも、いわゆるテ

レフォン・ショッピングに多く時間を割いていること。メイン・パーソナリティが「僕も毎日使ってます」とやっている図は、なんともやるせない。

そこで小型のスピーカーを購入した。無線でiPhoneに取り込んだ音楽を飛ばして聴くことが出来るヤツだ。これで、ラジコでＦＭ番組も聴くことが出来るようにもなった。

仕事中に大音量で聴くビートルズ。仕事中に大音量で聴く歌謡曲。仕事中に大音量で聴く河内音頭。ついつい一緒に歌ってしまう。運転席で背筋を伸ばして歌うと、いい感じで腹式呼吸が出来るせいか、かなり高いキーまで出せることも発見した。

しかしながら、好きな音楽ばかり聴いていると、今度は人の話す声が恋しくなる。

そんな時に再生するのが、最初に書いた自分の番組『夜のピンチヒッター』の録音だ。

仕事中に大音量で聴く自分の選曲。そして、自分の声。

どんだけ自分が好きやねん、という話である。自分の声と、他人の悩み（『テレホン人生相談』）という2本立ては、なんとも極端だ。極端過ぎる。俺、おかしいのかな。さっそく『テレホン人生相談』に電話してみよう。パーソナリティのマドモアゼル愛先生（男性、62歳）に相談しよう。出演出来たあかつきには、番組の録音を車で聴いてみよう。

おTOMMYさん

小さい頃、母が好きだった春日八郎のLPレコードが家にあり、ひとりのときもそれをステレオで聴いていた。ひょうきんな「ひょうたんブギ」、歌いっぷりの気持ちいい「山の吊橋」、さらに「長崎の女（ひと）」なんかが好きになった。

代表曲「お富さん」（54年）はというと、これはもう有名すぎて、好きとか嫌いとか、そういう対象にならずにいた。ちょうど、ビートルズでいえば「抱きしめたい」みたいに。

「抱きしめたい」は、ボブ・ディランが歌詞を〝アイ・ゲット・ハイ〟と聞き間違った、というエピソードもあるが、「お富さん」も、特に子供にとっては理解出来ない歌詞だった。「ゲンヤダナ」とか「スマサレメー」とか「キラレノヨサ」とか、暗号だらけの歌詞だった。それが大人になって、これが歌舞伎の「与話情浮名横櫛《よわなさけうきなのよこぐし》」という演目の登場人物や、名場面の名セリフを、作詞家の山崎正が、流行歌に詰め込んだもの、ということを知る。「玄冶店」であり、「済まされめえ」であり、「斬られの与三」であることが、年を取ると、いちいち認識出来るようになってきた。

歌詞の暗号っぽさ＝日本語離れした魅力が、エボニー・ウェッブの「ディスコお富さん」ではうまく活かされていた。作曲家、渡久地政信による旋律の沖縄音階をぐっと強調してみせたのはタモリ『戦後歌謡史』収録の「おカミさん」だった。

…にしてもさー。いきなり「与話情浮名横櫛」て言われてもなー、と今更ながらに憤ったりもする。それって、ザ・フーの「TOMMY」みたいなもんじゃないの、まるで。

と書いたところで、心の底に住む、ムカデ人間のマッド・サイエンティストがムクムクと起きだした。

「つ・な・げ・て・み・た・い」

というわけで、お聴き下さい。というか、歌ってください。安田謙一の作詞で、「おTOMMYさん」。

【一番】

殺す親父を見たのはボーイ　ひどいトラウマ三重苦　死んだはずだよ　おTOMMYさん
ソロになっても　歌うダルトリー　ロックオペラだ　おTOMMYさん　マイクをふりまわせ

【二番】

過ぎた昔を恨むじゃないが　傷に沁みるよ母の愛　久しぶりだな　おTOMMYさん
今じゃ呼び名も　ピンボールウイザード　ウッドストック　ワイト島　アンプも壊すだよ

【三番】

ピープルトライトゥ　プットアスダウン　トーキンバウマイ　ジェ・ジェ・ジェ・ジェ・ジェ
それは違うよ　おTOMMYさん　シーミーフィールミー　タッチミーだよ
映画もあるぜよ　おTOMMYさん　ドラムも壊すだな

【四番】

逢えば懐かしキースのムーン　ロジャー、ピートは死にましぇん　やめる気がせぬ　おTOMMYさん
ベース奏者は　動かぬヤツだよ　名前忘れた　フー・アーユー？　ボリスの蜘蛛野郎

老眼図乱

雨の土曜日、アルバイトを早く終えて、妻と大阪モノレールに乗って万博公園に行った。万博跡地は知らぬ間に深い森のようになっていた。雨の中で濃い緑が映える。視界の大部分をアナザーグリーンワールドが支配する。

腹が減っていたので、まずは国立民族学博物館内のレストランに入る。エスニック料理がメインで、コストパフォーマンスはやや高いものの、その空気全体が年を取り忘れたような風情があって和むことが出来た。白と赤のテーブルと椅子に、不思議な既視感がある。

かつて「鉄鋼館」だったパビリオンの建物をそのまま使った「EXPO '70 パビリオン」が想像以上に良かった。中でも横尾忠則のデザインによる、セルジオ・メンデスやメリー・ホプキン、フィフス・ディメンション、スウィングル・シンガーズなど来日アーティストのポスターも、以前に展覧会で観たはずなのに、やはり磁場というかなんというか、そこで見るとまた違う感慨があった。

目当てにしていたのは、「今和次郎　採集講義——考現学の今」という展覧会だった。ご存知の方も多いだろうが、今和次郎は、たとえば昭和初期の銀座を歩く通行人の服装、帽子をかぶっている人／かぶってない人、下駄の人／靴の人などをいちいちスケッチで記録に残した人だ。

昔から興味を持っている人で、彼の実践する「考現学」という言葉も何度か使ってみたりしたくらいに入れ込んでいたのだが、展覧会にはひとつ問題があった。

実際にメモとして使用されたスケッチやメモ描きが展示されているのだが、そのひとつひとつが、当然、実物大なわけで、老眼の身にはなんとも辛いものがあった。

老眼の進行は恐るべきものがある。自分で書いたライナーノーツなんて、米粒に写経、の世界。携

帯のメールもほとんどまともには読めない。食べ物も口に近づけるとフォーカスがかかってくる。

ああ、知らぬ間に老人の愚痴になってしまった。

バイトで配達車を運転しながらAMラジオを聴いている。…って、前にも書きましたね。

CMの、今はまだ他人事だと思っている健康食品についても必要とする日が来るのだろうか。

そこで気になることがひとつ。鮫の軟骨のエキスを含んだ…、とか、渡り鳥のスタミナをヒントに作られた…とか、昔だったら、オットセイの精を…なんて「動物モノ」のクスリが今も後を絶たないが、あれを聞くたびに考えるのは、

「男女の平均年齢が80歳を超える脅威のいきもの。それは日本人。日本人の爪の垢を煎じた〇〇〇」

つまるところ、こういう話ではないか、と。

極端な話ついでに。

（おそらくは全国の）ＴＳＵＴＡＹＡの店頭に並べられた裸のラリーズのレンタルＣＤには魂消た。

昔、近田春夫が言っていた「日本人が大好きなリッチー・ブラックモアが、何かの都合で日本に永住したとしたら、人気はどうなるんだろうね」という言葉を思い出した。

眼も悪くなったけど、意地も悪いね。ま、意地は昔からですね。

赤ちゃんが寝ています

配達のアルバイトで軽自動車を運転して神戸じゅうを走っている、とは前にもここで書いた。

湾岸沿いの国道を走るとき、軽い渋滞に巻き込まれることがある。何車線もある道だが、どの車も、その先の車線変更を熟知しているので、ひとつの車線だけ長い列が出来る、ということがある。

目の前には大型車。妖怪ぬりかべのように視界をふさぐ。

おそらくはその数メートル、数十メートル前に赤信号があるのだろう。何も疑うこと無く、〝ぬりかべ〟のブレーキランプに従って、車を停める。数分で〝ぬりかべ〟の赤いブレーキランプは消え、のろのろと動き始める。これを数回繰り返して、いつの間にか渋滞から抜けている。

最初のうちは、この時間に少しいらいらしてしまった。が、慣れるにしたがって、水分補給したり、次の仕事の準備をしたり、と、それなりに時間を潰す術を覚えた。

時には、なにかを考えたりもする。おそらくはその数メートル、数十メートル前に赤信号があるのだろう…と書いたが、ひょっとすると事故が起こっているのかもしれない。

ゆっくりと小動物が道を横断するのを待っているのかもしれない。

実際に仕事中に、猫、犬、鳩、いのしし（成人）、いのしし（子供）が、それぞれ車にはねられていたのを見た。町を歩いているときには気がつかなかったが、町では日々、動物がたくさん死んでいる。

ひょっとすると、前の〝ぬりかべ〟が、何の目的もなく、ただ止まっているだけなのかもしれない。

とにかく、軽自動車の運転席からは、実際に今、何が起こっているのかを知ることは出来ない。

ただ、前の車のブレーキランプに従うだけ。これって、今、我々が生きている世界、そのものではないだろうか。…なーんてね。天声人語みたいなこと考えてみたりして。

後が続かないのがロック漫筆だ。

しばらく、こんなことを考えていた、ある日。気がつけば、前の車がバキュームカーだった。

タンクの後部に書かれた文字を読んでみる。

「積載物品：糞尿　最大積載容量：３○○○」　○○○のところはホースに隠れて読めない。

右下にはレバーがある。

右に廻せば「吸引」　左に廻せば「排出」

「吸引」と「排出」。えらい違いである。間違ったら大事である。

これって、今、我々が生きている世界、そのものではないだろうか。

車だけでなく、思考も停止してしまった。今日は少し遅れるかもしれないけれど、車線を変更してみよう。渋滞の先には、猫も、犬も、鳩も、いのしし（成人）も、いのしし（子供）もいなかった。事故も無かった。信号は赤だった。

脳内で再生するのは、ソウル・サヴァイヴァーズ、67年のヒット、「エクスプレスウェイ・トゥ・ユア・ハート」。キミをゲットするのに近道を探していたけど、それは間違いだった、と渋滞に巻き込まれ気がつく歌。車線変更の先に待っているのは〝キミ〟じゃなくって、仕事の後のプールだぜ。

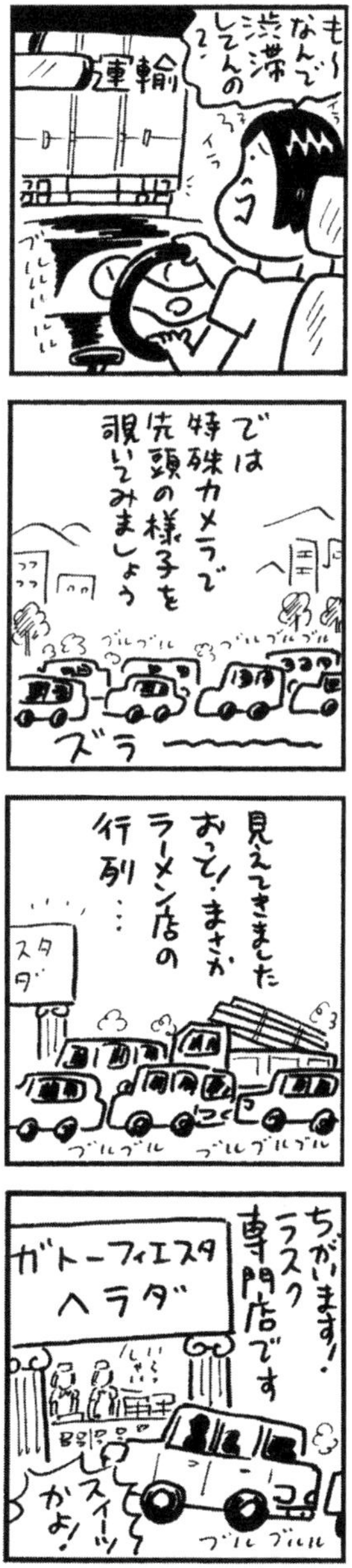

燃えるいい女軍団

いつにもまして、適当な見出しを考えてみたが、当然、内容はまったくリンクしない。いつか、こんな面白そうな話を書いてみたいものです。

この夏。いい女軍団、ならびに昆虫軍団、ついでにピラニア軍団が燃えているところに遭遇しなかったが、それなりに、いろいろあった。

この夏。一度だけうなぎを食べた。土用の丑も過ぎた、ある土曜の午後。場外馬券場の近くにある老舗のうなぎ屋で、上うな丼、一人前、3千円ちょいを奮発して、いただいた。美味かった。夏の間、何度か、牛丼屋が売る、廉価のうな丼にヨロメキかけたが、我慢し続けた甲斐があった。岡本かの子の短編『家霊』のどじょうじゃないけど、命を食べた充実感。来年の夏もまた、一匹食べよう。

この夏。ロンドン・オリンピックを連日、観賞した。特に、中盤から終盤、日本人の活躍が目立ち、自然と熱も入る。妻に、「これほど、オリンピックにハマったこと、なかったよなー」と同意を求めると、「毎回、同じこと言ってる」と返された。どんだけ好きやねん、オリンピック。閉会式、マッドネス「アワ・ハウス」の観客の大きな合唱にグッときた。

この夏。もっとも記憶に残った、情けない言葉は、プロ野球、阪神タイガースvs横浜DeNAベイスターズ戦について書かれたスポーツ新聞の見出し「5位固め」。そんなもん固めんでもええ。固めるのは首位だけだ。割れろ、5位。砕けろ、5位。溶かせ、5位。

この夏。ずっとカバンに入れていた本は泉鏡花のアンソロジー『おばけずき　鏡花怪異小品集』(平凡社ライブラリー)。ちびちびと短編を楽しむ。ちょっと本を読むような気分になれない時も、…っていうか、そもそも、そういう時がほとんどなので、同じ本をずっとカバンに入れているワケだが…、表紙を眺めて、「おばけずき」というタイトルを見て、満足していた。おばけずき、というタイトルずき。

この夏。もっとも不可解だった出来事。妻の実家のある福井県に里帰りして、そこでレンタカーを借りた。ETCカードを挿入すると、機械の音声で「エラーです。エラーコードは03です」とのこと。2度繰り返してみたが、同じ反応だった。妻は「反対に入れてるんちゃう」と。まさかー、と思いつつ挿入すると、あっさり入りました。にしても機械音声。「エラーコードは…」じゃなくて、同じ声で「カードが裏返しです」と言えないものだろうか。

この夏、いちばんシミジミしたのは、ビーチ・ボーイズ来日公演のブライアン・ウィルソンだ。日本にいれば確実に皇潤のCMに出そうなマイク・ラヴの張り切りと対象的に、キーボードの前で、動かざること山の如し、のブライアン。それでもファンは納得。次から次と繰り出される名曲のほとんどを書いた男がそこにいる、という感激。にしても動きは少ない。クラフトワークのみなさまに負けず劣らず省エネ・ロック。かつて、小学校2年のときに「卓球場のオヤジ」になりたかった、と書いたことがあったが（『ロックンロールストーブリーグ』収録「夢のア・デイ・イン・ザ・ライフ」）、同じ意味で50歳の私はライブ中のブライアン・ウィルソンになってみたい、と思った。

京都の中華　日本のロック

『京都の中華』（姜尚美：京阪神エルマガジン社）が面白い。
〝京都の中華〟とは何か？

ああ、餃子の王将とか、という人もいるかもしれない。確かに、それもまた京都で産まれた中華料理のひとつだが、この本においては、とてもピンポイントな視点で捉えた〝京都の中華〟が語られる。

表紙に写る、まるでスイートポテトのような、黄金色のすぶた。このシンプルで美しい食べ物。まず、この写真に魅入られた瞬間から、読者の〝京都の中華〟への旅がはじまる。

〝京都の中華〟の具体的な特徴について、まえがきから引用する。

〝よく言われるのは、お座敷に「におい」を持ち込むことが嫌われる祇園などの花街《かがい》で育った、にんにく控えめ、油控えめ、強い香辛料は遣わないあっさり中華、という特徴。しかし、それ以外にもまだ「京都の中華」たらしめるものが、「何か」ある。おいしいだしを吸わせるためにわざわざ麺のこしをころす、この街独特のうどんのように伝わりづらい、京都好みの「何か」。〟

そんな〝伝わりづらさ〟を伝える、現存する20弱の店舗と、それぞれの店で際立つメニューを涼しい写真で掲載、さらに店主へのインタビューを中心に、店の空気を簡潔な言葉で伝えている。

筆者はちょうど80年代の10年間を京都に住んでいたのだが、その間、本書で扱う〝京都の中華〟を体験したことが無かった。その存在にすら気づくことなく過ごしていた。

その魅力に気付いたのは京都を離れて、神戸に帰ってから。

地下鉄北大路駅の近くにあった鳳舞という、とんでもなく個性的な建築の中華料理屋で、〝くわい〟が入ったシュウマイを食べたことで〝発見〟した。

残念ながら、この鳳舞は２００９年に閉店した。その内装、メニュー、従業員を記録した、くるり「三日月」のプロモーション・ビデオは、文字通りのタイムカプセルとなっている。

『京都の中華』は〝グルメ本〟でありながら、昨今よくある〝全国どこでも味わえる〟通販とは（ほとんど）無縁のグルメである。まず、実際に京都に行かなきゃ、味わえない。ひょっとすると京都に住まなくては、真の意味では味わえない、とも言える。逆説的に言えば、〝京都の中華〟が表すものを理解し、愛でることが出来るなら、それを食している間は、誰もが京都に住んでいるようなもの。

読みながら、幾度か、〝伝わりづらい〟〝日本のロック〟について説明している自分に気がついた。「セクシャルバイオレットＮｏ．１」を再生しながら、それにあわせて踊るだけの内田裕也の魅力を世界に説明する術があるような、そんな錯覚を覚えた。勇気が出た。その〝イビツさ〟を愛でる気持ちに忠実ならば。

著者の姜《かん》さんは京都人だが、〝京都の中華〟について書いているうちに〝京都に住む人〟の本を書き上げてしまった。巻末の、読み物も充実している。先の鳳舞を（文字通り）作った高華吉の物語から、京都中華の歴史ではしっかりと王将も扱われている。

ちなみに、姜さんは、辻井タカヒロ先生のweb連載マンガ「辻井さん」の担当編集者でもあります。

限りなく透明に近いフィルム

ヒゲの未亡人の全国ツアーで神戸に来ていたゲイリー芦屋さんから一枚のCD（CD-R）をいただいた。タイトルは『肉の悶え／8トラック・エロテープの世界』。

副題どおり、60〜70年代にカーステレオとして愛用された8トラック・テープの、いわゆるエロテープを編集したもの。ゲイリーさんが数年間に蒐集した2百本に及ぶソフトから、ドラマ的に内容の高いものやBGMが優れているものなど数編が選び抜かれている。

これがなかなか発見に満ちた逸品で、レコードのように表社会の（！）カタログに残るものではないのにも関わらず、演出や声優たちの演技（艶技）の力の入りように今更ながら驚かされた。

そういえば、我が家にも8トラのエロテープがあった。

小学校3年か4年の頃、父親の自家用車のダッシュボードで発見した一本のソフト。これをひとりで車にいる時に何度か再生した。ストーリーはまったく覚えていないけれど、パッケージが黒地にピンクの文字で大きく「？」とだけ印刷されていたことは覚えている。

乗用車の車種も記憶にないが、皮とビニールの混ざったような独特の匂いは忘れられない。

すごく嫌な匂いだったけれど、今の車では嗅ぎたくても嗅げない種類のものだった。

そういえば、我が家にはブルー・フィルムもあった。

中学の時、押入れの中から、8ミリ・フィルムと映写機を発見した。70年代中頃だった。

いちおう説明しておくと、ブルー・フィルムとは、非合法のポルノ作品。陰部がはっきりと映されている、80年代に裏ビデオに取って代わられることになるシロモノだ。

両親が離婚して、母親と2人で暮らしていた頃の話で、これを我が家に持ち込んだ男性のことについては、書き出すと長くなるので今日は割愛する。この方には四つ玉のビリヤードと、エルヴィス・プレスリーの魅力を教えてもらった。

母親が夜の仕事に出ていたので、ひとりの時間が長かった。この無限の時間にいろんなことを学んだ。映写機にフィルムをセットして、白い壁に映写することに、最初は手間取ったけれど、なにせ夜は長かった。ひとりぼっちの試写会を何度か繰り返すうち、だんだん要領を得てきた。

映写機は音声を同期再生しないもので、サイレントで楽しんだ。

その頃の私は「ながら族」だったので(今も?)、映写の間は、一生懸命、別のことに打ち込んだ。何をしたかは記憶にないが、中学生なので、おそらく勉強のようなことだろう。

ある夜、上映中に映写トラブルがあり、ひとつのコマで映像が止まった。映写機の電球の熱でフィルムがみるみるうちに溶けてしまった。勉強の手を止めて、コンセントを抜いた。あれほど焦った経験もそうはない。その日が最後の上映となった。フィルムの損傷は誰にも気づかれることはなかった。あるいは、気づかれていたかもしれないけれど、私に知らされることはなかった。

それ以来、『イングロリアス・バスターズ』のように「映画が燃える」演出を見る度に、ブルー・フィルムを思い出す。『ニュー・シネマ・パラダイス』？あれはホラーだ。

幻想の魔送球

ぎい。

日テレG+というCSチャンネルでアニメ『巨人の星』の再放送をやっている。ちょうど、この原稿が世に出るころには全182回の放映が終了しているはずだ。

これを連日、観ている。録画しておいたものを数週間遅れで、毎日2本ずつ追いかけて観続けている。ある意味、これほどの人生の無駄遣いもないだろう。ただ、『巨人の星』を全話残さずに観てみたい、と思いついたから、観始めたら、やっぱり面白くて観続けている。もし、数十年後に再放送していたら、また同じように観てしまいそうで怖い。

いろんなエピソードを忘れていた。川上哲治や沢村栄治らの戦争体験はまだいいとして、多摩川グラウンドのグラウンドキーパー＝務台さんと、その妹の後楽園球場のうぐいす嬢が出てくる回（その名も「鬼のグラウンドキーパー」）の〝一回休み感〟は相当だ。つい、いいモノ観た、とほくそ笑む。

ぎい、ぎい。

堀井憲一郎が書いた『「巨人の星」に必要なことはすべて人生から学んだ。あ。逆だ。』の中で、星一徹によって何度も語られる〝後退しての死よりも、前進しての死を選んだ〟という坂本龍馬の最期は、梶原一騎の創作であった、と指摘されている。この話が出るたび、間違った昔話をはじめた老人に対するように、はいはい、と聞き流すのもまた楽しい。

ぎい、ぎい、ぎい。

今さらながら、の発見は声優の上手さ。特に、星飛雄馬の声をあてた、放送開始当時、まだ中学生だった古谷徹の表現力には舌を巻く。

もうひとつ、アニメーターによってキャラクターがまるで別人のように違って描かれているのにも驚く。特に初期の素朴さを愛するものとしては、70年代に入ってから如実に変化した画風が残念というか、つらい。

ぎい、ぎい、ぎい、ぎい、ぎい。

中盤のクライマックスは星飛雄馬の発明した大リーグボール1号が、花形満とアームストロング・オズマによって、それぞれ打たれる回だ。この放送回、よりによって読売ジャイアンツの優勝祝賀会の特番が入って、うまく録画されていなかった。つまり、全話観るといいながら、欠落した2回によって、私にとっては「大リーグボール1号は打たれていない」ということになる。なにかの陰謀としか思えない。悔しいので大リーグボール1号を打った花形満の鬼凄い描写を描いたアニメーター、荒木伸吾の回顧展『瞳と魂』を観に行って、気持ちを落ち着かせたのだった。

ぎい、ぎい、ぎい、ぎい…って、さっきからうるさい！　じゃあ、外すか。パチ、パチ、パチ。

あ、すみません。「ロック漫筆養成ギブス」のバネの音でした。日々、これを着用してパソコンに向かっています。これを外して書けば、もっと面白くて、タメになる話が書けるのですが…。そんな血と汗と涙の結晶、安田謙一著『なんとかと　なんとかがいた　なんとかズ』という本が出ました。

ポセイドンのおめざ

ぽかっと一日、時間が出来たので『人生の特等席』と『北のカナリアたち』を続けてひとり映画館で観た。どちらも映画の途中で涙が出た。が、何故か、右目からだけ涙が流れた。左目の涙腺が詰まっているのだろうか。これもひとつの老化現象か。流れよ我が涙、と左目は言った。

それを特に気にするわけでもなく、すっかり忘れていたが、その次に両目から涙が出たときに思い出した。選挙ダルマの気持ちになった。

涙が出たのは天童よしみのコンサート。アンコールで、彼女のデビュー曲（吉田よしみ名義）である「大ちゃん数え唄」が目の前で歌われたときだ。

「ああ、俺は生きている間に、本人歌唱による、大ちゃん数え唄を聴いたんだ」という妙な感慨とともに、涙が涌いて出た。両目から出た涙がアメリカン・クラッカーみたいに…はならなかったが、泣けた。

曲の最後、〝てんてん天下のいなかっぺ〟の〝天下〟から〝いなか〟の間に、〝のいっ！〟とキバるのが、実演だとより強調されていた。文字にすると、

〝て〜んて〜ん、て〜んか〜　のいっ！　いな〜か〜っぺ〜〟と、いう感じ。

さらに言えば、

〝て〜んて〜ん、て〜んか〜　NEU!（ノイ！）いな〜か〜っぺ〜〟

とも聴こえた。クラウス・ディンガーとミヒャエル・ローターが、えっ?、と振り返りそうなくらい、堂々たる〝NEU!〟だった。

新しい年も天童よしみの〝NEU!〟に匹敵するくらい縁起のよいものに出逢えるだろうか。

京都の雑貨屋（古道具屋）で、壁の高い場所に飾られた、古い絵馬らしきものを見つけた。

魚のようにも見える虎の絵。

それは、シャッグスのマスコットであるマイ・パル・フット・フットにとてもよく似ている。

思わず写真に撮って、拙著、『なんとかと　なんとかがいた　なんとかズ』に掲載した。お手元にあれば462ページをご覧いただきたい。見開きで載っている。

勝手に写真に撮って、本に載せて…と図々しい話ではある。特に悪いとは思ってはいないが、だんだん、あの絵馬が欲しくなってきた。次に京都に行った際、店を訪ねたら、まだ同じ場所に同じ絵馬が飾られていた。店主に値段を聞いてみると、6万円と言われた。3千円なら買おうと思っていたが、気持ちよく諦めることが出来た。おそらく、しばらくは同じ店の同じ場所にあることだろう。なお、店主の話によると絵馬は大津絵だそうだ。

この原稿を書き終えて、一週間経たないうちに、大腸の内視鏡検査を受けることになっている。

ポリープのようなものが発見されれば、その場で切除してくれる、というものだが、オプションで全身麻酔をかけてもらうことにした。一瞬で眠りに落ちる快感を体験してみたくなったのだ。

というわけで、次回はNEU! な気分で、みなさまにお逢いします。

私の趣味は、ジェームズ・ボンドと同じ。リザレクションです。

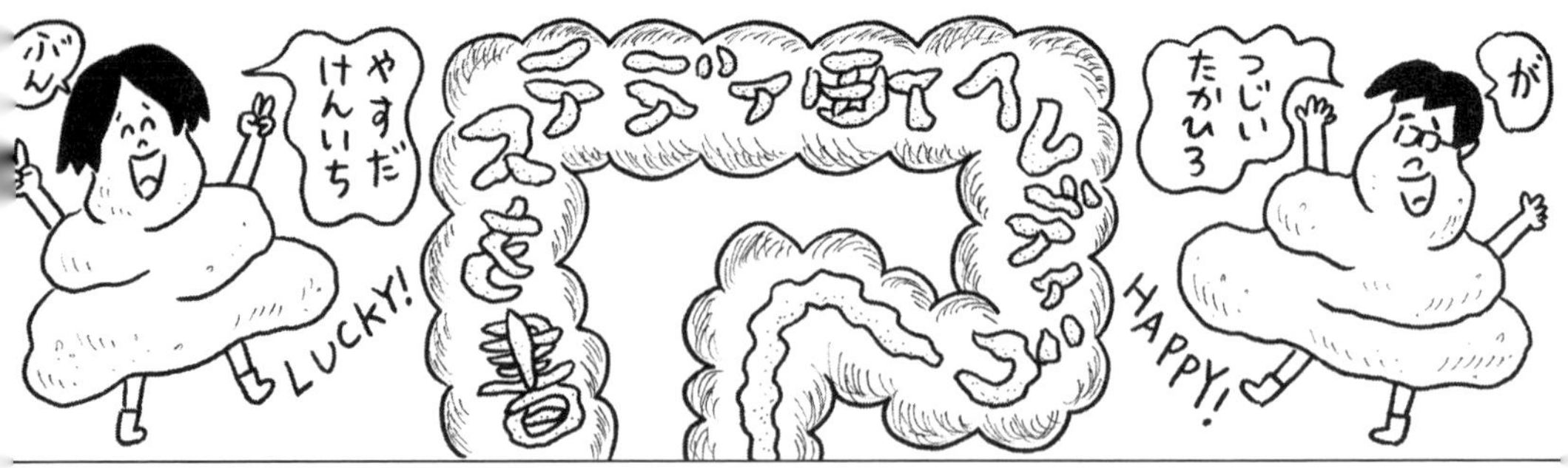

生きてるって言ってみた

昨年の暮れ、住んでいる市から大腸がん検診の案内があった。

2日間の検便を郵送するだけで検査出来るというケンベン、じゃないや、簡便さで、実行した。今の検便はマッチ箱みたいなのを使わないで、ずいぶん簡便になっている。が、一日目の便を、要冷蔵ということで家人の目から密かに冷蔵庫に隠していた時間は、ちょっとした犯罪の気分でもあった。取った便を送ったら、しばらくして、便の中に少量の血液が混じっていたので、病院で検査を受けろ、という知らせが来た。

せっかくだから初体験の全身麻酔をかけてもらって、眠っている間に内視鏡を肛門から入れて見てもらって、もしポリープがあれば、そこで切除してもらう、というコース（？）を選択した。

年末は予約が混んでいて、12月25日しか空いていない。こんなクリスマスがあってもいいだろう。

全身麻酔の気持ちの良さは特別なものではなかった。毎日、昼寝しているので、まあ、それと同じくらいの気持ち良さだった。

目覚めると若い医者から、直径1.5センチのポリープをひとつ発見したので、切除した、と言われた。取った実物も見せられた。

年が明けて、1月の終わりに病理検査の結果を聞きに病院に行った。

切除したポリープからがん細胞が発見された、と同じ医者に言われた。早期発見だったため転移の心配もなく、ただただラッキーでしたね、と言われた。この期間、まったく自覚症状もなく、体調も良好だったため、他人事のように話を聞いていた。

丘の上の大きな病院から坂道を降って家に帰る。遠くに朝日が光る海が見える。穏やかな冬の日。

若い医者の「ラッキーでしたね」という言葉が蘇る。イヤフォンをつけて、iPhoneに入っている坂本慎太郎「まともがわからない」を再生した。ピアノ、ボンゴ、ギターのイントロが流れてくる。一瞬、足の力が抜け、よろけそうになった。

ちんき堂の戸川さんから、古本のお見舞いをいただいた。書名は『芸能総合紹介誌　ショウインジャパン』という400ページを超えるB5サイズのペーパーバック。71年の1&2月号。

数多の芸能プロダクションに所属する自社タレントの宣材写真を一冊に集めた本で、おそらくはそれぞれのプロダクションからお金を取っているのだろう。定価も（特価）1万円と、まず一般人の目に触れることがないシロモノ。これ以上の見舞いは無いと言い切れる逸品だ。

巻頭のページにはてんぷくトリオ、藤圭子、渚ゆう子…とメジャーどころが並ぶ。が、ページが進むうちに、スターは徐々にスターダストに変化していく。歌手、漫才、漫談から手品、GS、モノマネ、コミック・バンド、ストリップ、アクロバット、リンボーダンス、トランポリン、金粉ショー、剣劇ショー、軍歌ショー…、それぞれを生業とする芸能人たちが次から次へと現れる。

「胃袋魔人」、「漫画と空手」、「空中金魚釣り」、「夜光落書き」…。肩書きを読んでいると、しみじみ世界の広さを知る。「ロック漫筆」。…………まだまだですな。

書をステディ町へレディゴー

文 安田謙一
画 辻井タカヒロ

面白い 白い恋人

ビートルズ『ホワイト・アルバム』だけを売るレコード屋がある。

そんな情報をインターネットで知った。よくよく読んでみると、本当はこんな話だった。

台湾生まれの両親を持つラザフォード・チャン青年はカリフォルニア出身でニューヨークに住むアーティスト。15歳のときガレージ・セールでビートルズの『ホワイト・アルバム』の中古盤を1ドルで買った。

それを機に、『ホワイト・アルバム』の英国プレス盤をひたすら蒐集。現在では693枚になった。それらすべてをソーホーのアート・スペースで、中古レコード屋のディスプレイのように展示。エサ箱はもちろん、壁一面にも『ホワイト・アルバム』しか売られていないレコード屋が出来上がった。看板にはネオン・サインで「WE BUY WHITE ALBUMS」（ホワイト・アルバムズ買い取ります）。これが、そのまま展覧会のタイトルにもなっている。

エサ箱の仕切り板は『ホワイト・アルバム』のジャケに印刻された7ケタの番号。そこに、平均20ドルで仕入れ続けた中古の『ホワイト・アルバム』が番号順に並べられている。当然、コンディションはまちまち。もとが白いだけあって、普通の盤より汚れは目立つ。ワイルドな落書きあり、所有者の記名あり、自作詩あり、と、まさにレコジャケ＝キャンバス（カメラ＝万年筆、的な）。

…というのが、ビートルズ『ホワイト・アルバム』だけを売るレコード屋…の実情。でも、いい話だね。

同じレコードがずらりと壁に並ぶ画の記憶がある。滋賀県の湖西にある民家の離れで営まれている中古盤屋。ここの壁には一列ずらっと、『ゴーストバスターズ』のサントラ、その下の列にはシーナ・イーストン『モダン・ガール』がずらり。

店主の爺はただ在庫がダブっているものを、まるで麻雀の役が揃ったようなキブンで、ただ並べて飾っているだけ。並べれば並べるだけ、値打ちも下がる。けれども、それにも関わらず、同じものが並んでいるのを見ることはとても刺激的だ。かつて売れた商品が並ぶ＝過去形のポップ・アートだ。

もうひとつ思い出した。

中学のとき。学校帰りに映画館の前に積まれた映画のチラシをタダでもらって帰るのが友人たちとの間で流行った。最初はブルース・リーだの、パニック映画だの、オカルト映画だの、の〝いい映画〟のものを競い合って蒐めたり、交換したりしていたのが、だんだん、ブレてきて、次第に積まれているのを大量にガバっと持って帰り、あとで困るようなことになってしまった。

ある日、映画化された『かもめのジョナサン』のチラシを100枚以上取ってきた。当然、途方にくれた。そこで、これを高いビルから撒いたらどうなるだろうと、考え、実行した。梶井基次郎の『檸檬』みたいな、マイ・レヴォリューションなキブンで撒いた。

夕暮れの繁華街に舞う100のかもめ（ジョナサン）。その画を実際にこの眼で見届けたわけではない。撒いた瞬間に逃げたから。だけど、記憶の中では舞っている。かもめが翔んだ日は、確かにあった。

ビートルズ『ホワイト・アルバム』だけを売るレコード屋があった。

将棋の王将

完璧な休日。そう呼びたい日がたまにある。午前中の配達の仕事が休みで、原稿もすべて片付いている。妻は仕事で、朝からひとり。だらだら家にいるのはもったいない。

電車に乗って30分で行ける映画館で、にっかつロマンポルノの回顧上映をやっている。

今日は、田中登『㊙色情めす市場』（74年）。映画館で観たことが無い名画のひとつ。いいねえ。

上映開始が朝の10時。早い。早いけど、こっちも早起きは慣れている。もし「午前十時の映画祭」にポルノ編があるとしたら、タイトルの中に「朝」という字と「勃」という字を上手く組み込みたい。

映画はほとんどが大阪、西成は飛田新地を中心としたロケで撮影されている。かつて、この町に惹かれるきっかけとなったのが、写真家、北井一夫による『新世界物語』という本だった。『プレイガイドジャーナル』誌の読者プレゼントで手に入れた。

『新世界物語』が81年で、『㊙色情めす市場』が74年。記憶と映像に多少のラグがあるが、くらくらするほど懐かしい風景が、町の匂いとともに蘇ってきた。

飛田新地は、いわゆる遊郭の部分を残して（普通、逆やろー、と笑顔で一応突っ込んでおく）、その周縁は嘘のように開発され、変貌を遂げた。まるで『漂流教室』の小学校の周りのように、一切の景色は失われた。そのひとつひとつが映画の中で生きていた。この映画の生々しさに比べれば、同じ場所を描いた大島渚『太陽の墓場』はまるでファンタジーのように思えてくる。

芹明香のふてぶてしさ、花柳幻舟のえげつなさ。どこまで演技かわからない。ふたりを前にすれば宮下順子はまるでアイドルだ。

映画の後半、芹明香の腹違いの弟が生きた鶏を抱えて、新世界を歩きまわり、通天閣を昇る。そこ

に村田英雄「王将」が流れる。きっちりフルコーラスで流される。歌のほかには現実音（効果音）もセリフもない。ただただ「王将」が鳴り響く。凄まじい映画体験をしてしまった。

「王将」は昭和36年（61年）に発売され、その年の紅白歌合戦をきっかけに、翌年に大ヒットした。将棋についてほとんど知識がないまま作詞をてがけた書いた西条八十にとっては晩年の代表曲となり、若き作曲家、船村徹の出世作となった。船村がこの曲のヒットの褒美として与えられた欧州旅行の際、イギリスで〝これから売り出される〟4人の汚らしい男たちを紹介されたというエピソードもある。

映画館を出てからも「王将」は鳴り止まない。

腹が減ったので王将…ではない中華料理屋に入る。ここの冷麺（冷やし中華）はとても旨い。これと焼き飯のセットを頼む。朝から映画以外の労働をしていない男にとって、少し量が多いが、次々に来店する若い労働者諸君の食欲に乗せられて、気がつけば、平らげていた。

時計を見ると、まだ正午にもなっていない。これから呑める。時間はまだまだある。金はないけど、なんでも出来る。空も飛べるはず。

朝からポルノ映画を見ると、一日が締まる。若い頃は、こんな日ばかりだった気がする。気のせいだろう。

書をステディ町へレディゴー

もうどうしていいのかわからないワタシたち

画 辻井タカヒロ

文 安田謙一

アカちゃんよ永遠に

漫画誌に描かない漫画家、辻井タカヒロが、漫画誌に描く前に漫画の単行本を出した。タイトルは『焦る！ 辻井さん』（京阪神エルマガジン社）。京都在住の漫画家が40歳を前に結婚。女の子が生まれ、突然、降りかかったイクメンとしての格闘の日々を克明に描いた「限りなくノンフィクションに近いフィクション」である。面白いに決まっているけど、やっぱり面白い。アカちゃん、可愛い。可愛すぎる。これは売れそうだ。国民的漫画家、辻井タカヒロ誕生の予感がする。そうなったら、このページの扱いも「辻井さんが描くタイトルと4コマ（安田謙一のテキスト入り）」となることだろう。

焦る！

とにかく、そうなる前に辻井先生にお話を聞いた。

――『辻井さん』素晴らしいです！ 葛西善蔵あたりの純文学にも通じる世界を見ました。

「川崎長太郎などの私小説は好きで古本で買ってはよく読んでました。でも今回の直接的な影響は『つげ義春日記』でしょうね。漫画ではなく、つげ義春の長男が出生してから5歳になるまでの自分と家族の生活を記録した日記なのですが、とてもどんよりした内容。それを、自分にもアカちゃんが生まれて、もうどうしていいのかわからない気持ちを抑えるために、本棚から引っ張り出してきていつも読んでました。それが良くなかった。いや、良かったのか…。『つげ義春日記』を読んで自分の心が救われたように、『焦る！ 辻井さん』を読むことで、〝こんなもんでええんや〟と安心してもらえばそれでいいんではないかと」

――辻井さんの画《え》の力が凄いです。ここは上手く描けてるなーと思うカットは？

「ほとんど無いですねー。しいて言えば36ページの1コマ目とか。逆に、ヒドイなー、適当やなーと思うところは多々ありますね。例えば34、35、37ページとアパートの外観の絵が立て続けに出てきますが、その都度アンテナの本数とか形が変わってるんです。ぜんぜん描いてる時に前に描いた絵を見てない。まあまちがいさがしみたいでこれはこれで面白いですけど」

――次回作の構想はありますか？

「巻末の番外編『焦る！辻井くん』みたいな、少し過去に遡った話で一冊まとめられたらいいなあ、とかそういうのはありますね」

――読者へのメッセージを。

「読み終わっても、すぐアマゾンのマーケットプレイスとかで売らんといてくださいね。しばらく本棚で寝かせて、自分に子供が生まれたときにまた読んでみて欲しいです」

…ということで、蛇足を承知でもう一言。『焦る！辻井さん』はホノボノとした日常漫画であるのと同時に、モノを作ることの苦悩をあっけらかんと表現した、『ブラックジャック創作秘話～手塚治虫の仕事場から～』に匹敵する恐ろしい本だ。さらに言えば、辻井タカヒロによる『アート・スピリット』（ロバート・ヘンライ著）でもある。アカちゃん。そして、〝産み〟についての物語です。

焦る！焦る！焦る！

誰だ？ 誰だ？ ダルだ！

バイトの軽自動車のラジオから「おれおれ詐欺」に代わる新名称「母さん助けて詐欺」についてパーソナリティのゆるい会話が流れてきた。ついモジリをいっぱい思いついた。

●母さんお肩を叩きましょ詐欺。…これはありそう。

●母さん夜なべをして手袋編んだだよ詐欺。…息子が編んであげたのね。

●母さんいい加減あなたの顔は忘れてしまいました詐欺。…これもありそう。

●母さん僕のあの帽子どうしたでせうね ええ、夏、碓氷から霧積へ行くみちで 渓谷へ落としたあの麦藁帽ですよ詐欺。…ノイローゼかな、と思わせて。

●母さんジャスト・キルド・ア・マン、プット・ア・ガン・アゲインスト・ヒズ・ヘッド詐欺。

…息子のフレディは死んだわよ。

●(ジェイムス・)母さんユー・ガット・マイ・マインド・メスド・アップ詐欺。

…サザン・ソウル好きな息子。

●(ディクスン・)母さん密室殺人詐欺。…詐欺だけならまだしも…。

詐欺はここまで。

先日、友人の佐々木くんに誘われて甲子園球場に阪神対オリックス戦を観に行った。

球場でビールを買うと、かなり高くつくので、事前にそれぞれ自分が呑む酒をポットに仕込んでいこう、ということになった。

いつもは水分補給に使っている500ccほど入る水筒に、焼酎をジュースで割ったものを入れる。それぞれ冷蔵庫で冷やしたものを慎重に注いで、最後に少しだけ氷も入れた。なんだか、とても悪いことをしているような気持ちになって、わくわくしてしまった。これ、野球に行く日だからいいけれど、日常で呑むようになったら人間、終わりだな、とか考えてしまった。是非、やろう。

座席はレフトスタンドの上段、バックスクリーン寄り。風も心地よいナイター日和だった。

佐々木くんとふたり座っていた席の少し前に目立つ男がいた。どう目立っていたかというと、その前に座っている客がしょっちゅう振り返り、時に声をかけ、いっしょに写真を撮ってもらっていた。その横顔を見ても、僕も佐々木くんもそれが誰かはわからない。少し焦る。ふたり、それぞれツイッターで「甲子園　外野席」なんてキーワードで検索してみたが、わからない。

そのうち、佐々木くんが「ダルビッシュの弟」と推理した。確かに似ている。よく見ると、テキサス・レンジャーズの青いキャップもかぶっていた。間違いない。そこから、さんざん、「ダルビッシュの弟」について語り、家に帰っても家人にその話をしたりした。

翌日、佐々木くんから、「あれ、ダルビッシュのそっくりさんでした」とメールがあった。

うーん。騙され…てはないか。

原稿を書きながら、「水筒に焼酎を詰める」という行為を思い出した。

「樽に美味い酒を詰める」樽…美…酒。

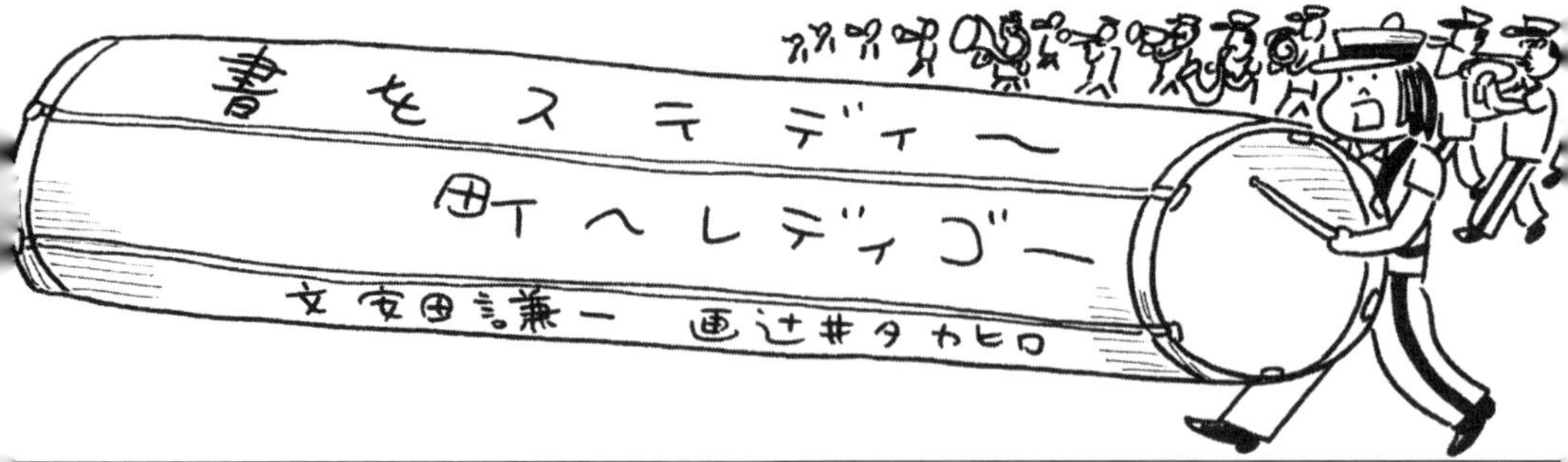

毎年、毎年、僕らは。

昔から47人といえば、忠臣蔵。48人といえば、ＡＫＢ、ＳＫＥ、ＮＭＢ、ＪＫＴ、ＳＨＮ…と、あと、なんだっけ（ＮＤＫ）？

１００人といえば、イナバ物置。２０００人といえば、狂人。ハーシェル・ゴードン・ルイスね。１００００人といえば第九。

と、ここまでの話を因数分解すると（たぶん因数分解ではない気もする）、ＣＳＧ４７、ＡＫＢ48、ＳＫＥ48、ＮＭＢ48、ＪＫＴ48、ＳＨＮ48、ＩＮＢ１００、ＨＧＬ２０００、ＤＩＫ１００００となる。

ということで、今日は「ＳＳＧ３０００」の話。

３０００人の吹奏楽、というイベントが年に一度行われている。

ウィキペディアから引用すると、３０００人の吹奏楽は毎年初夏（6月下旬）の日曜日に関西で行われる大規模なマーチングイベント。61年（昭和36年）に第1回が開催され、当初は「春の吹奏楽〜１０００人の合同演奏〜」という名称だったが、年々参加団体が増加し、翌第2回からは「２０００人の吹奏楽」、さらに第29回からは「３０００人…」と名称を変え、現在に至る。

私と妻とはこのイベントをほぼ毎年観にいっている。もう20年以上、通っている。

現在は大阪の京セラドームで行われているが、01年までは、かつて阪急ブレーブスがフランチャイズとしていた西宮球場で行われていた。今にケチをつけることもないが、主（阪急ブレーブス）を失った西宮球場の黄昏たムードと、このイベントのいなたさがとてもマッチしていた。

毎年、とてもレベルの高い演奏が繰り広げられる。が、会場が馬鹿でかいため、その演奏をちゃんと堪能出来るという音響の環境には至らない。微妙にリズムもずれて聴こえる。それが、また、〝今、見ているもの、聴いているもの〟への絶妙な距離感を生み出して、なんとも心地よい。

今年は当然のように『あまちゃん』のオープニング曲を演奏するグループがいた。海をテーマにした選曲に取り入れていて、とても健気で、好感が持てた。

…と書いてきて、はっとした。俺、今、3000人の吹奏楽の話、書いてるんだ。

恒例行事というのはなかなか文章にしづらい。ネタになるようなものを一つも求めていないからこそ、毎年、飽きずに（飽きても）いけるのだ。

そんな中、こんな原稿を書いている理由はひとつ。今月はなんだかんだの締め切りで、毎日、バイトと原稿に追われ、映画一本観る時間が無かったのだ。その中でほぼ唯一といっていい外出（笑）が、これだった。これしか書くことないじゃん。

もし、近い将来、近所の八幡神社での厄除けの儀式について書いていたら、ああ、こいつ、忙しいんだな、と察してほしい。

そんな日々、『あまちゃん』に救われている。湯浅学さんとお逢いしたとき、「あまちゃん、楽しいね」と話が出来たことがとても嬉しかった。なーんの批評性もなく、ただ、わいわい盛り上がるふたりは、きっと東海林さだおの漫画に出てくるサラリーマンみたいに見えただろう。

きけ ふくろとじのこえ

今月はこんな原稿を書くつもりだった。

ＤＪを務めるラジオ番組（ラジオ関西『夜のピンチヒッター』）の7月23日放送回の選曲準備をしていて、その日が元ロキシー・ミュージックのサックス奏者、アンディ・マッケイの誕生日（1946年生まれ）であることに気がついた。スキーター・デイヴィスのカヴァー「エンド・オブ・ザ・ワールド」をオンエアしよう、と決めた。あの〝歌のない歌謡曲〟が、昔からたまらなく好きなのだ。

いざ、収録アルバムの、アンディ・マッケイのファースト・ソロ『イン・サーチ・オブ・エディ・リフ』を探すも、無い。アルファベット順に並べられた我が家のレコード棚の「M」の欄を探しても見当たらず、根性入れて「A」から「Z」までを見直しても、無い。えーっ、俺、アレ売ったのかー。俺的には売ってはいけない一枚、売るはずのない一枚なのに…。「エンド・オブ・ザ・ワールド」はラジオ局にもないし、配信もされていない。これは買うしかない。

確か10年ほど前にブリティッシュ・ロックの棚にあったなあ、という記憶を頼りに、神戸、元町の中古盤屋、ハックルベリーに行った。そしたら、当たり前のようにあった。10年前と同じやつかどうかはわからんが、あった。2千円で買った。

生放送で、無事、「エンド・オブ・ザ・ワールド」をかけた。その際に、これまで書いた顛末を話した。ついでに、話した内容をそのまま原稿にする、と予告までした。

…と、こんな原稿を、もっと深く、もっと面白く、ヒューマニズム溢れる描写で、書くつもりだった。つい、さっきまでは。

ふらっと入ったコンビニの雑誌売り場で、こんなコピーが目に飛び込んできた。

「史上初の快挙　じぇじぇじぇ！　開けてビックリ『アノ声が出る袋とじ』を作りました」

買わなくてはいけない。アノ声を聞かなくてはいけない。原稿にせねばならない。

そんなもん、アンディ・マッケイがなんぼのもんやねん。「エンド・オブ・ザ・ワールド」がどないやちゅーねん。『イン・サーチ・オブ・エディ・リフ』？、知らんがな。

原稿の締め切り日。昼までで配達のバイトを終えて、コンビニに寄り、もう一度書くけれど、「史上初の快挙　じぇじぇじぇ！　開けてビックリ『アノ声が出る袋とじ』を作りました」のコピーに煽られて、『週刊現代』8月10日号を420円出して購入した。

昼ごはんを食べて、少しだけ昼寝して、「今月はこんな原稿を書くつもりだった」で始まる原稿を書く。

……ここまで書いた。コンビニの白い袋から雑誌を取り出す。さあ、袋とじを開けるぞ。声がデカかったらどうしよう。今日は会社や通勤電車もパニックだな。家でよかった。窓も閉めた。よし、アノ声を聞くぞ…と思った瞬間に目に飛び込んできたのは「グラビア嬢が朗読する声が聞けるインターネットのアクセス先が袋とじの中に…」（大意）という文字。……………………。

救いようのない失意とともに、小さなため息を漏らしてしまった。

アノ声みたいなため息が出た。

知らなくもない町

8月のある日。福井市にある妻の実家に帰省した。

一泊した翌日。家の用事がなんだかんだあるので、夜まで外でぶらぶらしてくれ、と妻に言われた。

福井には原稿を書く道具を持って来ていない。完全な自由時間。漫画の吹き出しのような形をした「時間」を手渡された気分。これで小遣いまで持たされたら、その場で溶けてしまったかもしれない。

まずはプールに向かった。福井市三秀プールは築60年を越える、とても古い施設。第二次大戦の後、福井は大きな地震に見舞われ、そのすぐ後に出来たプールだ。グーグルで「福井　プール」と検索してみても結果が上位に出ることはない。入場料は大人が２１０円。高校生以下は21円とある。にじゅういちえん。子供の頃に行っていた銭湯の値段を思い出した。

静かな住宅地の中にあるプールは縦50メートルの大きさ。その一片が子供用に仕切られている為、実質40メートル。それでもデカい。なにせ客は3人。ほとんど貸し切りだ。

水の深さは2メートル。ハードボイルドだど。一生懸命に泳いだり、浮いたり、プールサイドで寝そべったり。頭の中で原稿を書いたり、消したり。書いたり、忘れたり。

2時間ほど水とじゃれて表に出る。体感する気温は神戸より3~4度ほど低い。それだけで歩くのが楽しい。適当なカフェを見つけて、適当なランチを注文してみた。その日はチキンカレー。サラダとスープはおかわり自由で６５０円。適当な味で満足した。

まだ、昼過ぎ。映画でも観よう。ちょうど、観たいものが無かったので、名画座に行く。

ベルイマンの回顧特集をやっていた。時間が合うのは「処女の泉」。映画には不思議な相性がある。「処女の泉」はこれで3回目。「叫びとささやき」は観たことがない。

適度にクーラーのかかった映画館で処女が犯され、殺され、その後に泉が湧くのを眺めた。

外に出るとまだ時間がある。本屋を覗いたり、今川焼きを食べたり。

歩きながら、携帯プレイヤーでマテオ・ストーンマンの歌うボレロを聴く。ただでさえのんびりした町のスピードが更にゆっくりと見える。

町はずれにある大きなレコード屋は潰れていた。国道沿いのマクドナルドでアイスコーヒーを飲みながら、三島由紀夫の短編『百万円煎餅』を読む。何回読んでるんだ、これも。

そろそろ日が暮れてきた。腹も減ってきた。家に帰ることにする。

ソギー・チェリオスの「知らない町」という曲の一節〝いまここで降りたらぼくはどんな人生を送るのだろう〟。そんなことを考えたりした。この曲が入ったアルバムは『1959』。鈴木惣一朗と直枝政広のふたりが共に1959年生まれというところから、このタイトルだ。

1959年生まれのアルバイト（電報配達）の同僚であるSさんから、不要だからと、十数枚のアナログ盤を頂いた。イエス『海洋地形学の物語』、フォーカス『フォーカス3』、リック・ウェイクマン『地底探検』、チェイス『追跡』などなど。めっきり涼しくなった部屋で大きな音で流している。

誰か他人の家にいるみたいで、これはこれで悪くない。

26〜24

サインを書くことがある。以前は、純朴な小学生男子が白いパンツにマジックで書くように、名前だけ漢字でそのまま書いていたのだが、そのうち、一言添えて見栄えを良くしようと思いたった。「努力」とか「根性」とか、そういう力強くて馬鹿馬鹿しい言葉がいいな、と考えた。「王将」とか「優勝」とか「満期」とか「落札」とか。

そんな流れで、「不老不死」という言葉に落ち着いて、何年目かになる。

最初はフザケて書いていたのだが、まあ、今もフザケてはいるのだが、言霊というのは恐ろしいもので、「不老不死」という言葉に少しだけ敏感に反応するようになった。

ポッドキャストで配信されている『バイリンガル・ニュース』はお気に入りの番組。先日、こんなニュースが紹介された。アメリカのオンライン調査で18歳以上の約２２５０人に〝もし、ずっと健康な状態でひとつの年齢のまま生き続けることが出来るなら、あなたは何歳でいたいですか？〟というアンケートを取ったところ、その答えを平均したところ「50歳」という結果が出たそうだ。

ちなみに内訳として、18〜36歳は「38歳」、37〜48歳は「49歳」、49〜67歳は「55歳」、68歳以上は「67歳」という回答（平均）だったらしい。一言で言えば、若い時は実年齢よりもう少し上、歳をとったらもう少し若く、というところを希望している、ということだ。

おそらく日本だったら、もっと低い年齢が出るような気がするのだが、どうだろう。

この結果、つまり、現代社会の人間がもっとも理想とする年齢（大雑把！）が50歳と言われてみて、今、51歳となる私も、なんとなくそんな気がしていたのだ、と言いたくなった。なんかね、ちょうど、いいですよ、50歳。

そう私に言われても説得力は無いかもしれないが、これがトム・クルーズだったら、どうだろう。

ちなみに、トムは学年こそ一年下だが、私と同じ62年生まれ。

現代社会の人間が憧れるのはトム・クルーズ。うん、悪くない。

ということでトム・クルーズ主演の映画2本が近所の名画座でかかっていたので観に行った。

『オブリビオン』は『未来惑星ザルドス』の恐い顔みたいに浮遊する『２００１年宇宙の旅』のHALみたいな球形ロボットが良かった。途中、20分寝た。映画館で〝落ちる〟と完全に眠気が消え失せる。

『アウトロー』は登場する女がいちいちトム・クルーズを〝あら、いい男ねえ〟とリアクションするのが古風で良かった。

不老不死の話は何処へ行った？

そうだ『ウルヴァリン SAMURAI』を観に行こう。

日本が舞台ということで、ラブホテル、パチンコ屋、新幹線、そして原爆と、ずいぶん欲張りな映画だ。

途中で由紀さおりの「生きがい」が流れて、びっくりした。山上路夫による〝いつの日も生きてるの〟という歌詞を理解したうえで、使っているのだろうか。だとしたら鋭い。ウルヴァリンの爪くらい鋭い。

ウルヴァリンは常に「不死になんの意味があるのか」と憂う。実際のところ、私もそう思いますわ。

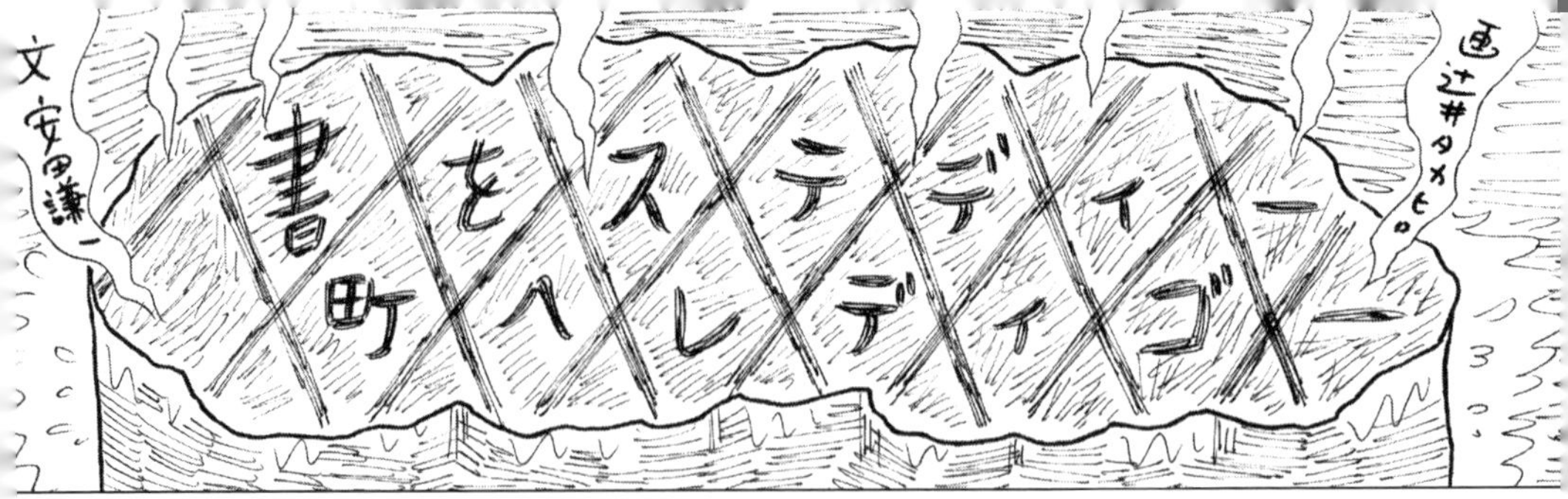

スプーン曲げたら40万円

クイーンに「アイム・イン・ラヴ・ウイズ・マイ・カー」という曲があるが、自動車整備工のクリス・ドナルド（38歳）は、車を愛しすぎて、車とまぐわってしまった。マイ・カーのみならず、ユア・カーも、ミーのカーも、ジェイムス・カーも、ディクスン・カーも、手当たり次第、手を出しちゃう。「良い車を見ると、ムラムラする。匂い、触覚、そして味わいに興奮する。例えばゴージャスなメルセデスを見ると、一緒にベッドインしたくなってしまう」

そう語るドナルドは過去20年間に30台の車と関係を持った。想像し難いが、ちゃんと果てるという。このニュースを、前号に続いて登場のポッドキャスト番組、バイリンガル・ニュースで知った。インターネットでドナルドさんの写真を見ると、彼は女物の下着を着用して、排気口に挿入していた。なんか、がっかりしちゃいました。なんで女装なのか。変態はさり気なく変態じゃだめなのか。じゃあ彼が、どんな格好していたらいいんだ、と言われたら困るが、そうだなあ、たとえば、ジェームズ・ボンドみたいに仕立ての良いスーツとか着ていたら、いいんでねえの。

変態が女装して、いかにも変態ですと見せちゃう。その、わかりやすさは、ちょうど超能力者がスプーンをまげてみせるのに似ている。そんな気がした。レコード棚から、ユリ・ゲラー、75年の同名アルバムを取り出して聴いてみよう。米コロンビア、KC-33481。

聴いていると、なんか、やったことないことが出来そうな気がしてきた。ちょうど妻が実家に帰っていたので、ステーキ肉を焼いてみよう、と考える。僕にははじめての行為だ。

輸入肉の大きなヤツを買って帰る。神戸に住んでいるけれど、神戸牛なんて縁遠い。こういう品の無い肉が喰いたいんだよ、と自分に言い聞かせる。包丁の裏で肉を叩くと、ただでさえデカい肉が更にデカくなった。色と大きさが水枕くらいになった。塩コショウをして、肉の大きさを戻して、熱くなったフライパンで牛脂を溶かして、そこに水枕、じゃなくてステーキを入れる。適当に焼いて、ひっくり返して、また焼く。ワインを入れてジミ・ヘンドリックスの真似しようと思ったけど、炎はあがらず、なんだか、ドボドボになってしまった。で、食べたら、まあまあの味。ただ、食べても食べても無くならない大きさ。顎が疲れた。35点の出来だった。お茶漬けで口直し。

さっき聴いたユリ・ゲラーが米国盤だったから失敗したのかもしれない。日本語でゲラーに囁かれていたら、もっとマシなステーキにありつけたかもしれない。

超能力の話を書いていて思い出した。今日は、映画『クロニクル』について書く予定だった。忘れてた。超能力よりも記憶力が必要だ。

話は変わる。

アマゾン・ジャパンから「あなたへのおすすめです」というメールで、「1／12スケール鉄道小物シリーズ」の新製品『駅のゴミ箱』を薦められた。JRの駅ホームにある、新聞・雑誌と、缶・ビン・ペットボトルと、普通のゴミ箱が3つ連なっているやつ。あのミニチュア。なんで俺に。

なめんなよ。

海老田海老蔵

名門ホテルのメニュー偽装問題のおかげで「バナメイエビ＝芝エビ」、「ブラックタイガー＝車海老」という図式を学んだ。あっ、「＝」ってことはないか。「≒」なのか、「≠」なのか、よくわかんないけど。

「海老」と漢字で書いてみる。「海」はいいとして「老」の字のフォルムの話。「老」という字はただ単体でエビそっくりではないか。特に下半身のグッと反ってるところなど、超エビっぽい。♪エビっぽい　キューピット、エビっぽい　キスもっと♪

なんて、ついつい、モーニング娘。「色っぽい　じれったい」の替え歌なんて歌ってしまったりするほど、エビっぽい。ｍｕｇｏ・ん…海老っぽい。

ということで、今回はB-52'sの「ロック・ロブスター」とか、海老原啓一郎とロブスターズとか、エビータとか、エビっぽい話題で攻めてみようかな、と思ったが、話に先が無かった。思っただけで十分だ。

話題を変える。

名著『ロックンロールストーブリーグ』に収録された「ファーマー・ジョンのドクター・ジョン」にも書いたとおり、私は76年のアメリカ映画『キャリー』が大好きだ。このたび、キンバリー・ピアース監督、クロエ・グレース・モレッツ主演で再映画化されたので観に行った。

ブライアン・デ・パルマ版がいかに素晴らしいか。シシー・スペイセク以外に誰がキャリーを演じる意味があるのか…というような話は映画を観る前から分かっているので、あえて書く必要はないだろう。まあ、書いてるようなもんだね。

映画の出来とは別のところで、ひとつ気になったことがあった。

今回の『キャリー』はカナダでロケされている。ご存知の通り、ここ数年、数十年、アメリカ映画の多くが海外でロケされている。時にはインドや中国という特殊例もあるけれど、『キャリー』のような〝ありふれた住宅地〟という場合、カナダやオーストラリアはロケ地によく使われる。

ここ数年、アメリカ映画は〝アメリカみたいな〟風景が切り取られて使用されている。新しい『キャリー』を観て、じわじわと寂しい気持ちに襲われた。アメリカ映画が好き、という要素の中に、さりげなく映り込んでいるダイナーなり、コインランドリーなり、壁の落書きなり、そういう風景だけで、どんな愚作でもいくらかは〝元を取って〟いたような人間にとって、〝アメリカみたいな風景〟を目論みつつ、〝アメリカじゃないところを映さないようにした風景〟に心を配ったアメリカ映画は、すでに〝アメリカでもなんでもない風景〟しか映していないのだ。

かつてアメリカ映画が持っていたムードは思いがけない場所に息づいている。

アレックス・チルトンの没後発売されたライヴ盤『エレクトリシティ・バイ・キャンドルライト』は、ライブハウスが不測の停電に見舞われた夜、アレックスが生ギターでドラマーと共に即興で弾き語ったいくつかの曲（ほぼカヴァー・ソング）が収録されている。音だけで、１９９7年2月13日、ニューヨークはニッティング・ファクトリーの暗くて暖かい夜にワープ出来る奇跡の一枚だ。暗い部屋で、ビーチ・ボーイズ「ソーラー・システム」にエビ反る幸せ！

つけたけど、また消して

近所の銭湯へ行った。

湯船からあがって、そろそろ服を着ようかな、と思って脱衣場の方を見たら、ちょうど自分のロッカーを塞ぐ場所に男が立っていたので、しばらく洗い場でその男が立ち去るのを待っていた。

こいつがなかなか動かない。いや、動いてはいる。じっとはしていないんだけど、展開しない。服を着ている最中なのか、脱いでいる最中なのか、さっぱりわからない。本来ならば、待たされている身として、いらいらしそうなもんだけど、この不思議な男の動きに魅入ってしまった。エアポケットに入ったような気持ち。

5分…それ以上に長く感じられた時間の後､男は服を着て銭湯を出ていった｡服を着ていたのだった。この男の一部始終を眺めながら脳内で再生したフレーズは「つけたけど、また消して」。ＢＯＲＯ「大阪で生まれた女」の一節だ。世に数ある歌詞の中でも、たまらなく好きなラインである。

人間って「つけたけど、また消し」ちゃうもんですよね。

あるいは、「つけたけど、また消し」ちゃう動物、それが人間とも言える。

…なーんて、深く考えずに書いたけど、具体的に私の人生において、「つけたけど、また消して」は、寝床にある蛍光灯のスイッチの接触が悪く、何回かパチパチやった挙句、消して、またつけちゃったりするたび、つまり毎晩、繰り返される。

映画『その男、凶暴につき』でビートたけしが長い距離を歩いていて、はっと思い出したように、来た道を戻って帰るシーンも「つけたけど、また消して」感があるんだよね。あそこ、大好き。

テレヴィジョン「マーキー・ムーン」にも、キャディラックに乗ったけど、また降りた…、って歌

詞があったっけ。あれもたまんない。

ついでに、ニコラス・ウィンディング・レフン監督の新作『オンリー・ゴッド』は、なんと申しましょうか、全編「つけたけど、また消して」な世界でした。

話は変わる。

CSで「第14回 輝く！ 日本レコード大賞」を放映していた。１９７２年。ちあきなおみが「喝采」でレコード大賞を、和田アキ子が「あの鐘をならすのはあなた」で最優秀歌唱賞を受賞した年だ。新人賞のノミネート歌手が5人紹介される。麻丘めぐみ「芽生え」、青い三角定規「太陽がくれた季節」、郷ひろみ「男の子女の子」、三善英史「雨」、森昌子「せんせい」と順に歌っていく。森昌子がとった、という記憶があった。妻も同意する。森昌子じゃなかったら、三善英史だったかな、と。最優秀新人賞が発表された。麻丘めぐみだった。完全に忘れていた。麻丘めぐみが「えっ、私？うそでしょ」の表情を浮かべている。テレビ観てる私も同じ顔してしまった。思えば、アイドルの専売特許「えっ、私？ うそでしょ」の誕生シーンではないだろか。麻丘めぐみと言えば、姫カット。姫カットといえば灰野敬二。灰野敬二といえば…と文章のオチらしきものを、書いたけど、また消した。いや。本当は、書いてないから、消しもしていない。つけてないものは消せもしない。

常時多発エロ

陰月毛日。

神戸元町ちんき堂で、エロ漫画家、土屋慎吾の「官能劇画展・図録」を購入。作者自身をモデルとしたストーカー漫画「シンデレラは眠らない」が大部分を占めるが、20世紀に青年誌に描き散らした作品の原画集が圧巻。人体の骨格構造を超越した女体・女体・女体のフォルムは見飽きることがない。いわゆる2次元コンプレックスをどこかで馬鹿にしながらも、この人や、あがた有為、榊まさる、ダーティー松本、さらに山上たつひこまで、2次元のお世話になっていたことをすっかり忘れていた。

陰月核日。

映画『ラヴレース』を観る。オセロの松嶋尚美がしゅっとしたような顔をしたアマンダ・セイフライドが、米ポルノ最大のヒット作『ディープ・スロート』の主演女優、リンダ・ラヴレースを演じる。6億ドルの興行収入を記録したカルト作への主演で一躍、時の人となったラヴレースの半生は、夫のチャック・トレーナーからの暴力や、両親との確執など悲しい出来事に満ちていた。当時、そんなことなどつゆ知らず、中学生にもかかわらず嬉々としてロードショーに行ったのだが、カットされすぎてよくわからん映画になっていた。元夫のチャックがリンダと離婚後、マリリン・チェンバースと再婚したのにも驚いたが、ウィキペディアで知った挿話、リンダが一時期、レッド・ツェッペリンのライヴMCをやっていたというのにはもっと驚いた。

陰月唇日。

映画『地球防衛未亡人』を観た。観たのだが、これは雑誌のレビュー原稿の為だったのでここでは感想は控えておく。ただ、壇蜜を絶対支持することだけは言わせてほしい。

陰月門日。

CD『ねえ興奮しちゃいやよ　昭和エロ歌謡全集1928―1932』を聴く。昭和初期に大流行した〝エロ・グロ・ナンセンス〟をキーワードとしたノヴェルティ・ソングのSP音源を23曲集めたオムニバス盤。『猟奇先端図鑑』や「新青年」あたりのページをめくりながらのBGMとして最適なのは言うまでもない。曲目だけでも、エロ行進曲、エロ小唄、エロ・オンパレード、エロエロ行進曲、浅草エロ小唄…とエロづくし。「エロ小唄」の歌い出しは〝エロで生まれてエロ育ち、私しゃ断然エロ娘（中略）今日も踊るよエロダンス〟と来たもんだ。涙が出るほど素晴らしすぎる。

…と、ここ数日間の出来事を日記風に書いてみた。書いてみたら…、

エロばっかりやないか〜い（髭男爵風に）。

これらの事象と連日、ほぼ無意識のうちに付き合っていきているのだ。〝連日〟な感じを表すために、月の表示を「陰」で統一した。最初は「勃月起日」とか「淫月行日」とか考えていたのだけれど、それだとバラけちゃうからね。我ながら気が利いている。自分で自分を…。

そんなこんなが集まってくる我が家は焼肉屋さん、じゃなくて、エロだらけだ。妻もそういうものを買ってくるので、さらにエロだらけだ。子供がいたなら、きっとエロトピアは崩壊するのだろう。

ライフオブしょっぱい

鈴木惣一朗さんとお会いしたとき、毎月、このページを読まれている、と教えていただいた。辻井タカヒロの画も含め、〝しょっぱい〟ところが面白いということだ。ありがたい。

しょっぱい…か。確かに、しょっぱいね。我ながら、年々、しょっぱさを増している気もする。では、ひさびさに、しょっぱくない話題を。

「ガリ勉ROCK塾」というフジテレビの特番で、来日するローリング・ストーンズの来日を記念し、彼らの魅力をAKB48に教えるという無謀な内容。司会はリリー・フランキー（以下、敬称略）、講師役は大谷ノブ彦、鮎川誠、有賀幹夫、ヒロシ・ヤング、そして安田の5人、受講生役は入山杏奈、梅田彩佳、柏木由紀、小嶋陽菜、島崎遥香、高橋みなみ、峯岸みなみ、渡辺麻友というラインナップ。

講師それぞれがストーンズの歴史、音楽性、アティチュード、ヴィジュアルなどについて語るなか、私はというと「スティッキー・フィンガーズ」のジャケを模したジーンズ（詳しくは名著『ロックンロールストーブリーグ』67回「もしもズボンが履けたなら」をお読みあれ）を履いて、着衣ではあるものの下半身をAKBのお嬢さん方に見せつける、という行為を果たしたのだった。

司会と講師の私を除く5人の男が休憩中、喫煙室に駆け込んでいたのが、さすがストーンズと唸らされた。ひとりぼっちは寂しいので、吸わないのに喫煙室に入っていた。

延々、ストーンズ話を聞かされるAKB48の皆さんの表情は、ちょうど2週間ほど前に、運転免許証更新の為の講習を受けているときの自分の顔のようだった。

…あれ、なんだか、しょっぱい話になってきた気もする。気にせずに、話を変えてみよう。

配達業務のアルバイトで、大きなホテルに納品に行ったときのこと。納入先の12階から駐車場への

帰りみち、エレベーターでとても感じのよい年配の女性と一緒になった。

2、3言葉を交わしたあと、女性は「私ね、ハトを持ってきたの」と言った。結婚式で新郎新婦が空に放つ純白のハト。放たれたハトはしばらくして営業所に戻ってくる。

「かしこい子はね、帰ってくるの」

ああ、こんな仕事が存在したのか。静かに興奮しながら、ゆっくりした彼女の歩調にあわせて駐車場に戻ると、そこにはご主人と思しき正装の男性が軽自動車で待っていた。ちらりと白いカゴが目に入った。あの中に白いハトが入っているのだろう。

すぐにでも転職したくなるロマンがあった。だけど、鳥が怖くて触れない。私には叶わない夢だ。いいなあ、ハト屋さん。伊東に行かずともハト屋。

映画みたいな老夫婦と別れて、車に乗る。走りながら録音していたラジオ番組を再生する。

「壇蜜の耳蜜」でパーソナリティの壇蜜が曲紹介をした。

「では、お聴きください。オノヨーコで『サザエさん一家』」。

5秒後に宇野ゆう子、と理解した。理解したものの脳内ではオノヨーコが歌うサザエさん一家が走りだした。走り出したら止まらないぜ。

点線に沿ってハサミで切り取って遊んでね
訴えます

MUO・ん…嘘っぽい

イタリアの前衛音楽のレーベル、アルガ・マーゲンから出たコンピレーション『サウンズ・オブ・サイレンス』（アナログLP）を買った。あっという間に初回プレスが売り切れたので、再プレスを待って買ったが、これも250枚の限定発売だそう。

サイモンとガーファンクルが65年に出した2枚目のアルバム『サウンズ・オブ・サイレンス』のジャケに大きな黄色いステッカーが貼られている。そこには『サウンズ…』のタイトルと、「録音芸術の歴史において最も魅力的な沈黙の数々！」という惹句が添えられている。

そう、このレコードは、古今東西のレコード上で発表された「沈黙」曲を集めたもの。アンディ・ウォーホル、イヴ・クラインら芸術家によるものから、ジョンとヨーコ、スライ&ザ・ファミリー・ストーンなど馴染み深いもの、さらにパリのナイト・クラブの宣伝用ソノシート、マルセル・マルソーのパントマイム（そりゃそうや）、オーディオ・テスト用の音源など、さまざまな「沈黙」が収録されている。へー、ジョン・デンヴァーにもあったんだー、と曲名を見れば「リチャード・ニクソンのバラッド」だって。シニカルですな。

実際に原盤から盤起こしをしてると思しき、曲ごとに異なった針の音が聴こえる。評論家風に書くと、「B面3曲目から4曲目の流れがアルバムのハイライトだ。曲間の針音にも深い味わいがある」なーんちゃって。このアナログにダウンロード・カードが付いていたら最強だ。

買わなしゃーない、一枚でした。

紹介のタイミングを逸した、という意味では、こっちのほうが、今更?な話だが、佐村河内守。

話題としては、すっかり出涸らしみたいな気もするけれど、出涸らしには出涸らしの味がある。

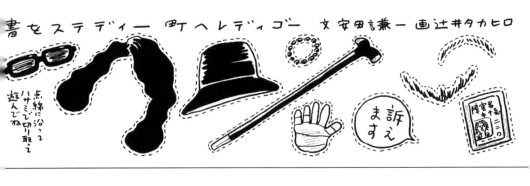

あの騒動でややこしかったのは「ゴーストライター」と「実は耳が聞こえていた」というふたつの問題が同時発生したからで、もうなんだかわからんけど、凄く悪い人間、ということになってしまった。

ここではゴーストライターは無視して、聴覚の問題にだけ触れる。

耳が聞こえない音楽家、というものに人が期待するのは、耳が尋常な人間には無い特別な才能、のようなものだろう。ただ、そんな能力が存在するのかどうかは、音楽だけを聴いても誰もわかるはずがない。

そこで必要なのは、特別な能力を持っていそうなムードだ。

ずばり、勝新太郎による座頭市の演技を思い出せばわかりやすい。目が見えないほうが強い、という説得力を観客に抱かせる演出。完璧な座頭市と比べると、だいぶ点数は劣るとはいえ、佐村河内の演技、演出もそうとうなものだった。苦悩しながら壁に後頭部をぶち当てる、という演出も優れていた。あの図を思い出しながら、彼が「作った」音楽を聴くと、さすが、と思うものがあったはずだ。それはそれで評価してあげてもいい気がする。初代・引田天功脱出ショウを認める、心の広さで。

そんなことを考えていたら気がついた。チチ松村の著作「盲目の音楽家を捜して」は素晴らしい本だなあ、と改めて。わからないものを求めてしまう、猛烈に人間らしい音楽書だ。

たいやき・イン・ザ・JK

ある朝、安田謙一が不安な夢から目を覚ますと、パソコンが壊れていた。いや、不安な夢など見ていない。悪い予感のかけらもなかったさ。誰がグレゴール・ザムザやねん。

起動してみると黒い画面に英文の白い文字。適当にキーを押してみたけれど、状況は変わらない。iPhoneに「パソコン、故障、黒い画面、白い文字」と入力し、調べてみると、どうやらハードディスクがやられているようだ。幸い、5年間の保証期間中だった。あと数ヶ月残っている。購入した大型家電店にパソコン…ノート型です…を持ち込む。

3、4日後に電話があり、ハードディスクの復旧は出来なかった、と言われた。がーん。

バックアップを怠っていた。私の辞書にバックアップは無かった。約1年間半の間に書いた原稿、短いのから長いのまで400本ほどが失われた。印刷された雑誌があるため、なんとかなるといえば、なるのだが、無駄な仕事を増やしてしまった。なにやってんだろう。ちなみに、MBSラジオからシーズンオフに放送されていたラジオ番組のタイトルは「なにやってテンダラー」だ。テンダラーが出ていた。

喪失。文字通りの。

これがなかなか悪いものでもないことを知る。松田聖子は髪を切った私に違う人みたいと…と歌ったが、私はデータなくした私に違う人みたいと、と歌ってみたくなった。

歌ってみたら、虚しいだけだった。今日から、バックアップ取ります。

世の中、悪いことばかりではない。いいこともあった。相当いいことがあった。

たい焼き屋の前のベンチに座ってたい焼きを食べていた。

おそらくチェーン店と思しき店の店頭では、子門真人が歌う「およげ！ たいやきくん」がエンドレスで流れていた。それなりに広い店先にはいくつかのベンチがあり、僕より先に学校帰りの女子高生がふたり、少し離れた場所に座っていた。

会話の切れ間、女子高生たちの耳に「およげ！　たいやきくん」が飛び込んだ。その瞬間を私はとらえた。なんやねん、この歌。ふたりは笑い転げた。歌詞のひとつひとつに、腰を折って笑っていた。

土佐の高知のはりまや橋で坊さんがカンザシを買うのを見たことはないが、たいやき屋の前でＪＫが「およげ！　たいやきくん」を聞いて爆笑するのを見た。いい話とは、これだ。

「およげ！　たいやきくん」を知る者として、たいやき屋のＢＧＭが「およげ！　たいやきくん」であることに、違和感無いっちゃあ無いのだが、恐らく、この歌をはじめて耳にしたであろう彼女たちにとっては、出来の悪い悪ふざけと思えたのだろう。彼女たちに歩みよって、神さまの声で、「たしかに変な歌だけど、この歌が今までの日本で一番売れた曲なんだよ」と言ってみたかった。

それにしても「およげ！　たいやきくん」。ひょっとすると、もう一回、売れるんじゃないだろうか。

話は変わって。先日、湯浅学さんとお逢いしたときに「王様のアイデア」と口にしたら、「乞食のアイデア」と返されたのがツボだった。

乞食のアイデア、休むに似たり。

ストレートのすっぽ抜け

気がつけば、地上派のすべてのチャンネルがテレビ・ショッピング、という瞬間がある。

これまでテレビ・ショッピングでなにかを購入したことはないし、おそらく、これからの人生においても、利用しないと思う。テレビ・ショッピングには困ってしまう。

だからと言って、いちいち嫌な気持ちになっていては、身体がもたない。そこで考えを変えてみた。

私が小さいとき、テレビの深夜放送がまだ無く、ある程度の時間になると、局からお報せがあり、その日の番組が終わった。その後は、いわゆる砂嵐と呼ばれた画像がブラウン管から流れていた。

そうだ。テレビ・ショッピングは砂嵐みたいなものなのだ。そう思うと、やり過ごすことができる。

私はテレビ・ショッピングの時代に生きている。砂の嵐に隠されたバビルの塔に住んでいるのだ。

…と、意味の無い文章で何行かを使ったが、テレビのコマーシャルが嫌いというわけではない。

最近、心揺さぶられる名篇に出逢った。

「お尻の穴がかゆーい、かゆい、かゆーい」

思わず目が覚めた。商品名はオシリア。サイモンとガーファンクルの歌はセシリアだ。

かねてから小林製薬のCMには、なにかしらのメッセージのようなものを感じ取っていた。

フェミニーナ軟膏の、「女性のデリケート・ゾーンのかゆみ」というコピーには痺れまくった。実際、そこにはデリカシーもついでにフェミニンもかけらも無い気がする。

かつて、排便の際に生ずる悪臭をヴィジュアル化したとき、黄色にもやもやで表現したのも、小林製薬のCMだった。やることが、いちいちストレートだ。

この黄色いもやもやのイメージがいかに強力だったかを示すはなし。

数年前、近所のコンビニで導入したばかりのカラーコピー機が故障した。店主がメンテしたのだが、黄色いトナーのフタを閉め忘れたまま使用したところ、トナー粉が飛散し、あの、黄色いもやもやが空気中に拡散した。無臭なはずのトナーの粉に、一瞬、トイレ、その後の悪臭を嗅いだような、そんな気がしたのだった。

なんだか、話題が下に偏ってきた。

シモといえばＳＥＡＭＯは元気だろうか。

かつてシーモネーターという名で、下半身に天狗の面をつけ、シモネタ・ラップで活動していた男が、シモネタを捨ててＳＥＡＭＯを名乗った。よく考えると、切り捨てたのはＳＥＡＭＯのほうで、ネイターと名乗るのがスジではなかったか、と今言ってもしょうがない。

シーモネーターの「ＯＨ！　ＳＥＡＭＯ」（フィーチャリング横山剣）はいい曲だったなあ、と遠い目。

シモといえば、福岡ダイエーホークス、日本ハムファイターズ、阪神タイガース、少しだけ東北楽天ゴールデンイーグルスと渡り歩いた下柳剛。引退後、野球解説者として活躍している。２０１４年から「スポーツニッポンの公式サイトで連載しているコラムのタイトルは、「下柳剛のシモネタ発見」、「東京スポーツ」での連載は「シモノハナシ」である。

TOKYO JOEのガラージュ

連日、仕事が続いた。書いているとき以外も原稿のことを考えてしまう。脳を解放すべく、iPhoneでパズルゲーム「Threes!」を始めた。

忙しいと口にするヤツ、スマートフォンでゲームをやっているヤツは馬鹿だと思っていたが、気がつけば、馬鹿のマルチ安打を記録していた。

忙しくて映画は観れなくなっても、本はなんとか読むことが出来る。

鞄の中にはいつも『今野雄二　映画評論集成』（洋泉社）が入っていた。キネマ旬報の原稿を中心に、劇場パンフレットへ寄稿したもの、さらにミュージック・マガジン誌の連載「ユージ・ゴーズ・トゥ・THE MOVIES」「BIG-SCREEN BANQUET」から選りすぐりの映画評が、これでもかと収録されている。数日間、これをチビチビ読み痴れていた。

彼の死後、すぐに編まれた〝音楽本〟の『無限の歓喜』（ミュージック・マガジン）よりも、むしろ、この〝映画本〟のほうが読んでいる間、頭の中でより多くの音楽が聴こえてくる。反対に、10ccのライナーを読んでいる間は、映画のことを考えていた。ずばり、今野雄二とは〝そういうこと〟なのだ。オビ惹句の〝「ニューシネマ」も「ロック映画」も「モンティ・パイソン」も「デ・パーマ」も、みんな今野雄二が教えてくれた〟は、愛川欽也の声で口に出してC調に読みたい。

表紙のコラージュはもちろん「モンティ・パイソン」のイメージを借りたものだが、カヴァーを取ったモノクロの表紙がより素晴らしい。爪でみかんの皮を剥いている今野雄二が背後から男に犯されているような構図に戦慄！

ニューシネマの時代、すべての映画をホモセクシュアルという視点で切り取っていく。本書につけられた英語の副題〝Oysters And Snails〟は、本書に収録された「スパルタカス」（クーブリック！）についての未発表原稿の題名「牡蠣と蝸牛」から。さりげなく、当たり前の表情で、むき出しの今野雄二を伝えようとする編集者の心意気に深く感じ入る。

1971年から2009年までのキネマ旬報ベスト10もたまらない。基本的に洋画からの選出だが、唯一81年だけ〝邦画〟のチョイスも任されている。1位、大森一樹「風の歌を聴け」にはじまり、10位は森田芳光「の・ようなもの」。井筒和幸「ガキ帝国」、「ガキ帝国・悪たれ戦争」の2本が入っている。

歴代のリストを眺めていると、私は今野雄二が好きな映画を愛し続けてきたことに気づく。そんなこと、わかっていたよ、と、私の中の〝リトル安田〟が言っている。というか、私の中に住んでいるのは〝リトル今野〟のような気がしてきた。

〝リトル…〟はもちろん、本田圭佑の〝リトル本田〟の粗い流用だ。元祖はもちろん〝リトル・ホンダ〟にかかっていることを忘れてはいけない、と自戒。とか、なんとかいいながら、脳内では、じゅんいちダビッドソンでいっぱいになっている。

2014年、FIFAワールドカップの最大の収穫は、テレビで、じゅんいちダビッドソンの無回転芸がいっぱい観れたことだ。…と言ってるのは間違いなく、リトル安田です。

書をステディ町へレディゴー

当宝

カレーorハヤシ

この連載を読み返してみると、やれ、テレビショッピングがどうのこうの…とか、やれ、近所のプールに行ったら…とか、やれ、たい焼き喰ってたら…とか、とか、我ながら、とてもスケールが小さいことばかり書いている。このままでは平成の小沼丹になってしまう（力なく笑うところ）。

そこでレンタカーを借りて、妻を連れて、この原稿を書くためだけに出かけた。

目的地は「志村喬記念館」。兵庫県朝来郡生野町にある。高速道路を走れば2時間かからない。

数年前にその存在を知って、なんとも渋い記念館やのー、と唸った。そのまま記憶の片隅に保存していたのだが、知らないうちに、V6の岡田准一が訪れて、ちょっとした話題となったようだ。彼が軍師官兵衛を演じるにあたって、「七人の侍」で〝軍師〟の〝勘兵衛〟を演じた志村喬に敬意を表しての来訪だったそう。記念館には志村喬が少年時代を過ごした、生野銀山の職員住宅が保存されており、その一軒が記念館として公開されている。写真、遺品、映画にまつわるグッズなどが飾られていて「生きる」のポスターの横に小型のプレイヤーがあり、志村喬が歌う「ゴンドラの唄」が再生される。庭にブランコがあれば…と少し思った。ついでに、記念館の屋根には

○○○

△た

○○○

と書かれた幟を立てるといいのに、と、これは強く思った。

記念館を観た感想を「シムラ！　うしろ！」とタイトルをつけて原稿にしてやろう、と甘いことを考えていたのだが、実際書くと、ここまでしか書けない。少し足を伸ばして、生野銀山に行った。

平安時代初期の大同2年（807年）に開坑し、昭和48年（1973年）廃坑という気が遠くなるほど長い歴史を持つ鉱山。廃坑後、一種のテーマパークとして公開されていて、坑道の深くまで歩いて廻れるようになっている。坑内の気温は13度。長袖が無いと風邪をひく。ここを小一時間ほど歩く。近くにあったら、涼みに行くだろう。BGMはリック・ウェイクマン「地底探検」だ。

秘宝館よろしく坑内で作業する人たちの姿が、人形を使って再現されたりしている。公開されている場所だけでも相当な広さだが、実際に掘り進められた距離は総延長、350キロ以上、深さは880メートルだそう。人間の業の深さが地球にアントファームのようなしるしを遺した。

鉱夫の平均寿命が30歳だったという話が胸にしみる。

生野銀山の興隆のおかげで社宅も生活水準が高かった。モダンな暮らしの中、早くからハヤシライスが食卓にのぼった。私たちもレストランで食べた。なかなか旨い。

それにしてもなぜハヤシライスだろう、と妻に問いかける。

彼女は「早死《ハヤシ》」と答えた。なんともブラックな。

帰路、運転中にはっとした。…ってことは、カレー（ライス）は「加齢」なのか⁉

幽霊の気分デー

お盆は妻の実家のある福井市で過ごした。墓参りの運転手役を仰せつかり、3日間、軽自動車を借りた。無事に仕事を終えて、最後の日。車を返すのは昼の1時。それまで、ひとりでドライブすることにした。朝6時、まだ寝ている家族を起こさぬように、そーっとガレージから車を出す。ラジオをつけるとキリスト教の福音番組。朝の早さを味わうべく、しばらく流してみる。目的地は三国海岸。何度か夏の花火大会を観に来た場所。そこにある海水浴場で泳いでみたくなった。

1時間もかからないうちに海岸に到着する。まだ7時。海には誰もいない。海の家も開店前だ。とりあえず海の家の座敷に座り、そろっと海パンに履き替える。

ここで考える。

財布や脱いだ衣服は乗ってきた車に置いておけばいい。で、車のキー。これを持っては泳げない。海パンに小さなポケットが付いてはいるが、泳いでいるうちに落としては洒落にならない。そこで砂浜に埋めることにした。5センチほどの深さの穴を掘り、その前に水の入ったペットボトルを置く。これを目印にすればいい。キーの場所を離れると、ペットボトルがやたら目立って見える。ここになにか隠していますよ、と主張しているように見えてしょうがない。

もう一度、戻って、ペットボトルを少し離れた場所に置き直す。

やっと海に入る。明け方の海は冷たい。朝鮮半島の方向に向かって泳ぎだす。日本海の波は荒い。しばらくするとダルくなってきた。泳ぎはもういいや。この夏、ちょっとした流行語となった「ウイテマテ」を実践してみるか。全身から力を抜ききり、波に身を任せる。気がつけば、海水浴区域をずいぶん離れて、浮かんでいた。ここで眠ったらどうなるんだろう。少し目を閉じてみる。ふっと意識が遠く…なる前に、砂浜に埋めたキーのことを思い出す。

沖から海岸を見るが、遠すぎて、ペットボトルなんて認識出来ない。

犬を散歩させている男が見えた。金持ちが飼っていそうな犬だったので、根拠の無い安心をする。

再び、「ウイテマテ」の続き。ふっと意識が遠のく…前に、あ、犬が車のキーを掘り起こすかも、と心配になってきた。すぐに陸まで泳いで戻る。当たり前のように、キーは埋まっていた。

大事なものを埋めて隠す、という行為はとても馬鹿馬鹿しく、楽しい。

水道水で海水を流し落とし、車に乗る。次の目的地は喫茶「ハワイ」。この店については、深作欣二監督の映画「北陸代理戦争」と、それについて書かれた伊藤彰彦著「映画の奈落　北陸代理戦争事件」（国書刊行会）をご参考に。何事もなかったかのように現存する姿に静かな興奮を覚えた。

その後、東尋坊に寄って、海水浴場に戻り、隣接した温泉に入る。

風呂からあがって、まだ午前10時。三国競艇に行き、2レースだけ見て、食堂で鯖の味噌煮で飯を喰う。

福井市に戻り、さらに余った時間で中古レコード屋に寄る。舟木一夫のLP「ひとりぼっち」と「星くず兄弟の伝説」のサントラを買った。

レンタカーを返して、営業所を出た途端、激しい雨が降ってきた。

ザ・なるほど ザ・ワールド

清涼飲料水の自動販売機のとなりに、空き缶、空き瓶専用のゴミ箱がよく設置されている。ゴミ箱のひとつのタイプに、ふたつ捨て口があり、ひとつに「ペットボトル」、もうひとつに「缶・ビン」と書かれている…のだけど、その中はひとつになっているもの、がたまにある。

これって、何かにそっくりなんだよなー。

いつも、例えてみると○○みたいなもんやな、と考えるけれど、ジャストな○○が思いつかない。ふたつの捨て口を持ち､中はひとつのゴミ箱を見かけるたびに途方に暮れる。そして僕は途方に暮れる。なんだか、馬鹿にされているような気分になる。何ものかに、試されているような気分にもなる。高速道路で「右ルート」と「左ルート」に出くわしたときにも、ちょっと似たような。いや、あれは、あくまで渋滞緩和のために作られたものなのだ。違う、違う。エコなんてもんは所詮、人間が一瞬だけ気分良くなるための工夫だよ、と諭されているような気分にさえなる。

話を変えよう。

前々から幾度も経験してきたことだが、原稿である事象について触れると、その対象物が無くなってしまう、ということが多々ある。

先日は、バイトへの出勤時にラジコ・プレミアムで聞き始めたインターFMの「バラカン・モーニング」について、原稿でちょこっと書いた。その途端、番組終了のニュースが流れた。これまでにもテレビ番組や、雑誌の連載や、気に入った呑み屋や、そんなこんなを原稿で扱って、そんなこんなが世の中から消えていった。ロック漫筆はデスノートなのか。

…というような話を今回は展開していこうと思っていたら、ラジオで山里亮太が、自身の経験（彼の場合、原稿ではなく、気に入りはじめると…）として、同じ話をしていた。ふーん、よくあることか。

　話を変えよう。映画でも観に行う。

　映画『ガーディアンズ・オブ・ギャラクシー』を観に行った。今さらながら、ボヤカして書くと、〝こういう映画〟に、なんの予備知識もなく接することは、もう無理なのだろうか。もし、何も知らないで観たとしたら…何度、死んでいたかもしれない。何も知らない人は、是非、劇場に。

　サウンドトラックにポップ・ソングを大量に使用する映画は珍しくないが、この映画ほど威風堂々と使用される例も珍しい。エンドロールで曲名を確認したときに、全曲、ちゃんと流れていた、と認識出来る映画も珍しい。いつも、あれ、流れてたっけ?、という曲が数曲あるものだ。

　家に帰ると、本誌の前編集長、藤本さんからお借りしている映画『ヘルプ!』のブルーレイ・ディスクが目に入った。しばらく観ていると、大好きなシーンが始まった。

　ビートルズの4人が家に帰る。イギリスでよく見られる一階建ての集合住宅に、色違いの4つのドアが並んでいる。それぞれにジョン、ポール、ジョージ、リンゴが入っていくと、中はひとつの部屋になっている、というギャグだ。

　これって、何かにそっくりなんだよなー。

ＩＺＡＭイズム

見慣れないドラマをやっていた。そこに、ＩＺＡＭに似た冴えない役者が出ていた。

番組情報を観てみると、中村梅雀が主演している『釣り刑事』という番組で、ＩＺＡＭに似た冴えない役者は、まさしくＩＺＡＭだった。

その冴えなさたるや…という話をしようと思ったが、それもなんだか可愛そうな気もする。つい同情してしまうほど冴えないのであった。

ただ、その冴えない顔を見ていて、もし、この俺にこの顔が付いていたら、イケメンの音楽ライターと呼ばれるんだろうな、とも思った。寂れたスナックに行けば、「にいちゃん、ええ男やなあ」と言われるだろう。テレビの中では冴えないＩＺＡＭも、出るところに出たら、それなりに冴えるだろう。テレビばっかりだらーっと観ている私が一番冴えない。と、気がつくほどには冴えていた。

書を捨てよ町へ出よう。

町へ出て、書を捨てるつもりが、町へ出て、古本屋で書を買ってしまった。冴えない話だ。

阪急春日野道商店街にある勉強堂という昔からある古本屋が好きだ。1冊百円棚から、『三味線随筆』という本を買った。昭和31年に田中書店という出版社から出ていた〝新書サイズ〟の本で当時の定価は１３０円。買った本は貸本屋から流れてきたもので、「菊水書店」とハンコが押されている。

著者は三味線豊吉。

タイトル通り、軽い書体で書かれたエッセイ風の自叙伝。これが、とても面白い。

経歴をまとめると、豊吉（本名三輪トヨ）は１９０５年（明治38年）東京、神田の生まれ。幼い頃から芸事を学ぶが、激しい稽古で喉を潰す。尋常小学校卒業後、吉原の芸者に。長唄や常磐津、義太夫などの三味線に専念する。新橋の花柳界で三味線の腕と、巧みな話術で人気を博す。本業の三味線では流行歌の伴奏をつとめ、話芸では、黎明期のラジオのタレントとして人気を博す。50年、芸姑の芸名、豊吉から、三味線豊吉へ改名。51年、東海林太郎をリーダーにブラジル・ホノルル・サンフランシスコ・ニューヨークへと海外公演を行う。53年、紅白歌合戦にも出演する。この後、乳癌を患い、手術し復帰。三橋美智也の民謡の録音にも多く参加する。64年、癌が再発し、59歳で亡くなっている。

ウィキペディアにも詳細な情報が掲載されているが、ほとんどはこの『三味線随筆』からの情報だ。動画サイトでは彼女の演奏する「デカドン節」で彼女の〝悪声〟も聴ける。さらに「三味線クンパルシータ」、や「セントルイスブルース」では、演奏家としての意欲を十分に追体験出来た。

当然、色気のある挿話は多いけれど、語り口はドライ。海外公演で見たボブ・ホープの邸宅を模して建てた自宅には男性トイレが無い。独身でありながら、家に男を引き入れることはなかった。付き合った男たちとは、生涯、自分から慰謝料を払って縁を切ってきた。クール！

「素人さんとではこんなふうにはまいりませんわ。」という言い回し。なるほど、現在はマツコ・デラックスたちが務めているトリックスター的な役回りを、かつて〝芸者〟が果たしていたわけだ。

ところで、ＩＺＡＭは何処へ。

EACH 時空

必要に迫られて、イチジク浣腸を購入した。

小さいころに使用した（された）記憶があるのだが、自分で購入するのははじめてのことだ。ドラッグストアのどこに陳列しているかわからない。なんとなく、カウンターの後方に積み上げられている、という図を想像していた。

女店員に声をかける。はじめて、ということを悟られないように、ベテランの空気を出して、いつもより低い声ではっきりと「イチジク浣腸はどこですか」と聞いてみた。

それは胃腸薬の棚で売られていた。気になったので、購入した後、ほかの店でも調べてみたところ、大体、同じように売られていた。今度からは迷わない。

事前にインターネットで、どの商品がいいかを調べてみたら、値段に少しばらつきがあるものの、一番、安いものでも効力は変わらない、と書かれていた。

その言葉を信じて「イチジク浣腸30」の30グラム、2個入りを購入した。製造販売元はイチジク製約株式会社。2百円しなかった。そして、問題は解決した。

2個入りのひとつを使用したので、用のない、ひとつが残った。手のひらに乗せてみる。控えめなピンク色の容器はスケルトン仕様。実にムダの無い、機能美そのもののデザイン。なんと愛らしい。

昔、柳宗理が、野球のボール（硬球）のデザインの素晴らしさを主張しているのに出くわした。そんなこと、俺も小学2年くらいから、なんとなく考えていたぞ、キーッ、とムキになった。

今、そんなことを思い出しながら、イチジク浣腸の優れたデザインについて、こうして書いている。なんともいい気分だ。きっと柳宗悦も草葉の陰で悔しがっていることだろう。

ただ、いくらデザインに愛着を持っていても、剥き出しで家に飾っておくと、それを見つけた来客も反応に困るだろう。自慢じゃないけど、我が家には、すでに来客を困らせるであろうブツがある。数十年前に横浜中華街のクスリ屋で購入した水虫薬がそれ。これが黄色いプラスチック製の足の形のボトルで、親指の部分がキャップになっている。これは純粋に馬鹿馬鹿しいデザインに惹かれて買った。たまに足先に痒みを感じると塗っている。これが効く。可愛くて、効く。

もうひとつ同じテーブルの上に、「エビオス錠」の大きな瓶がある。整腸薬として毎日飲んでいるのだが、大森靖子がネットでマリアンヌ東雲と対談している中での「すごい精子が出るクスリ」として発言しているように、そういう副作用もあることもよく知られている。

テーブルの上にイチジク浣腸、水虫薬、エビオス錠を並べておくと、便の通りが悪くて、足が痒いくせに、精子を出そうとしている男、という無言の主張が、我ながらうるさくてしょうがない。

にしても、イチジク浣腸。ハッテン場のビーチの漂流物という記憶も、たまらなくエキゾだ。

もし俺がヒーロー…じゃなくてヒプノシスだったら、砂漠に点々と大量のイチジク浣腸を並べるね。

今回のBGMは山下達郎の「いちじく浣腸（'75）」。シンセサイザーによる〝怪鳥音〟ならぬ〝浣腸音〟入り。これしか無いっちゃ。

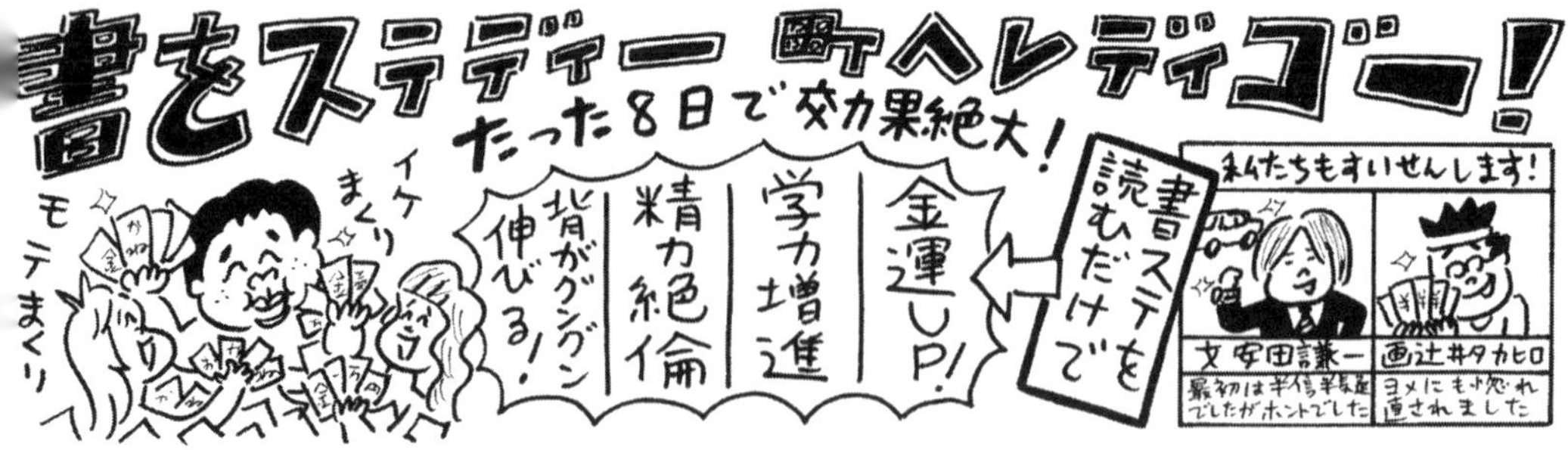

思てたんとちゃうのチャチャチャ

『ゴーン・ガール』（デヴィッド・フィンチャー）はロードショーまで待てずに、ひさびさに試写で観た。数日後、古本屋でギリアン・フリンの原作本（小学館文庫　上・下巻）を見つけて、購入した。

映画も面白いけれど、映画を観てから原作を読んでも、十分楽しい。

冒頭、数ページ目で、主人公のニック・ダン（映画ではベン・アフレックが演じている）はこう語る。

「ぼくはかつてライターをしていた。テレビや映画や本の批評を書いていた。まだ人々が紙の媒体を読んでいた頃、そしてまだぼくの意見に興味を示してくれる人間がいた頃のことだ。ぼくがニューヨークに移り住んだ一九九〇年代末は、栄光の時代が終焉を迎えようとしていた時期だったが、当時は誰もそのことに気づいてはいなかった。ニューヨークには雑誌が、それもまともな雑誌が無数にあり、まともなライターたちが大勢いた。当時、インターネットはまだ出版社の片隅で飼われている珍奇なペットのようなものでしかなかった。」（中谷友紀子訳）

ため息が出た。出まくった。出まくった。出まくりマクリスティ。

ニックはライターの職を失う。そういえば、映画『her／世界でひとつの彼女』の主人公も、〝元ライター〟という設定だった。

ライターという職業は、もはや〝失われた〟ものなのだ。ずっと、ライターという呼称の耐えられない軽さを避けて生きてきた筆者だが、こうなったら、ライターを名乗ってみたくもなった。

いつか、ラスト・サムライならぬ、ラスト・ライターと呼ばれる日を夢想している。

『MAIL-ORDER MYSTERIES』という洋書をネットで買った。「昔のマンガ雑誌広告で売られていた商品を現物で」という副題がついている。日本でも60〜70年代の少年誌でお馴染みの、シーモンキーや、X線メガネや、スパイカメラや、ブーブー・クッションや、コインを置いたら、ニュッと手が出てくる貯金箱などのチープなオモチャが、当時の広告図案と、現物の写真で紹介されている。「トンガのバナナ型の切手」なんて、知らなかったけど、ひょっとすると、ウォーホールはこれを見て、ヴェルベットの…という説もあり得るのではないだろうか。

ジョン・ウォーターズが監督したほうの『ヘア・スプレー』(88年)で、リッキー・レイクの父親(ずっとソニー・ボノと勘違いしていたけど、ジェリー・スティラーだった)が、この手のオモチャを店で売ってるオッサンで、とても楽しげにフザケっぱなしで、楽しい役だった。つい、理想の老後を見た。

さて、『MAIL-ORDER…』。テキストが面白い。それぞれの商品に、「僕らが想像していたものは」と、「実際に送られてきたのは」という文章が付いている。最近でも雑誌で「金運グッズ」の胡散臭い広告を見るけれど、数十年後に、それらがこういう本になっているところは想像出来ない。したくない。「実際に送られてきたものは」の答えは、当然のように「子供だまし!」である。笑い飯の西田が言うところの「思てたんとちゃう!」である。

思てたんとちゃう。略すと、おも・ちゃ。

さすが! ラスト・ライター!

21世紀の貸本

えたいの知れない不吉な塊を心に抱えたユーチューバーが、丸善の書籍売り場に檸檬を置いて帰り、「爆弾を仕掛けた」とうそぶく動画を投稿する…という話を書こうと思ったけど、やめた。やめた、と言いつつ書いたようなもんだが。

先日、大きな本屋の店内を歩きながら、紙文化の衰退について考えていた。若者の所有欲も低下してきているという。本を読まない人も少なくなって来たというが、同時に本を買って持っておきたい、という人も減っているのではないだろうか。そこで、いっそのこと「貸本」が見直されてもいいのでは、と考えたときに、こんな書名の本が平積みになっていて、ぎょっとした。

21世紀の貸本。

よく見ると、トマ・ピケティという人が書いた「21世紀の資本」（みすず書房）だった。まあ、冷静に考えたら、そんな本、誰も書かんわなあ。出さんわなあ。売れんわなあ。

じゃあ、俺が書いてやる。決めてやる、今夜。バービー・ボーイズは、ＫＯＮＴＡ。

「21世紀の貸本」。安田謙一著（みみず書房）

書き出しは、こんな感じ。

貸本の歴史は古く、江戸時代まで遡る。日本人は資本主義より数百年も早く貸本主義を取り入れた。

おー、格好良い。ただ、そこからが続かない。やめた。やめた。

貸本屋の記憶でもっとも古いのは、神戸の滝の茶屋というところに住んでいた祖母の家の近くにあった店。ここで5歳くらいの時に「スポーツマン金太郎」を借りた。5分だけでもタイムスリップが出来るなら、あの店の書棚に並ぶ書名を確かめてみたい。南あかねとか、あったのかな。

小学校の時、近所にあった貸本屋で、青林堂から出ていた「喜劇新思想大系」を借りた。同じ巻を何度も借りて…こんな人間が形成された。80年に京都に引っ越したが、住んでいた環境の中では貸本屋と出会うことは無かった。90年頃に神戸に帰ると、徒歩圏内に3軒の貸本屋がまだ営業していた。もっとも近い店の女主人と少し親しくなった。神戸に貸本の卸し業者があり、そこから本を仕入れていたのだが、近頃、潰れてしまったらしい。以来、店の常連の漫画好きの女の子の意見に従って、新刊を購入している、という話を教えてもらった。

95年に阪神・淡路の震災があり、2月ほど夫婦で大阪に引っ越した。

モダンチョキチョキズの矢倉邦晃さんが借りていた天下茶屋のマンションの一室を〝又借り〟する形で住ませてもらった。そのマンションの真ん前に貸本屋があった。越した夜に「ＡＫＩＲＡ」を借りた。壊れた鉄筋の建造物を正確に描く大友克洋の技術に改めて感動した。

神戸に戻ると近所の3軒とも店を閉じていた。家に近い店は住居ごと、文字通り潰れてしまった。貸本屋の記憶を辿ると悲しい気持ちになってくるが、今もレンタル・コミックは健在だ。最近も妻は「ジョジョの奇妙な冒険」のシリーズ１１２巻を順番に借り、憑かれたように読んでいた。

20世紀の資本主義者が回顧に浸っている間も、21世紀の貸本主義者は黙々と借本に励むのであった。

リバーシブル　翼を授ける

リバーシブルについて考える。

「リバーシブルの服って、たいてい片一方はすごく地味で、そっちじゃない方ばかり着ちゃうよね」と、つぶやきシローのつぶやき風につぶやいてみる。

岡本太郎の「グラスの底に顔があってもいいじゃないか」も一種のリバーシブルだろうか。「顔の裏にグラスがあってもいいじゃないか」と言われたら、（無表情で）まあ、よろしいわなあ、と答えるしかないだろう。

シンプルすぎてリバーシブルであることを見逃しているものもある。

たとえば、小学生がかぶらされる体育帽の赤と白。

あるいは、飲食店などサービス業店舗のドアにかけられている、「営業中」の札と「準備中」の札。上下関係というか主従関係において、表と裏がまったくイーブン、という意味においては、体育帽は理想的なリバーシブルなのだろうか。

対して、「営業中」の晴れ晴れした表情を前に、「準備中」はなんとも申し訳無さそうな顔をしている。が、実際、使う側としては「準備中」の側に対して、より「役に立っている」という実感を持っているのではないだろうか。ホテルのチェックアウト時、ドアノブの〝ドント・ディスターブ〟の札を〝プリーズ・クリーン・ルーム〟に裏返すとき、ちょっとオトナを感じるのは、灰野敬二？（わたしだけ？）

シングル盤の時代はA面とB面が違う歌手、というケースも少なくなかった。

パッと思いついたのが、山口伸「飛ばせ！　夢の超特急」と、その裏面、高橋京子「花のローカル列車」。

今でもスプリット・シングルというフォルムはインディーズの定番だ。

LPだと、米VeeJay盤のビートルズとフォー・シーズンズのカップリング。あれもリバーシブル。あれでレコジャケが片面づつ、それぞれを主に独立していたら、より完璧だっただろう。

そういう意味では、URCのアルバム『高田渡／五つの赤い風船』こそ、ジャケの独立性も含んだ上で、リバーシブル大賞をさし上げてもいいのではないか。高田の次のアルバムに収録された、ライヴMC〝片面はやすりで削って下さい〟が〝リバーシブルあるある〟みたいに思える。

昭和40年代くらいまでの雑誌（主に月刊少年漫画誌）の付録に紙のお面があった。平面にキャラクター顔が（ほぼ）実物大に印刷されていて、それを切り取って、輪ゴムを耳に通してかぶる、という他愛ないもの。その中で一番、凄かったのが、70年に出た「平凡パンチ女性版（のちの『anan』）2・20臨時増刊号」に載っていたピーター（池畑慎之介）のお面。裏は、デヴィ夫人だった。

リバーシブルには昭和の匂いがする。かつての、こたつ台の裏面が有無をいわさず、緑のマージャン卓仕様になっていたことを忘れてはいけない。思い出してもしょうがない。いかにマージャン人口が多かったとはいえ、凄まじい話だ。これに匹敵するリバーシブルを考えてみたい。

最後にリバーシブルの金言。

コンドームはリバーシブルではありません。

マザーとチャイルドのリユニオン旅

母とふたり、二泊三日の旅に出た。

昨年の春に母は、私の父との離婚後に再婚した連れ合いに先立たれた。断られるのを前提に、旅行に誘ってみると、「行こか」との返事。せっかくなので、彼女にとってはじめての海外旅行となる韓国を選んだ。

旅行パンフから選んだのは「韓国ドラマの時代劇の撮影スタジオ見学」がコースに組み込まれたソウル二泊三日の旅。ここ数十年、ほぼ没交渉だったので、彼女が韓国ドラマにハマっていたことなどまったく知らなかった。義父の晩年は、介護のためほとんど家を出ることが出来ない状態だったが、その期間の母の唯一の娯楽が韓国ドラマだった。時代もののみならず、青春ものを除く〝ほぼすべて〟を地上波、BS、CS、DVDなどで観てきた、と言う。

とは言え、二人だけの旅などはじめてのこと。ここ20年ほどのすべての会話時間をあわせても〝1日〟にしかならない。間が持たないのを恐れて、びっちりと予定の入ったプランを組んだ。

…と、ここまで読まれて、親孝行やのー、と感心される方もいるかもしれないが、旅行費はすべて母が負担しております。あしからず。

朝6時に待ち合わせ、バスで関西空港へ。空港でふたりそろって、タイ航空の機体のノーブルな紫を指して、いちばん好きな色、と声を合わせたとき、なんとなくこの旅が上手くいく予感がした。

ソウルは黄砂がきつかった。晴れているのに遠くの景色が烟っている。にもかかわらず、ほとんどの市民はマスクをしていない。

旅費を張りこんでロッテホテルに泊まる。仁川空港の免税店から、ホテルに隣接したこれまた免税店まで、コスメの匂いが身体にまとわりついてくる。クレイジーケンバンド「Sweet Seoul Tripper」を繰り返し脳内再生。朝はアワビ粥、カンジャンケジャン（渡り蟹の醤油漬け）や韓定食と、すべての食事に変化があり楽しめたが、母はカルビが好みだった。昼からビールをぐいぐい呑んだ。

最初は予定されたコースを専属ガイドと一緒に廻っていたが、基本的には構われたくない性分（母も子も）が顔を出し、ほぼフリータイムにアレンジしてもらった。３日間、いろんなことを話した。帰ってから、勢い余って家人を「おかあちゃん」と呼んでしまうほど、話し通しだった。

メイン・イベントは時代劇ドラマの巨大なロケ・スタジオ「龍仁ＭＢＣドラミア」の見学。ソウルから１時間半、車に乗って水原（スウォン）へ。ここで撮影されたドラマのほとんどを母は観ていた。74歳にしては健脚で、母は坂道もずんずん登っていく。板東英二に似た、送迎車の運転手も偶然、彼女と同じ年。これがまた元気で、私たちの見学の待ち時間に「山のぼり」に行った。予定より20分ほど早めに見学を終え、ガイドから携帯電話で呼び出された運転手は山から走って戻ってきた。遠い山から転げるように10分かけて全速力で走ってくる。遠い山の上の小さい白い点が徐々に板東英二に見えてくる、奇跡のような一部始終を動画に収めなかったのは無念だ。いいものを見た。

今、調べてみたら、本物の板東英二もまた同じ歳。ジョン・レノンと同じ１９４０年生まれだった。

目的地に到着しました

妻と日帰りでドライヴをした。前の回は「母とふたり二泊三日の旅に出た」という書き出しだった。どんだけレジャー好きやねん、と思わるかもしれないが、これには理由がある。

この春から、毎日一本、短いコラムを書いている。ちりも積もれば…である。そのおかげで日々、判で押したような生活をしているので、書くネタも生まれようがない。

たまに休みが出来ると、貧乏性なので、遊ばなければと焦る。その結果のレジャーなのである。

ということで、兵庫県の西の端、岡山県との県境にある赤穂市へ、格安レンタカーを借りて出かけた。最近、近所でやたら目につくのが「浜焼き」スタイルで、牡蠣を喰わせる居酒屋。横目で見ながら、「牡蠣食いたい」のマイレージを日々貯めこんでいたのを、せっかくだから本場で、と思い立ったのだ。

山陽自動車道で現地に向かう。休憩時間を入れても2時間足らずで到着してしまう。カーナビのおかげで、なにも考えず、悩まず、迷わず、たどり着ける。運転しているという実感はほぼない。これで自動運転が実現したら、どうなるのだろう。

車中のBGMは、小西康陽の編集盤『夜のミノルフォン・アワー』、『徳間ダンス・パーティー』、『お座敷ジャパン』の3枚。ドライヴにはこういう闇鍋みたいな選曲がマッチする。天馬ルミ子「教えてください、神様」とリンドバーグ「今すぐKiss Me」の流れがアガった。歌った。

高速を降りて市街地をしばらく走ると、景色に風情が出てきた。目的地の坂越《さごし》という漁港に着く。街頭のスピーカーから、ひなびたエレクトーンのインストが流れる。エレクトーン音楽通《つう》の妻は「児玉マリ」と演奏者を特定した。

平日なので、店は閑散としている。迷わず「焼き牡蠣 食べ放題」を注文する。焼いた。喰った。

焼き牡蠣は頻繁に爆発する。その恐怖と戦いながら、焼いて、喰った。もう3年は喰わなくていい。

ほぼひとりで焼きを担当した妻は、軍手があればベター、と気がつく。次があれば、という話だが。

帰りに相生にある「ペーロン温泉」に寄った。ここは2度目だ。

入浴後にお茶でも、という話になり、iPhoneのアプリ「ご近所ナビ」で検索した。このアプリは、直枝政広さんから教えていただいたもの。現在地にもっとも近い施設（ここでは喫茶店）を表示してくれる。

最初に出てきた店の名前は「幽霊の出る喫茶店」だった。380メートル先にあるという。地図を頼って、恐る恐る訪ねてみたら、店はもちろん、店があった気配すらない民家だった。

字数が余った。クイズを出そう。

私が住んでいる神戸の、新長田という町に「バル・パチーノ」という飲食店がある。もちろん、アル・パチーノのモジリである。

店名からも分かるように、店主は無類の洋画好きで、特に『ゴッドファーザー』が好きだという。

その店主が今度は、和風の呑み屋を開きたいという。店名だけは考えている。

さて、その店の名前はなんでしょうか（チチチチチチチチチ…）。

答えは、「炉端《ロバータ》・デニーロ」でした。

帰ってきたウルトラ・ハイ・フィデリティ

お薦めしたいレコードのはなし。

アメリカのヌメロ（ニュメロ）というレーベルは、エキセントリックなソウル・ミュージックを中心に、ニュー・ウェイヴ、パワー・ポップ、シンガー・ソング・ライターとジャンルを問わず、前人未到の復刻を続ける特異なレーベルだ。

そこから『ウルトラ・ハイ・フリクエンシーズ／ザ・シカゴ・パーティ』というコンピレーション・アルバム（品番は０５６）が発売された。CDは1枚、LPは2枚組。この内容については後で書くとして、それにDVDが付いている。はっきり言って、これが目玉だ。

82年、シカゴのUHF局（アルバム・タイトルのウルトラ…は、この略称）、WCIUから土曜の夜、23週に渡って放映されていた、毎回20分弱の黒人向けのヴァラエティ番組「シカゴ・パーティ」。このダイジェストが80分間、ミックステープ状態で詰めあわせられている。

番組は毎回、シカゴのサウスサイドのあるナイトクラブ、コップハーボックスⅡで収録されている。往年の『ソウル・トレイン』のようにレコードに合わせて踊る老若男女のブラック・ピーポー。司会の2人に煽られて、次から次へと演者が登場する。

メインとなるのは歌手による、自身の曲に合わせてのリップシンク（口パク）歌唱&演奏。マグナム・フォース、クロースエンカウンター、ラームリーなどシンガー、ヴォーカル&インストゥメンタル・バンドが続々と登場する。CD（LP）には、その元となるレコード音源を収録。これが、ちょうど今、メイヤー・ホーソーンがやっているタキシードのラグジュアリーなブラコン感覚でジャストなキブン。同じヌメロから単独盤も出ている、ヴォーカルが絶妙に情けないユニヴァーサル・トギャザネス・バンドも見ものです。一度観ただけで、何度も繰り返される番組のテーマ曲〝♪シカゴ・パーティー・イズ・ザ・プレイス！〟が刷り込まれること必至だ。

音楽以外の演しもの。これが、たまんない。ディスコ・ファンクにあわせてのロボット・ダンスなどの群舞はまだソウル・トレインの範疇なのだが、紙袋をかぶってローラースケート履いて踊るヤツ、「万国びっくりショー」みたいに裸で針の山の上に寝転んだり、瓦割ったりするヤツ、手際の悪い手品、肥満女性のダンス・コンテスト…と、なんともしれんストレンジなアトラクションが続く。これらに対して、司会者はゴングを鳴らすでも、床を開いて奈落に落とすわけでも、白いギターもプレゼントすることもない。ツッコミ無しで淡々と進行していく。さながら、宇宙人たちの宴《うたげ》である。

ここでUHFというタイトルが効いてくる。私の中に生きている、神戸のローカルUHF局、サンテレビが深夜放映してきた歴代の珍番組の数々、「裕次郎に乾杯」、「近松 貴方と夜と音楽と」、「サンデーミュージックボックス」の記憶がゾンビの如く蘇る。ワン・ネーション・アンダー・UHF。言うまでもなく、「眠れナイト コルポ・グラッソ」も同族だ。

私はアナログ盤を買った。テレビの受像機を模したジャケのブラウン管の部分がくり抜かれていて、何種類か〝着替える〟ことが出来る。

爆走 リリーフカー

iPhoneの「メモ」というアプリをよく使っている。いわゆる「トゥー・ドゥー」リストとして、「牛乳、バナナ、焼酎、図書館、ガス代、クリーニング屋」なんてことを書いては、消している。思いついたことも書いている。そこから原稿に使ったり、使わなかったりする。

「絶景かな　殺風景かな」という一行はずっと〝売れ残って〟いる。

「暴走　バキュームカー！　爆走　リリーフカー！」というのも、なかなか使えない。

いつかどこかで会ったなら、声のひとつもかけてあげてください。

では、その中から、いくつか救出してあげよう。まず、最初のお題。

「コカ・コーラの広告看板」

商店街や、街中に、コカ・コーラの、赤地に白いロゴだけの広告が貼られている。あれを見て思ったのだが、あの広告のために、毎月、コカ・コーラ社は、その広告場所を提供している人に（代理店を通じて）広告代金を払っているのだろうか。なんとなく、の推理ではあるが、広告が取れないスペースを〝空き〟のままにしておくよりは…ということで、あの「コカ・コーラ」が勝手に貼られているのでは、と。誰も文句言わないし。なんとなく景気良さげだし。

こうして世界はコカ・コーラだらけになっていくのだ…みたいな原稿を書こうと思ったのだろう。

続いてのお題。

「シャツ・イン」

これは、先の「コカ・コーラの広告看板」に増して、大した話ではないですよ。と、前置きをしてから。

そろそろシャツをズボンにインして生きていこうと、もう10年ほど考えている。

蒼井優が出ているコマーシャルで、これでもか、と彼女がシャツをインしているものがある。それを見るたび、「ほら、お前の番だよ」とけしかけられているような気分になる。

で、シャツをインして外に出る。そうだよ、これでいいんだよ、と風を切って歩く。

それが不思議なことに、家に帰る頃には、いつの間にかシャツが表に出ている。意気地なし、と蒼井優の声が聞こえる。まあ、これだけの話。巻き込んだ、蒼井優にも悪いことをした。

もうひとつのお題は、「乗り鉄と撮り鉄」

これは先の「コカ・コーラの広告看板」や「シャツ・イン」とワケが違う。少なくとも、私にとっては新書一冊書けるんじゃないか、と思っちゃうほどの大問題である。

いわゆる鉄道マニアの2大主流と言われる、乗り鉄と、撮り鉄。これについて考えてみると、どちらも〝満ち足りない〟ように思えてしょうがない。乗っている者には、自分が乗っている乗り物が見えない。撮っている者には、乗っているという満足感が得られない。これは永遠に解決されることがない命題ではないだろうか。歌手が、自分のステージを観ることが出来ないという構図に繋がっているような。ラブホテルの鏡の存在意義にも関係するような。

じゃあ、あとは誰かに任せた。

デビルスタワーはかき氷

２０１５年の7月16日は木曜日。オールスター戦の前日でプロ野球の試合は無かった。いつもは阪神タイガースのナイター中継をしている、地元神戸のＵＨＦ局、サンテレビでは「シネマ・スタジアム」という番組で、夜7時半から『未知との遭遇』を放送した。

何度観ているか麻痺しちゃってる映画ではあるが、地上波で観ると、また違った趣きがある。とか、なんとか言いながら、結局、ナイター観ているのと同じ姿勢で寝転びながら、だらだらと観ていた。日本語版で、リチャード・ドレイファスの声を俳優でもある樋浦勉が吹き替えていた。

観ながら、ツイッターで「未知との遭遇」と検索。世代を越えた、様々なリアクションを楽しんでいると、その中になんともピントがボケたツイートが混じっていた。気になって探っていくと、ちょうど〝今〟、ＣＳの「ファミリー劇場」で「アメリカ横断ウルトラクイズ」の「第11回」（'87年）が放映されていて、そのロケーションとして、「未知との遭遇」のメッカともいえる、米国ワイオミング州のデビルスタワーが使用されている、という情報に辿り着いた。さっそく、そっちを観てみると、まさしく、デビルスタワーの前で福留功男が、馴れ馴れしい口調で問題を読み上げているところだった。その画面と、サンテレビの「未知との遭遇」に映る本家のデビルスタワーとを交互に再生してみた。まるで奇跡のような体験だった。私もまたデビルスタワーに導かれているような気がした。

その2日後。7月18日の土曜日に妻と2人で、友人から教えてもらった「ひむろしらゆき祭」という催事の為、奈良の氷室神社へ出かけた。

氷室神社はその名が表すとおり、氷に縁があり、それに因んで地元の奈良を中心に、京阪神、さらに東京と、かき氷の名店、約20店舗が一度に集合する、という趣向だ。まだ2年目と歴史は浅い。かき氷と言えど、最近話題になった「いちご、レモン、メロンのシロップ、実は同じ味」というお手軽なものではなく、果肉やコーヒーなどの自家製のシロップを使用した、手の込んだもの。ここに集まった店は、あの紅い文字で「氷」と書かれたのぼりをを〝出さなそうなお店〟ばかりだ。

会場に着くと長蛇の列。整理券を手に入れるまで2時間ほど並ばなければ、と教えられる。並んで5分でリタイアした。それまで、思い入れたっぷりにかき氷について語っていた私も、たかが、かき氷ごときに…と悪態をついていた。炎天下の奈良を歩いた帰り際、目に入ったのは駅前の純喫茶「シャンブル」の、どこにでもあるかき氷。これがお似合いか、と店に入る。

メニューには「ミルク宇治金時５００円」、その横に「ミルク金時４５０円」、「宇治金時４５０円」と書かれていた。ふたりでそれぞれ「ミルク金時」と「宇治金時」を頼み、ミックスして「ミルク宇治金時」を作って、食べた。百円儲けた。

かき氷のフォルムは限りなくデビルスタワーに似ていた。やっぱり、私は導かれていたのかも。ちょっと井上陽水的に言えば、「かき氷の世界」はなかなか深い。それに気づくことが出来た夏だった。ちょっとバーホーベン風に「かき氷の微笑」を浮かべながら。

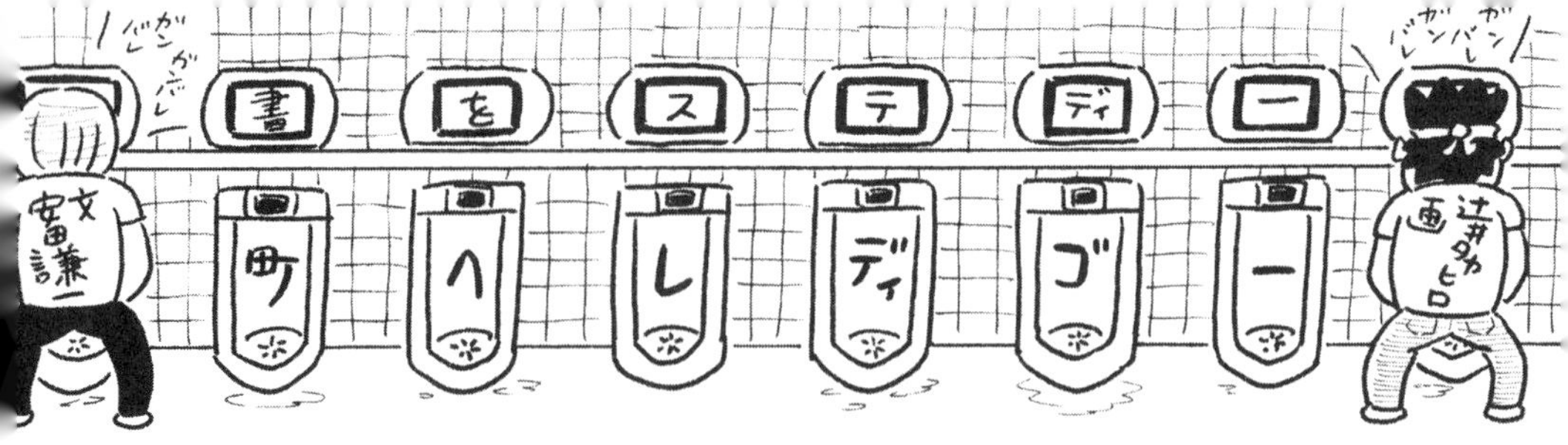

見えすぎちゃって困るの？

高速道路のサービスエリアによく設置されている、ちょっと高めに値段設定されたコーヒーの自動販売機。その中に、前面にモニターが付いていて、そこに自分がオーダーした商品の「ミル挽きからドリップ、そしてカップにフタがつけられる」様子が映される、という種類の機種がある。

この映像が「実況中継」なのか、録画されていたものなのか（多分、録画）は不明だけれど、ここでは問題にしない。客を待たせている間の工夫というものが、これだけ進化している、という話だ。

昔、うどんの自動販売機で、そこには7つほどのランプが縦に並んで配置されていて、それが上から順番に点滅して、それだけで、なんとなく製造工程を想像させて、出来上がり時間を知らせる、という作りのものがあったが、まあ、あれの発展形と言えるだろう。

銀行のキャッシュディスペンサーのモニターで行員のイラストがお辞儀を繰り返す、というのがあるが、最初に書いたコーヒー自販機に比べると、ずいぶん芸がない。

宅配便などのサービスで、インターネットで配達状況が細かくわかるようになったが、あれは助かる。状況が目に見えるということが、待つ人間の気休めになるのである。

胃カメラを飲むとき、麻酔で寝ちゃうタイプなのだが、モニターで「実況中継」されるのを見ているほうが、精神的にラクだという人もいる。

トイレで排便しているとき、目の前に腸内の映像（実況中継風の録画）を映すモニターがあれば、なんとなく快便に繋がりそうな気もする。なんだったら、うどんの自動販売機の上から下に順に点滅していくランプでもいい。

今はまだそんな優れた製品は開発されていないので、今のところ脳内でおののののかが腸から排泄される様子を想像している。

先日、キングジョーくんと居酒屋で呑んだ。

男子トイレの立ちション用の便器の上部（目の高さ）に見慣れないモニターが設置されていた。

放尿をはじめると、イラストの小便小僧が表れて、「がんばれ、がんばれ」と応援してくれる。

モニターの数値が上昇する。これが尿の量を表しているのだ。

家に帰って検索してみると、ゲーム会社のセガが開発した「トイレッツ」という機械で、尿の量を測るためには便器の中の的に放たなければならなく、便器のまわりも清潔に保たれる、というシロモノだ。

ちなみにジョーくんは680ミリリットル。私は550ミリリットルでした。　という訳で、今、いろんな場所でモニターが人の退屈を和らげているんだなあ、という話でした。

文字数が余った。

今年の2月に京都の辻井タカヒロ宅で、元祖アイドルマスターのカネイワ先生に薦めていただいた3776《みななろ》の動画を半年遅れで観てみたら、「登らない理由があるとすれば」という曲が素晴らしすぎた。ぱいぱいでか美「トキメキ蟻地獄」と浦朋恵「ナツメヤシの指」とを繋いで聴いてみた。

しろやぎさんからおてがみついた

宮崎貴士さんからツイッターで「獄中で聴いたイエスタデイ」（鉄人社）という出たばかりの本を、「安田謙一さんに絶対読んで欲しい」と名指しで薦められた。最近は〝呑めと言われて素直に呑んだ〟を信条としている。素直に買って、素直に読むことにした。

近くの大きな本屋に行った。音楽書のコーナーには見当たらない。店員に尋ねてみると、文芸のコーナーで売られていた。同じ棚には極道や犯罪関連のものが並んでいた。

著者は瀧島裕介。「元広域暴力団二次団体　特別参与」という肩書がある。１９３９（昭和14）年、九州は天草諸島で生まれた瀧島は19歳でヤクザに。79年、40歳のとき、フィリピン・マニラの拳銃輸入に絡み、自分を裏切った仲間を射殺。殺人罪で逮捕され、東京の警視庁で取り調べを受ける。同じ留置所に、80年1月16日に成田空港の税関で、大麻所持容疑で現行犯逮捕されたポール・マッカートニー（当時37歳）がやってくる。ヤァヤァヤァ。

瀧島は運動場（喫煙所）でポールに会い、声をかけ、同じ雑居房にいた過激派の若い構成員の通訳で短い会話を交わす。

ポールが出所する前夜、近くの雑居房にいた著者は思い切って、「ポール！　イエスタデイ、プリーズ！」と叫ぶ。しばらくの間の後、ポールは「イエスタデイ」を無伴奏で歌いはじめる。ふたりの係員もそれを黙認。アンコールに応え、ポールは全部で4曲を歌った。その夜の「イエスタデイ」を心の支えに15年の刑期を終え、極道から足を洗う。

「獄中で聴いたイエスタデイ」は自らが犯した犯罪、刑務所での生活、出所後の暮らしを淡々と綴りつつ、〝ポールが「ナイト」になった頃、私はトイチの闇金に〟…と、ポールの活動を交差させている。

一種の〝トンデモ本〟として読み始めたが、次第に著者の本気に持っていかれた。

　時間にすれば数十分の〝出逢い〟と、それを糧にまっとうな道を歩くことが出来たことの感謝を込めて、瀧島はポールへ短い手紙を書く。まるで綴方教室のように、実直な文章を読んでいて、嗚咽してしまった。これから先、「イエスタデイ」を聴くたびに、この手紙を思い出すことになるだろう。

　一気に読んだあと、予告編で見て、「こんなベタな映画、誰が行くねん」と心で突っ込んだまま、忘れかけていた『dear ダニー 君へのうた』という映画を思い出した。〝勢い〟で公開日に劇場で観る。

　アル・パチーノが演じるのはベテランのポップス歌手、ダニー・コリンズ。懐メロのヒット曲を歌い、今も名声を保っている。誕生日にマネージャーからプレゼントされたのは、若き日のダニーに送られたものの、受け取ることが出来なかった、ジョン・レノンからの手紙だった。

　ダニーはその手紙を期に、生活を改め、新曲を書き、離れ離れになった息子を訪ねる。監督のダン・フォーゲルマンはピクサー・アニメの傑作『カーズ』（06）の脚本も手がけた人で、会話の妙味に満ちた粋な映画に仕立てている。

　ポールへの手紙の本（実話）と、ジョンからの手紙の映画（実話に基づいた話）。横山やすし言うところの〝正味の話〟でした。

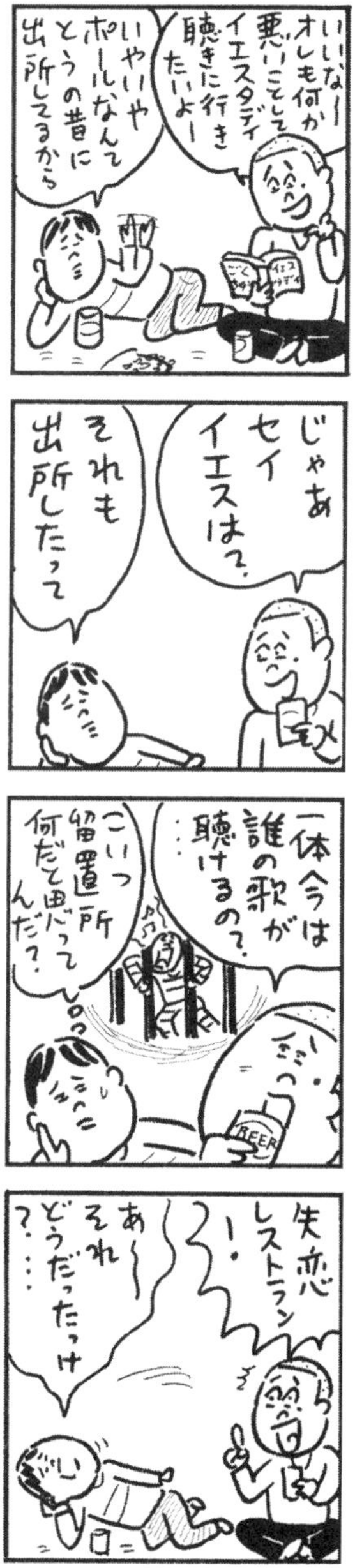

妙な映画を観た

映画『合葬』にハマった。原作は杉浦日向子の同名漫画だが、まだ読んではいない。脚本を手がけたのが渡辺あやと知って、関心を持った。「カーネーション」、「その街のこども」などのテレビドラマですっかりファンになったのだ。

監督の小林達夫はまだ30歳。京都出身で、これがはじめての劇場公開作品となる。

慶応4（1868）年。第十五代将軍、徳川慶喜が江戸城を明け渡し、3百年に渡る江戸幕府が終焉を迎える。有志により将軍の警護と幕末の治安維持を務めていた彰義隊《しょうぎたい》。当然、新しい時代によって解体を迫られるわけだが、残党の一部は将軍の無念を晴らすべく、新政府軍への反乱を企てる。

血気盛んな党員を演じるのが、ドラマ「アオイホノオ」の過剰かつ的確な演技で驚かせてくれた柳楽優弥。彼の幼馴染で、養子先を追い出され、ふらふらと彰義隊に入隊するのが、瀬戸康史。もうひとりの幼馴染、岡山天音は、理論派な平和主義者で、無謀なふたりへ脱隊を薦める。

言い争いながら三人が、まだ目新しい写真館に入り、揃って記念撮影をする。撮影用の小道具に置かれていた拳銃を手にした3人は、それまでの強面な表情を忘れ、無邪気にはしゃぎ回る。明日の我が身を奪うであろう道具をまるで玩具のように弄ぶ。映画は青春の、そして人間の「危なっかしさ」を描いている。

多分にアメリカン・ニュー・シネマを想起させる青春映画である。そこに、同じ杉浦日向子の原作である「百物語」のデロリとした感覚が混入される。爽やかで奇妙で実験的でいてとても普遍的な映画である。褒め言葉として不安だが、21世紀のATG映画と呼びたいテイストだ。

映画を観た数日後、京都で町あかりさんとイベントを行った。会場で監督の小林達夫さんに声をかけられ、驚いた。彼のお母さんが京都で活動する現代美術の作家、岸田良子《ながこ》さんであることを知らされた。

彼女の作品のひとつである「天気予報」は、ＮＨＫテレビの天気予報の音声を一年強に渡り録音し、それを活字に起こしたものを製本し、ギャラリーで展示する、というもの。80年代に京都で出会った「電話帳」、「MENU」、「住宅地名」などの一年に一度発表される作品に魅せられた私は、当時、ミニコミに彼女についての文章を書いた。その拙文（文字通り）で私の名前を記憶していた、ご子息の小林さんが声をかけてくれたのだ。さすがに興奮した。

当然、「合葬」の感想を直接、熱く伝えた。映画「怪談」（65年）が好きなので、あの茶碗のシーンは特に嬉しかった、と言うと、モントリオール世界映画祭で、現地メディアでもその感想が多かったとのこと。小林正樹監督と同じ姓なので、親戚なのか？、とも聞かれたらしい。

数日後、別の映画館で二度目の「合葬」を観た。オダギリ・ジョー扮する彰義隊の先輩が吹く笛の音を聴いた若者たち、それぞれの反応の違いに気がつき、唸ってしまった。

杉浦日向子の原作はまだ読んでいない。それより先に「百物語」をちびちび読みながら、まだ映画「合葬」の余韻に浸っている。

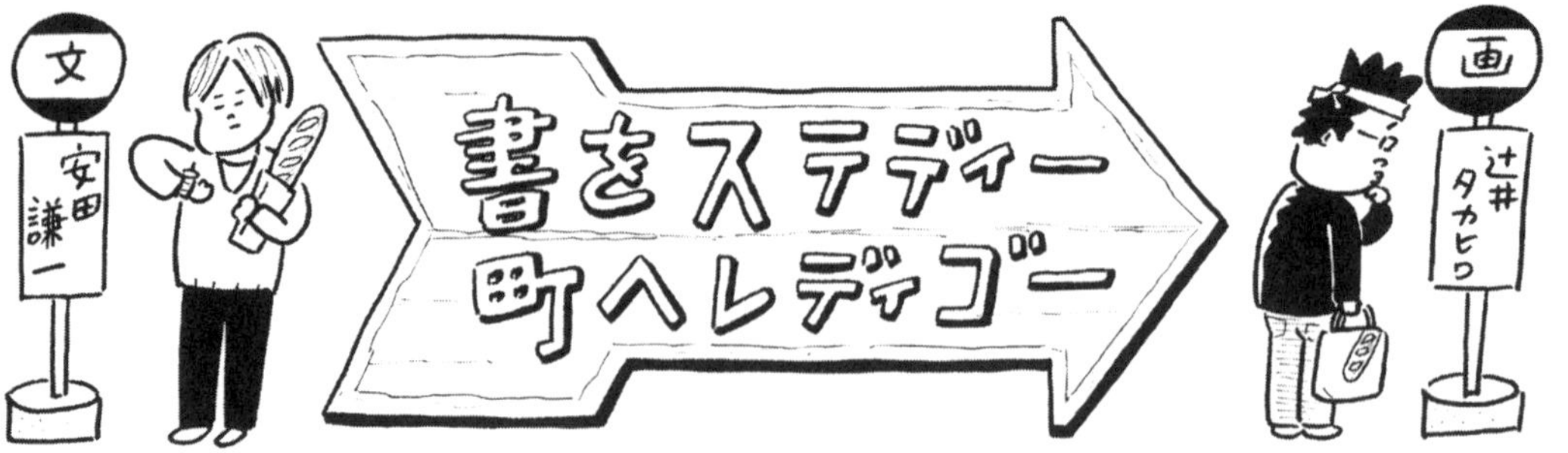

お値段以上

前々から一度言っておこうと思っていたことがある。

「パクリ」という言葉は、使っていい人とそうでない人がわかれる、相対的なものではないだろうか。

たとえば、佐野研二郎がデザインした東京オリンピックのロゴがベルギーの劇場ロゴに酷似していた…という事案について語るとき、これを「パクリ」と言っても許される条件を満たす人は、ベルギーの劇場ロゴが「すでに頭の中にあった」人だけなのではないだろうか。これまで目にしたことがないような、ふたつの図案を並べられて、それを「パクリ」と呼ぶのは、なんか違う気がするのだった。

じゃあ、なんと呼べばいいのか。まあ、「似てる」でしょうなあ。

佐野研二郎がデザインした東京オリンピックのロゴはベルギーの劇場ロゴに「似てる」。これでいい。

ただ、それでは、作為の要素が一切ないので少し物足りなくもある。

「似てる」にちょいと「パクリ」も混ぜてみる。

「似てり」。なんか古文みたいだ。じゃあ「似とり」だ。決定。

私はミスター・チルドレンが92年に発表した「抱きしめたい」という曲の歌詞を知らなかった。

平浩二、２０１５年の「ぬくもり」という曲の歌詞がこれに酷似しているという話を耳にしたときも、先の論でいえば、「パクリ」とは呼べない。

実際、この2曲の歌詞はとても似ている。ふたつの歌詞を並べて見比べてみるよりも、平浩二「ぬくもり」の歌詞カードを見ながら、ミスター・チルドレン「抱きしめたい」を聴くと、「えっ、これって、どういうこと」というアハ体験（よう知らんが）が出来ることをお約束する。

もう一度、先の私の論にこだわると、多くのミスチル・ファンは平浩二「ぬくもり」を聴いて、「パ

クリ」と呼ぶことが出来る。

想像するだけで興奮するのが、最初に「ぬくもり」（ちなみにシングル「愛・佐世保」のカップリング曲である）を聴いて、「抱きしめたい」を思い出した人の脳の中である。この瞬間に口に出た「パクリ」という言葉には、一番搾りのような美しさがある。ああ、私がその人になりたかった。そう思う。あとで並べられた2曲を前に私がため息のように口に出来る言葉は、ただひとつ。そう、「似とり」である。

平浩二と「パクリ」という言葉が並ぶと、もうひとつ別のものを連想する人も少なくないだろう。彼の最大のヒット曲「バス・ストップ」（72年）のメロディはザ・プラターズの「オンリー・ユー」にとてもよく似ている。それは多くの人に知られている。実際、10歳のときに「バス・ストップ」を聴いた私はその時点で「オンリー・ユー」を知っていたかどうか、といえば怪しいものだ。なので、この曲（でさえ）も私にとっては「似とり」といえる。

「バス・ストップ」を書いた（作・編曲）のはハニー・ナイツの葵まさひこだったが、今回、問題とされた「ぬくもり」の作詞者は沢久美である。かつて、幻の名盤解放同盟の解放によって知ることとなった、ヨガる男声の名曲「ミミの甘い生活」（70年）を歌っていた、あの沢久美だ。ミスター・チルドレンがこの曲に似た曲を歌う、ということで手打ちにしてはどうだろうか。

透明人間に毛が生えた

昨年末に出した書き下ろし本「神戸、書いてどうなるのか」が、それなりに売れている。売れている、といっても私がこれまでに出した本の中では、という条件がつく。さらに、もうひとつ、地元の神戸では、という条件も。神戸に住む人間は神戸への思い入れが強い。昔からその事実に気がついていた。この本はそんな神戸人の弱味に便乗した商品なのである。

家から歩いて2分の場所に最寄りの駅があり、そこそこ大きめの書店がある。ここ2週間ほど、店先のもっとも目立つ場所で拙著が平積みの状態で売られている。

三回に一回は誰かが私の本を立ち読みしている。最初は「書をステずに、レジへレディゴー」と念じたりしたが、そのうち「まあ、ゆっくり立ち読んでけろ」と寛大な気持ちで眺めるようになった。

立ち読みしている人の立場で考えると、その背後、数メートルの場所に著者が立っているわけだ。なんとも気味が悪い話だ。本屋には物書きの生霊がいる。立ち読み人はこの事実を肝に銘じておくべきだ。もちろん、その何倍もの死霊というか、地縛霊もいる。昼も墓場で運動会。本屋はそうとう賑やかな場所である。

自分が書いた本を立ち読む人を目撃したことで、ちょっとした透明人間の気持ちを味わった。

透明人間といえば連想するのが、昨年、同様の犯行で2度目の逮捕に至った神戸在住の27歳の会社員、通称「側溝男」だ。

道路の側溝に寝そべって女性の下着をのぞき見ようとする、という行為以上に「生まれ変わったら道になりたい」という証言に心を打たれた人は少なくないだろう。さらに「長所はどこでも寝られること、短所は側溝に入ってしまうこと」と、痺れるような発言を残した。

さらに彼の母親が「息子は小さいころから側溝や狭いところに入り込んで遊ぶのが好きで、中学生になっても続いていました。子供っぽいところが抜けきれていなかったみたいなのですが、それが年齢を重ねて性的な興味と結びついてしまって、こんなことをしてしまったみたいなんです」と、ダメ押しの名言を残した。

「側溝男」の一回目の犯行現場は、神戸にある私立の女子大学の通学路にある。2年前に彼が捕まり、テレビでニュースが流れた瞬間に、その場所が具体的に頭に浮かんだ。アルバイトの配達業務でこれまでに何度も通った場所だった。事件の数日後、現場を訪れ、側溝を上から覗き込んだ。しばらく覗き込んでいると、側溝の中からもこちらを見つめているような感覚を覚えた。

2度目の逮捕は、通りがかった女性が側溝の蓋から出た犯人の髪の毛に気づいたというのがきっかけ。側溝の蓋から飛び出す髪型ってどんなんやねん。嶋大輔じゃあるまいし。と、ずっと思っていた。

彼の発言を読み返す。側溝に入ることがなによりの安らぎとなった男は、年間80回という行為の間、うつらうつらと睡眠状態に陥ることもあったはずだ。いつの間にか「道になりたい」という強い念が天に通じて、眠っているあいだだけ、本当に道になっていたのではないだろうか。動物が人に化けていても、シッポだけ残るのと同じように、髪の毛だけは道になりきることが出来なかったのだ。

PISSはビルにして！

アルバイトが休みの日。昼までに原稿の仕事も終わった。天気がいいので、ＪＲの神戸駅から山側にゆっくり坂道を歩いて登る。知人がツイッターで、行った、と呟いた食堂で昼をとることにした。道中、かつて奥崎謙三が住む家があった場所をやり過ごす。このあたりは建物が低く、空が広い。雲ひとつない、と言いたいがために、首と目をぐるりと廻して雲をさがす。

食堂はたいそう古く、廃墟のような凄まじい外観をしている。何度も前を通ったことがあるが、入るのははじめて。先に書いたツイートで、営業してたんだ、と素直に驚いた。

店の中には磨り硝子から穏やかな陽の光が差していた。古い店だが、不快な匂いはない。水回りが清潔なことが伝わってくる。これが重要。

親子丼を頼む。見栄えはあまりよくなかったが、味に間違いはなかった。食べながら、店主は日常、店の外からの「ここ、営業してんの？（笑）」とか、なんとかの声を聞き続けてるんだろうなあ、と考えた。その中には、かつての私の声も入っている。

爪楊枝をくわえ、店を出る。交差点を渡ると、これまた昔からある古本屋がある。

書棚にささった一冊の本が光って見えた。銀色の函に黒字で「Building と小便」とタイトルが書かれている。大胆なデザインから、１９３０年代の書物だと想像したら、まさにその年に刊行されていた。短編小説集で「女の経験せる」とか「蚊の憂鬱」とか、興味深い作品名が並ぶ。とにかく装丁が「モダン」で、読みたい、というより先に、欲しくなった。値段を見ると「８千円」。あっさりと諦めた。

慰みに、徳川夢声の「悲観楽観」を３百円で買う。ページの間にフィルムが挟まっていた。「ヘラルド映画文庫・メテオ」と印刷された栞だ。

さらに坂をのぼり、ちいさな温泉へ。陽が高いうちの風呂ほど贅沢を感じるものがない。湯船に浸かりながら、先の「ビルディングと小便」について考える。なんて刺激的なタイトルなのだろう。ひょっとしたら「小便《しょうべん》」ではなく「小使《こづかい》」だったのでは、と思ったりもする。

風呂からあがり、休憩所で牛乳を飲みながらスマートフォンで「ビルディングと小便」を検索する。やっぱり「しょうべん」で合っていた。著者の浅原六朗は童謡「てるてるぼうず」の作詞で知られる作家だった。数日後、気になって図書館で探してみると、「ビルディングと小便」は、一冊まるごと93年に編まれた「浅原六朗選集　第一巻」（河出書房新社）に収録されていた。

表題作だけ読んでみる。主人公は新築ビルディングで務める会社員。有閑マダムとの情事を退廃と考えながら、ぼんやり生きている。その暮らしぶりを旧友に責められるも、生活を改める気力もない。ついに別れを切り出そうと考えた恋人から、先に別れを告げられる。「そうだ、俺はビルディングで小便をしているのが、一番いいんだ。ビルディングで…」と自嘲を込めて呟く。

そうだったのか。ビルの「中」で小便するのか。なんとなく、「外」からビルに小便をひっかける、というイメージを膨らませていた。『フーズ・ネクスト』のジャケみたいに。

ドント・ウォーリー・カズコ

人生、「気がつけば終わっていた」の連続である。

寺島しのぶが福田和子を演じる、というニュースをネットで見て以来、一ヶ月弱のあいだ、あんなに楽しみにしていたドラマ『実録ドラマスペシャル　女の犯罪ミステリー　福田和子　整形逃亡15年』を見逃してしまった。気がつけば終わっていた。録画も、し損ねてしまった。

もうひとつ。『細かすぎて伝わらないモノマネ選手権　第22回』で、キンタロー。がオノヨーコの真似で「心配しないで京子ちゃん」を歌うのを見逃してしまった。

なんのためにテレビの受像機を所有しているのか、と激しく自分を責めた。テレビっ子、失格である。

いやいや、責めるのは自分だけじゃない。この時代、テレビ（録画機能つき）も、持ち主の嗜好から予測して番組を録画してくれてもいいのではないか。俺がどれだけ福田和子が好きか。俺がどれだけ、キンタローが真似するオノヨーコが観たいか。それくらい、わかるだろう、という話である。あ、今、私は私のテレビ受像機（録画機能付き）に向かって言ってるだけなので、気にしないでください。

運よく、数日後に『実録ドラマスペシャル　女の犯罪ミステリー　福田和子　整形逃亡15年』と、『細かすぎて伝わらないモノマネ選手権　第22回』を観ることが出来た。

それぞれの番組に対する反応をツイッターで探してみた。まず「キンタロー。オノヨーコ」というキーワードで検索。投稿日時を遡っていくと、2年も前に「キンタローとオノヨーコって似てるよな」という呟きがあった。ふと気になって、ついでに「寺島しのぶ　福田和子」とキーワードを入力すると、5年も前に「福田和子の逃亡劇。すごい人生。女性らしい魅力的な人だったんやな。映画化されるなら寺島しのぶかしら」という呟きを発見した。

なるほど。神さまもたびたびツイートされているのであった。

さて。私が福田和子を好きな理由は、やはり母子モノということに尽きる。今回のドラマでも、服役中の和子に息子が「これでいつでも逢える」と言うシーンにヤラれた。大島渚『少年』が好きなのも、伊藤俊也『誘拐報道』が好きなのも同じ。早い話が長谷川伸だ。なんだかんだで『瞼の母』だ。

私はテレビっ子である前に、おかあさんっ子なのであった。

そんな福田和子の犯した罪のひとつ、殺した同僚のホステスの家財道具を盗み、愛人と住む部屋に運ぶ、という行為に、なんとも時代を感じる。おそらく現在を生きる人間には考えられない、あるいは忘れ去ってしまった種類のモノへの執着である。

テレビ・ショッピングで電子手帳を売っていた。販売員は高い声で「この小さな電子手帳には、全部で○十巻の百科事典が全部入っています」と謳っている。が、忘れてはいけない。あの数十巻セットの百科事典が応接間の飾りだった時代があったことを。高級な洋酒瓶もまた然り。福田和子が盗んだ家具然り。昭和も遠くになりにけり。

気がつけば夜。今日はまだ一歩も家を出ていない。いかにも、そんな文章を書いてしまった。珈琲の豆が切れたので買いに行こう。イギー・ポップの新しいの聴きながら。

今は幸せ会

同郷（＝神戸）のよしみ、ということもあるが、私はずっと佐川満男のファンである。

ニール・セダカのカヴァー曲「二人の並木道」（60年）で歌手デビューした佐川が「芸能生活55周年大感謝祭」と題したリサイタルを行なう、というポスターを町でみかけたのは昨年の暮。ジェームズ・ボンドを真似て銃（銃口はマイク！）を構える勇姿にユーモアと気合を感じた。

4月17日。会場となるポートピアホールは満員御礼。客電が落ちると、ステージに天使に扮した女性歌手が現れ、佐川のオリジナル曲「海よ空よ風よ」の一節を独唱する。この日は「生前葬」というつくりで、天使は彼を迎えに来た、という演出。

およそ10人編成のバックバンドとともに、佐川とはロカビリー歌手時代からの仲間であり、彼の代表曲を手がけた作曲家、中村泰士が登場。これも中村作の「喝采」をア・カペラで歌い出す。「♪いつものように…黒いフチドリがありました」と、佐川の遺影を持ち出す、というギャグ。もう、この冒頭の数分で、この日のノリがびんびん伝わってきて、思わず、顔がニヤけてしまう。

76歳の佐川満男がスタンドマイクを振り回して一曲目に熱唱するのはニーナ・シモンの歌唱で知られる「フィーリン・グッド」。佐川が歌う、この英語詞の歌を聴くのは実は2度目のこと。ちょうど一ヶ月前に雑誌の取材で須磨山上遊園を歩いていたら、イヤフォンを耳に、大声でこの曲を歌っているところに偶然、遭遇していたのだった。この日の為に練習していたのだろう。

MCでは、一日だけのコンサートにむけて、一年半も準備期間があったことが明かされる。

目玉というべきゲストは76年に離婚した歌手、伊東ゆかり。佐川との間に生まれた娘で、歌手の宙美を連れての参加だ。

佐川は娘とデュエットで、シナトラ親子の「恋のひとこと」を披露する。宙美の声は母のゆかりそっくり。…ということは竹内まりやに似ている。そこから、竹内と大滝詠一によるこの曲のカヴァーもつい頭の中で重ねてしまう。佐川満男は大滝詠一に通じる〝粋な横丁のダンナ声〟の持ち主であることを改めて痛感する。橋本淳と筒美京平作「フランス人のように」がセットリストに入っていなかったのは残念だったが、天性の〝ソフト・ロック歌謡声〟に酔いしれた。3人で歌う新曲「また逢えたらいいね」がまた素晴らしい。歌い終わって、娘とハグした佐川が、続いて伊東ゆかりに近づくと、さっと避けられる…というようなギャグが、いちいちキマっている。元夫婦の絡みはわざとらしくなくて、ちょっとウエットで。なにより、始終〝笑い〟で廻していくのが最高だった。

もう一曲、聴きたかった離婚ソングの極北「かんにんしてや」は、レコード通り、永田カツ子とのデュエットで披露された。この曲も中村泰士の作。なんとこの曲、中村が歌手生活20周年記念コンサートで、（佐川と別れたばかりの）伊東ゆかりとデュエットしたのが〝オリジナル〟だそうで、それを会場で聴き、気に入った佐川が「俺にくれ」と貰ったとのこと。驚いて声が出てしまった。

「背広姿の渡り鳥」のイキな編曲など、いたるところに佐川の音楽熱を見た。アンコールは、中村泰士の指揮で「今は幸せかい」が歌われた。

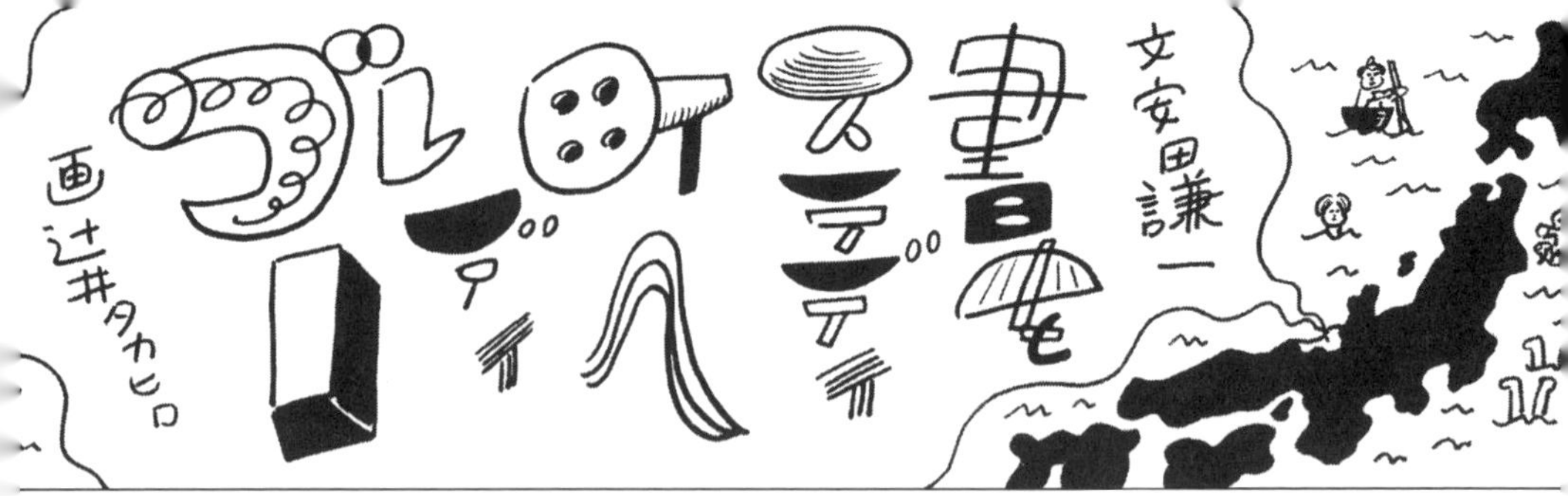

タマホーム。たまにアウェー。

２０１６年5月28日の土曜日、サンドーム福井でPerfumeの公演を、立見席で鑑賞した。

振り返れば、２００７年９月29日の土曜日、神戸のＨＭＶ三宮店の店内をぶらぶら歩いていると、Perfumeのインストア・ライヴがはじまった。会場はパーテーションで囲われていたので、その外で「ああ、これが…」と、やり過ごして帰ったであった。あの壁の内側にはトーフビーツくんがいて、あの日をきっかけにアイドルに大きくハマった、とインタビューで発言していたのを読んだ。そのすぐ後に友人のカネイワくんに「ファン・サーヴィス［bitter］」のライヴ映像を観せてもらって感動、あの壁を越えなかったことを激しく後悔したのだった。

あれから9年。やっと、初の生Perfumeを拝む日が来た。

以前、同じようなことを書いたような気がするが、人生、死ぬまでにたった一度だけでいいから、「歌手のこの一曲」を生で観ておきたいものである。私はまだ、北島三郎が「まつり」を、舟木一夫が「銭形平次」を、森進一が「襟裳岬」を、宇多田ヒカルが「Automatic」を生で歌うのを聴いたことがない。矢沢永吉が「時間よ止まれ」を歌うのさえ。なんて寂しい人生だろう。ということで、私はPerfumeが「ポリリズム」を歌い踊るのを楽しみに出かけた。残念ながら、この日は聴くことが出来なかった。これは、もう一度、来い、という神のお告げなのだろう。ライヴは、マジ最高でした。

と、ここまでの文章を読まれて、何か、いつもとは違う点にお気づきではないでしょうか。

今日の私は下着をつけてません。

…てな、わけないですね。いや、つけてなくても、つけていても問題ないんですが、そういうことではありません。安心してください。いや、この安心してください、は、あの、安心してくださいではなくて、下着をつけていないと書いたのは嘘でした、という意味の、心から出た言葉です。

さて、答えは。「書いている場所が違うんです〜〜〜！」

はい、みなさん、ご一緒に。

「知らんがな」

この連載の前身となる「ロックンロールストーブリーグ」の連載開始（奇しくも、Perfumeが「OMAJINAI★ペロリ」でCDデビューした2002年！）以来、すべての原稿は神戸市の拙宅のリビングルームでパソコンを使って書かれたものです。今回ははじめて、福井県福井市にある妻の実家の応接室で書いております。窓の外から野良猫がこっちをじっと見ています。

日記を書きましょう。5月30日の月曜日。8時に目覚めて、しっかり朝ごはんをいただき、レンタカーで東山健康運動公園の50メートル・プールへ。水中で使えるmp3プレイヤーでプリンスの『Come』を頭から尻まで聴きながら一時間泳いで、福井の町に戻り、妻と義母と3人で足羽山公園の茶屋で蒟蒻と豆腐の田楽を食べました。帰って30分ほど昼寝して、そろそろ仕事にかかるかとパソコンの電源を入れ、書きはじめ、ここまできました。やはり、自宅とは勝手が違うというか、落ち着かないですね。落ち着かない、ということは、「オチつかない」に通じるんだと気づきました。今。

トリオ。兄弟。マン。マシーン。

絵を買った。

特殊漫画家、根本敬が描く〝レコジャケ画〟の一枚で、クラフトワーク『ザ・マン・マシーン』のデザインに、ぴんから兄弟の宮史郎・宮五郎の兄弟が描かれている。ラルフ・ヒュッター、フローリアン・シュナイダー、カール・バルトス、ヴォルフガング・フリューアの4人の代わりにふたりが描かれるので、それぞれ2回づつ登場。史郎、五郎、史郎、五郎、と並んでいる。(英語盤では)「THE MAN MACHINE」とある場所には「命ばらばら」と書かれている。ぴんから兄弟が76年に発売したシングルの曲目で、今回描かれた史郎と五郎の兄弟は、このジャケ写真を左右反転したものとなっている。

『ザ・マン・マシーン』の邦題が『人間解体』。人間を解体したから「命ばらばら」。なんとも洒落た「絵解き」。根本敬のレコジャケ画集『ブラック アンド ブルー』(東京キララ社)が刊行された後の新作なので同画集にはまだ掲載されていない。

この絵を持って、兵庫県加西市にある宮五郎の墓を参ろうという計画を思いついた。

考えたのと同時に、「レコ絵と旅する男」というタイトルが頭に浮かんだ。江戸川乱歩『押絵と旅する男』のモジリであるが、これだと、ひとりで電車に乗って行くべきである。が、実際は、生前の宮史郎と交流のあった昭和7年生まれの父をレンタカーに乗せて出かけた。

神戸から、高速道路を乗り継いで、1時間足らずで、中国自動車道の滝野社インターに着く。近くの大型モールで供花を買う。まず向かったのは、2年前に亡くなった私の従兄弟(父にとっては甥)の墓。ついで、というのも酷い話だが、ついででも参れてホッとした。

次に向かったのは、ささくら親水公園に建てられた「女のみち」の歌碑。ここで、おもむろに袋から「命ばらばら」の絵を取り出す。父には、なぜぴんから兄弟が4人なのか、の説明をするのも億劫なので、「絵の好きな友人が描いた」と説明すると、「上手いなあ」と感嘆の声をあげた。それぞれが歌碑の前で「ばらばら」を手に記念撮影をする。

近くのホテルのロビーから、父はある男性を呼び出した。ぴんからトリオのデビューから彼らの近くで世話役のような役割を果たしてきた内藤さんで、先ほどの歌碑も彼の尽力で建てられた。「女のみち」は72年に発売され、公称400万枚を売り上げた日本コロムビア盤の前に300枚限定の自主制作盤シングルが存在する。別アレンジによる音は秘密博士から聴かせてもらったことがある。これを営業車に積んだ覚えがある、という内藤さんに、「もうお手元に無いですか」と聞いてみた。一応。

内藤さんの案内で村外れの宮五郎の墓に向かう。草深い原っぱに小さな墓石が転々とある。まだ土葬なので地面を踏み抜かぬように、と注意される。父はかつて、足の具合が良くなかった宮史郎を背負って、この墓を参ったことがある。本姓「宮崎」という姓が彫られた墓石に手をあわせたあと、「命ばらばら」と同じフレームに収めて写真を撮った。

土の中から「なんで4人も描いてんの」という声も、侘びしいギターの音も聞こえてはこなかった。

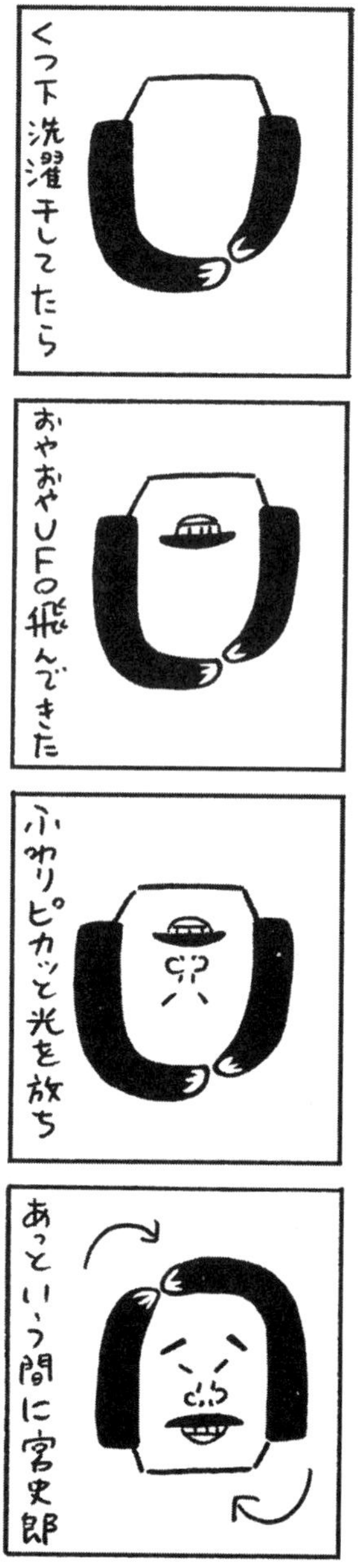

りんごを齧ると

りんごを齧ったわけでもないのに血が出た。

歯茎からではない。ちんぽから血が出た。

これまでの人生。ここから、生まれてすぐに尿。十年ほど遅れて精液を出してきた。54歳にして、とうとう血液を出してしまった。第三のビール。サードウェイヴがやって来た。

なんて、余裕をかましてはいるけれど、正直、ビビった。出血は魚のかたちの醤油入れくらいの少量だったが、なにしろ、はじめての体験なので、かなり動揺してしまった。排尿時にはかなりの痛みもある。懐かしくない痛みだわ、と歌っていられないほど痛かった。

インターネットで「血尿」という言葉を検索してみると、恐ろしそうな病名が並んでいた。

そのうちのひとつ「血尿が出たら、医者に行け」という言葉に従って、翌日、バイトを休んで、近くでいちばん大きな泌尿器科を訪れた。

まず、検尿。紙コップに尿を入れるとき、いつも妙な背徳感を覚える。ちょうど原稿仕事のために映画『ギャングスター・ナンバー1』を観直したところで、マルコム・マクダウェルが立ち小便した雫がシャンパン・グラスに飛んで入るシーンを思い出しながら、コップをチロチロペパーと満たした。

あれ、痛くないぞ。

家では便器に座って放尿していたのが、今、立ってやってみると、痛みがほとんどないことを発見した。

検査の結果、「尿の中に血液は混じってはいない」とのこと。

結石などの有無を調べるため、CTスキャンで下腹部をスキャンした。ここでも異常はなかった。

最後に、尿道鏡の検査も行なった。下半身を露出しながら、検査台に仰向けに寝る。壁にあるポスターには「検査鏡は以前のものより小型化した為、痛みも数十分の一に軽減した」というようなことが書かれていた。〝以前〟を知らない私にとって、恐怖心から逃れることは出来ない。ゼリー状の麻酔のあと、内視鏡を尿道、膀胱へと突っ込まれた。

かつて「大腸鏡」も入れた。「胃カメラ」も飲めと言われて素直に飲んだ。このふたつをして「後ろから前から」と解釈していたが、あれではまだ「上から下から」だった。これで名実ともに「後ろから前から」である。そういえば、畑中葉子「後ろから前から」の「新録音」のアナログ盤を購入したまま、まだ針を落としていない。「SEX PACK」と題された初回特典盤にはガールズガード（＝スキン）2個とティッシュペーパーと畑中葉子の恥ずかしい写真が付いているのだった。

……というようなことで頭をいっぱいにしているうちに、検査が終わった。たしかに違和感はあったが、思っていたような痛みはなかった。

尿道鏡の検査の結果、やはり異常はないという。ああ良かった。

〝先端〟に血の雫が乗っかっている写真を撮りそこねたことが惜しくなってきた。血の涙を流すマリア像みたいなイメージがあった。奇跡のひとつも起こせそうであった。

そのまんまの世界

日頃、「なんだかなあ」と深いため息をつかせる装置としてお馴染みのネット・ニュース。中でもとびきりの逸品に出会った。

2016年8月10日16時40分にニュースサイト『スポーツ報知』から発信されたもの。見出しは〝東国原氏、小池氏と会談した森氏の心情を代弁？「はらわた煮えくり返っている」〟

ほぼ、そのまんま、本文を引用するので、噛みしめて味わってほしい。

東国原英夫氏（58）が10日放送の情報番組「ゴゴスマ」に生出演し、小池百合子新都知事（64）と、20年東京五輪・パラリンピック組織委員会の森喜朗会長（79）の関係について持論を展開した。

9日に両者は会談。この会談で森氏が「10年ほど（話し合いが）なかったから良い機会だ」と笑って話したことについて、東国原氏は「『10年ぶりくらいかな』っていうのは（小池氏が出馬した）08年の（自民党）総裁選の頃の話。あれが決定的に森さんと小池さんを分断させた」と述べ、「東京五輪を成功に導かないといけないのでと森さんが大人の対応をした」との見解を示した。

番組MCの石井亮次CBCアナウンサー（39）から「では、（森氏の）お顔は笑われてますけども、はらわたはどんな感じですか？」と振られると、東国原氏は「僕に言わすんですか？」とけげんな顔をしながらも「煮えくり返っていると思います」と爆弾発言。…以上、引用終わり。

なんじゃこりゃ。つい、いろいろバリエーションを考えてしまった。

（司会者）「二兎追うものは一兎も」（そのまんま）「得ず」と爆弾発言。

（司会者）「人間万事塞翁が」（そのまんま）「馬」と爆弾発言。

（司会者）「隣の客はよく柿食う」（そのまんま）「客だ」と爆弾発言。

発言時の、選択の余地のない、そのまんま東の心境を想像すると…煮えくり返っていると思います。

数日前。ニュー・アルバム『あかりの恩返し』の発売記念で神戸に来た町あかりにラジオ番組でインタビューした。前々から気になっていた、「もぐらたたきのような人」の歌メロと完全に独立したイントロ（なんとなくモスクワオリンピック！というイメージ）は、どんな風に思いついたのか、と聞いてみた。

答えはシンプル。幼い頃から家にあったカシオトーンにプリセットされている演奏パターンのひとつをそのまんま使っている、とのこと。あまりの衝撃に桂文枝が椅子から落ちて桂三枝に戻りそうなくらい驚いた。曰く「打ち込みとか興味なくて、なるべく苦労せずに音楽を作りたい」と。

そういえば、と思い出した。

70歳でデビューしたアイスランドの女性宅録音楽家を捉えたドキュメンタリー映像『シグリドゥル・ニールスドッティルの秘密のカセットテープ』（英題は『Grandma LoFi』）のこと。映画の中で突然、町あかりのオリジナル曲「堂々めぐり」のイントロが流れてきたことの〝謎〟も、ああ、そういうことだったのか、と腑に落ちたのであった。

西寺郷太が著作『プリンス論』の中で、プリンスがキーボードにプリセットされた音色をそのまんま使うことに感銘をうけていたが、そういう意味で、町あかりはプリンスを超えてしまっていた。

仕事その前に

読みかけの小説を持ち歩くことが少なくなった。文字を目で追うのが億劫になっている。たまに本屋に行って買うものといえば、雑誌『ギター・マガジン』の「ビザール・ギター特集号」とか、『別冊Lightning』の「スカジャン図鑑」とか。完全に、幼稚園のときの『怪獣図鑑』の延長である。

『〆切本』(左右社)は、そんな私にも楽しめそうな読み物だ。タイトルのとおり全90人の著名な小説家、随筆家、漫画家たちが原稿の締め切りについて触れたエッセイを集めたもの。中には日記や、私信も含まれている。田山花袋、夏目漱石、島崎藤村、泉鏡花、寺田寅彦、志賀直哉、谷崎潤一郎、菊池寛、里見弴、内田百閒、江戸川乱歩、古川ロッパ、深沢七郎、山口瞳、村上春樹、手塚治虫、藤子不二雄Ⓐ……と90人の名前を全部並べると文字数が稼げるのだが、そんな下品なことはしない。

ちょうど、この原稿を書いている10日前に神戸・元町の書店『１００３』でこれを購入した。これをネタに次(今回)の『書をステディ…』を書こうとキメたのだ。

もう、これで書けたも同然。そう考えるときに必ず思い出すエピソードがある。中学2年のとき、古典の先生からクラスで成績の悪い3人(私を含む)が一緒に呼びだされた。翌日の試験に際し、先生が「これだけ覚えておけば」というアンチョコを紙一枚に要約してくれたのだ。

三人のうちひとりが一人住まいだったので、その紙を持って、そいつの部屋に集まった。最初の何時間はテレビを見たり、レコードを聴いたり、馬鹿話をして過ごした。さあ、勉強でもしてやるか、と思ったとき、アンチョコの紙が見当たらない。ほとんど徹夜して探したが見当たらなかった。探す間を勉強に充てる、なんてことは誰も考えなかった。試験の結果も忘れてしまったが、頼りにしていた紙が無くなったときの「ふわっ」とした感覚は今も忘れない。

さて『〆切本』。案の定、楽しい本で、毎日ちびちび読んでいる。ちびちび読むのが楽しい本なので、まだ半分しか読めていない。

何人かの作家が「原稿を書きはじめるまで」の「ぐずぐず」を書いている。私にとってももっとも身近な時間である。読んでいると、あれ、俺もいっぱしの作家なのかも、という気になってくる。

私の場合。台所の洗い物があれば、それを済ませてからパソコンに向かう。メールを受信して、急いで返信しなければならないものがあればそれを済ます。「やるべきこと」をひとつずつ減らして、書くしかないという状況にもっていく。

書くっきゃない、というところから、ネットの巡回がはじまる。いつも見ているようなところをぐるぐる廻ってしまう。そのうちのひとつがアマゾン・ジャパンの自分の本のページ。更新されているはずもないカスタマー・レビューや、天文学的な売り上げ順位をチェックする。

これを毎日続けていた結果、拙著『なんとかなんとかがいたなんとかズ』のページにある「この商品を見た後に買っているのは？」の項に『ユウキ製薬 活き活きオリゴ糖』と『スーパーヴァーム6缶パック』が加わってしまった。『オリゴ糖』は私の便通をよくするため。『スーパーヴァーム』はプールで泳ぐ前に私が飲むものである。

レコード墓場のシーボーズ

老人ホームと葬儀場が隣り合わせで建っている場所がある。

老人ホームの駐車場に大きな文字の垂れ幕で「お願い 老人ホームのとなりでお葬式をしないで!!」と書かれている。先に老人ホームが建っている場所の隣に、遅れて葬儀場が出来たのであろう。垂れ幕は葬儀場に向かって貼られている。

言いたいことはよくわかる。言いたい気持ちもよくわかる。わかるんだけれども。

いつも、この垂れ幕を見るたびに、同じことを考えてしまう。

老人ホームで暮らす人たちの気持ちを考えろ、というメッセージであるはずが、この垂れ幕自体が、強く老人たちを傷つけてしまっているように見えるのだ。

ホームで暮らす老人たちの多くは、隣の葬儀場で葬式が行われるのを見ても、案外、（文字通りの）他人事としてやり過ごしているような気がする。人は年をとるにつれて、図々しさと鈍感さを身につけて、日々をしのいでいくものである。

そう考えると、垂れ幕だけがわざわざ老人と死を近づけているように見えてくる。

これと、ちょっと似てるなあ、と思うのが、ラジオやテレビで出演者が尾籠な話をはじめる前に言う「お食事中の方がいらっしゃったらごめんなさい」という風なお断り。実際に話される話題よりも、この言葉が想像させるもののほうに、気持ち悪くなってしまう。

「思いやり」にも思いやりが必要。つーか、下手な思いやりはないほうがマシ、という話である。

キャバクラに行くとする。そこでキャバ嬢に「じじい」と言われるのには笑って受け止められる気がする。だけど、それを無理に繕おうとするのが見えちゃうと、ぐっと傷ついてしまうだろう。

老人ホームとか、葬儀場などと書いていて、その言霊でなんだか原稿が煤《すす》けてきたので、ついキャバクラと書いてみたが、やっぱり、煤けてやがるぜ。

煤けついでに。煤けた写真集の話をしよう。

『デス・テイクス・ア・ホリデイ』は1974年生まれのニューヨークの写真家、ダーリン・ミッキーの作品集。7インチ・シングルのジャケットと同じ大きさで、64ページという小ぶりな本だ。ここに写っているのは、ニューヨーク州、ニュージャージー州、ペンシルベニア州にある、いくつかの小さな中古レコード店、その店内。いずれも寂びれているか、すでに店じまいしているものもある。

「カウンターに荷物を置いてください」という吹き出しが付けられたスティーヴ・ミラーの写真。KISS『地獄の軍団』をしげしげと眺める老人。トイレの水槽にうず高く積みあげられたドーナツ盤。「HEAVY MEATAL」と綴られたエサ箱の仕切り板…。そんな写真が一ページに一枚配置されている。ページから店に舞う埃が漂ってくる。カビの匂いが鼻をくすぐる。レコード墓場、という言葉が頭に浮かぶ。そこは間違いなく私が生き生きする場所である。

写真と写真の間にペンシルベニア州アッパーダービーの「R&Bレコーズ」店主、ヴァル・シヴァリーさんの言葉が詩のように挟まれている。

旧ソ猫を噛むロック

コーラ・ベルディの顔をはじめて見たのはサンフランシスコのカルト的雑誌『リ／サーチ』の別冊『インクリディブル・ストレンジ・ミュージック』の第2号（94年）。デッド・ケネディーズのジェロ・ビアフラが紹介するコレクションの一枚に、アルバム『ホワイト・アイランド』のジャケが『ブルー・ジーンズ・ゴールデンアルバム』などと一緒にモノクロの写真で掲載されていた。

菅原洋一というか、赤塚不二夫『メチャクチャNo.1』の「ボケ男《お》」にモップヘアのカツラを被せたようなおっさんが純白の民族衣装を身にまとう写真は強烈に印象に残ったものの、いかんせん、音楽そのものを聴くことが叶わず、ずっと記憶の奥底に仕舞われていた。

今年の春に出た四方宏明著『共産テクノ ソ連編』（パブリブ）という本でベルディ（本書ではベルドィと表記）は「口琴テクノ」というキャッチフレーズで紹介されていた。そこにCDが載っていたので、ネット通販で発見し、海外から購入した。

届いたものはロシア盤。19曲入りのベスト・アルバム。これが、もう強烈。全曲、最高。ドストライク。ロシア風に「ドストライク好き～」と叫びたくなった。

まず、コーラ・ベルディのプロフィールについて、英文ウィキペディアを翻訳してみよう。

Kola Beldy（ロシア語：Кола Бельды）（1929年5月2日～93年12月21日）は、ナナイ族のソビエト・ポップ歌手。ソビエト連邦の極東のクリエのナナイ地区（現在、地区はハバロフスク・クリィの一部）にあるムカの村に生まれた。73年にメロディア・モスクワと契約、旧ソビエト時代に多くのヒット曲を飛ばした。最も有名な曲は「Увезу тебя я в тундру（ツンドラに連れて行きます）」。ソポト国際ソングフェスティバルで2等賞を受賞した経験を持つ。86年にはロシア・ソビエト連邦社会主義共和国の功労者の称号を授与。音楽学者でありロック評論家のアルテミー・トロイツキーによれば、「70年代にツンドラ指向のメガヒットで成功したベルディは、筋金入りのソビエトのソープ・オペラ・キッチュである」ということだ。

再びCDに戻る。残念ながら、ロシア語を読むことも、書くことも出来ないので、曲名を表記出来ないのが歯がゆいが、一曲目に入っていたのが、先の「ツンドラに連れて行きます」であることは分かった。ピーピー・オルガンが炸裂するクセの強いツイストはちょっとB-52'sの「ロック・ロブスター」を思わせる。そこに、朗々としたテノールで魅惑の歌をキメる。思わず、私もツンドラへ連れてって、と言いたくなる。ツンデレなんてもう古い。時代はツンドラ。マックス！ ツンドラ！

続く曲は超高速ボッサ。ボビー・ヴィー「燃ゆる瞳」に似た旋律が哀愁をまさぐる。先の『共産テクノ』本で「口琴テクノ」と称されたものと思しき曲もバッチリ入っている。バラードも素晴らしい。ロックもディスコも軽々と呑み込んでいる。「ルパン音頭」の三波春夫や『激れ！ ミッチー』の三橋美智也に通じる、器の大きさとまぬけ美が眩しい。

CDは、なんとかがんばって探してくださいとしか言えないが、動画サイトでいくつかの曲を視聴出来る。観ると、ムズムズしてくるはずだ。

がんばれジョン　ジョンがんばれ

本秀康『レコスケくん』（ミュージック・マガジン）が、同マンガのデビュー20年を記念して、新しいエディションで再発され、これに解説を書かせていただいた。これまでの2度の発売に続き、3度目の寄稿となる。もはやライフワークだ。その筋のギネス、狙ってます。

前回の「07年版」から94ページも増えている。この10年の間、話題の多くがポール・マッカートニーに割かれている。「アーカイヴ・コレクション」による大々的な再発が続いているのがその要因だ。

その煽りをうけて、というのでもないが、ジョン・レノンのことについては、ほとんど語られていない。生者と死者の違いというと元も子もないが、世間一般でもここ数年「ジョンの音楽」について軽視されているような気がする。（好きだけど）オノ・ヨーコの管理下にあっては、それもしょうがないのかな、とも思う。

ジョンを求める気持ちが強くなってくると、いろんなものからジョンの歌が聴こえてきた。

『なかにし礼と13人の女優たち』（日本コロムビア）は、タイトルどおり、なかにしが作詞した名曲を様々な女優たちが録り下ろしたアルバム。１曲目は桃井かおりが歌う、細川たかし「心のこり」。ラジオで聴いて、すぐにCDを買った。なにが素晴らしいって、原曲そのままのアレンジ。何度も再生するうちに、イントロのテナー・サックスがジョンの「女は世界の奴隷か！」に聞こえてきた。勢いで「わたしニガーよね、おニガーさんよね」と歌っちゃう。

オオルタイチとYTAMO（ウタモ）の2人組「ゆうき」のはじめてのアルバム『あたえられたもの』（OKIMI）がとてもいい。以前、ふたりを中心に組まれたバンド、ウリチパン郡のCDが出たときに、ふたりの佇まいを称して「ヌートピア宣言」という言葉を使ったが、今にして思えばダテじゃなかった。彼らの歌には「ジュリア」や「アクロス・ザ・ユニバース」や「#9 Dream（夢の夢）」に通じる浮遊感と、なにより高い純度を感じる。「虹色シャワー」には「フリー・アズ・ア・バード」と「ストロベリー・フィールズ・フォーエバー」を重ね聴いた。

JAGUARの新曲「お母さん！」は大がつく名曲である。イントロに鐘の音が無いものの、喉を振り絞るように「おかあさ〜ん」とシャウトするところは、当たり前のようにジョンの「マザー」を思い出さずにはいられない。子供の頃の母におぶられている情景から、派手な格好でカッコよかった頃の若き母の記憶、老いて顔色が悪くなったときのこと…と時間を追って、彼の見た母の姿を綴っていくのだが、最後には「オモチャを買いにサ 行きましょうよネーーーッ！」「温泉に行きましょうよネーーーッ！」「帰ってきてーーーッ！」「どこへ行ったのーーーッ！」と畳み込むように歌われる。壊れた走馬灯というか、狂ったスライド・ショーのようなカオスに、母へのどうしようもない思いが滲み出ている。こんな歌、マジでジョンの「マザー」しか知らない。泣いちゃう。

オノ・ヨーコの旧作の再発がはじまった。『未完成作品第1番 トゥー・ヴァージンズ』もついにアナログで蘇る。高橋源一郎はこのジャケを見ながら、『ジョン・レノン対火星人』というタイトルを思いついたのでは、と、さっき思った。

HELLもんじゃなし

Stillichimiya の「Hell Train」という曲が、たまんなく好きだ。収録アルバム名の『死んだらどうなる』が連呼される、地獄づくしのダンス・ナンバー。死んだらどうなるか、と言うと、列車がお前を待っているのだ。ナナ、ナナナ、ヘルトレイン！

ある日。この曲をパソコンから大音量で再生しながら、原稿を書いていると、隣の部屋から妻が変な声を出して笑った。

こたつの中で読んでいた本の内容と、「Hell Train」がリンクしまくった、と言う。

彼女が読んでいたのは舞城王太郎の『次の電車』という短編小説。田舎町の夜、寂れた駅でひとり電車を待つ男の前に高校生くらいの女の子が現れる。彼女は次の電車が「拷問電車」だと教えてくれる。すでに彼女は乗車経験があり、そこで鬼に手の指の骨を一本ずつ抜かれたと言う。男は「ムキブキ」と行き先表示のある電車に乗る。そして、彼女とは異なる拷問を受けることになる。

10ページちょいの短い話で、すぐに読んだ。たしかに、これを読んでいて「Hell Train」が流れてきたら、変な声を出して笑うしかないわなあ、と思った。

この『次の電車』は短編集『深夜百太郎』に入っている。オリジナルな怪談、奇譚が百篇、『入口』『出口』の2冊に収録されている。年末から年明けにかけて、帯状疱疹、風邪、ぎっくり腰と体調を崩して、いつも以上に家で過ごすことが多かったので、ちびちびと一篇ずつ愉しんだ。

この短編集はもともとツイッターで発表していた、と聞いて驚いた。もともと怪談好きではあるけれど、特に『深夜百太郎』にハマった理由は、大変、不思議で、恐ろしい目にあった人たちが、独特の間合いで、運命を受け入れていく様子に、妙なリアリティを感じ、深いシンパシーを覚えたからだ。

話はそれぞれ独立しているけれど、舞台となる地域はふたつで、「東京都調布市」のある住宅地と、「福井県西暁町」のある田舎町が交互に登場する。妻の実家が福井なので、帰省した際に見た光景の記憶も読書に加勢したところもある。『次の列車』に出てくる駅付近の闇の深さも、ほぼ完璧にイメージ出来る。

次に妻に薦められた『淵の王』は3つの中編の、これまた怪談が入っていて、これも面白かった。特に2本目の『堀江果歩』に出てくる「凄い漫画」の描写に声を出して笑った。ジェシー・ケラーマンの『駄作』という小説を思い出した。

体調が回復したので映画館に行って、名画座で『シェーン』を観た。小林旭の『渡り鳥』シリーズばかり思い出してしまう。悪役のジャック・パランスが宍戸錠にしか見えなかった。ヴィクター・ヤングの音楽が「熱き心に」にしか聞こえなかった。

非情な牧畜業者についドナルド・トランプを重ねた。今、お伽話を読んでも、旧約聖書を読んでも、トランプみたいな男は必ず出てくるはずだ。「宇宙猿人ゴリ」とか「ハカイダーのテーマ」とか「死ね死ね団のテーマ」とか「ドロンボー一味の歌」とか、すべての悪者のテーマがハマるに違いない。拷問列車の鬼もだいたいトランプみたいな感じの鬼だろう。

勝手にしやがれ

ドラマ『山田孝之のカンヌ映画祭』が面白い。この原稿を書いている時点で、まだ先がどうなるのかまったくわからない。

フジファブリックによる主題歌「カンヌの休日 feat. 山田孝之」には映画のタイトルがこれでもか、と歌いこまれている。ざっと挙げると、『失われた週末』『かくも長き不在』『永遠と一日』『パリ、テキサス』『パパは、出張中!』『誰も知らない』『ユリイカ』『ピアニスト』『砂の女』『山猫』『ダンサー・イン・ザ・ダーク』とワンコーラスだけで、これだけ出てくる。

ドラマは俳優の山田孝之が、プロデューサーとして製作する新作映画でカンヌ国際映画祭最高賞＝パルムドールを獲ろうとするモキュメンタリー。とにもかくにもパルムドール、という馬鹿馬鹿しさが主題歌に反映されていて、ただただ受賞作品の名前を詠み込むいう軽薄さが、ドラマにとても似合っている。「山猫のダンサーインザダーク」とキメるところが特にナンセンスで最高。

この感じ。遡ってみると大滝詠一「ハンド・クラッピング・ルンバ」にたどり着く。75年のアルバム『ナイアガラ・ムーン』に収録されたこの曲には、『エクソシスト』『エマニエル夫人』『日本沈没』『サブウェイ・パニック』『ポセイドン・アドベンチャー』『大地震』と当時（2〜3年の幅はあるけれど）のヒット作のタイトルが大量に歌いこまれている。C調でやけに景気がいい。

映画のタイトルを曲目にもってくる、といえば、ムーンライダーズ。「紅の翼」「いとこ同志」「ジェラシー」「鬼火」…ときて、アルバム『カメラ＝万年筆』は全曲が映画の題名を使用している。

ピチカート・ファイヴも「お早よう」「女性上位時代」「万事快調」「フラワー・ドラム・ソング」「ウィークエンド」「野いちご」「東京の合唱」などなど、負けていない。すべて映画の内容に関係していない曲が多い。というより、むしろ、曲目をお題として、いかに別の話を語るか、という芸当である。

反対に、映画を基礎知識のように扱ってきた曲もある。バンバン「〈いちご白書〉をもう一度」などは、その典型だろう。

大塚博堂「ダスティン・ホフマンになれなかったよ」では、一番では『ジョンとメリー』、二番では『卒業』という具合に、彼の主演作が歌いこまれている。

映画、特に洋画が歌の洒落た小道具になり得た時代であるのと同時に、基礎知識としての名画が存在したのだなあ、と感じ入る。

「カスバの女」（オリジナルはエト邦枝）に出てくる「ここは地の果て　アルジェリア」や「明日はチュニスか　モロッコか」なんて歌詞は、下敷きになっている１９３７年の映画『望郷』（ペペ・ル・モコ）を知らなければ理解出来ないはずだが、よくわからないままにぼんやりと聴いてきた。

桜たまこの「東京娘」に出てくる「あなただけ今晩は」という歌詞は、同名映画のストーリーから、〝おじさん〟と呼びかける少女が娼婦であることを連想させる。これは鋭い。

天童よしみ「珍島物語」は韓国に伝わる民間伝説を基にした歌詞だが、〝海が割れるのよ〟と聴いて、映画『十戒』を思い出す世代と、そうでない世代で分かれるだろうなあ、と考える。世代も割れるのよ。

ビラン・ロック

年のはじめに「アニメや特撮の悪モノの曲だけを回すＤＪ」という企みを思いついた。水木一郎の「ハカイダーの歌」とか、サニー・シンガーズ「悪魔のショッカー」とか、そういうのばかりを次から次へとスピンする。

悪モノソングじゃ芸がないから、ジャンル名も考えよう。「VILLAN＝悪漢」ということで、「ビラン・ロック」というのはどうだろう。「糜爛」なんて漢字をあててもいいし、『美は乱調にあり』の略みたいだし。なんとなく「ビン・ラディン」にも似てるし。

そうと決まれば、レコード屋でシングル盤のエサ箱を漁るのも楽しくなってくる。

京都でＤＪの仕事があり、さっそくビラン・ロックをプレイすることにした。

その日の朝、少しギックリ腰の予兆があった。ここ数年、決まったように春先に症状が現れる。

会場に着いたころには、すっかり腰のことを忘れていた。

計画した通り、サニー・メイツ「宇宙猿人ゴリなのだ」とか、キャッツ・アイズとヤング・フレッシュ「死ね死ね団のテーマ」などを回した。まだネタが少ないところは、ビートルズ「マネー」とか、ローリング・ストーンズ「黒くぬれ」とか、禍々しいキブンの曲を交ぜたりもした。

ついでに坂本慎太郎「やめられないなぜか」も回した。

自分のセットが終わって、ステージを降りたとたん、強烈な痛みが腰を襲った。一歩も動けない状態のまま、一時間近く、カカシのように立ちすくんでしまった。

コルセットと鎮痛剤で応急処置をほどこし、痛みがマシになったのを見計らって、妻に付き添われて、京都から電車を乗り継ぎ神戸に帰った。

帰り道、この悪夢はすべて自分の選曲のせいだ、と考えた。曲が持つ毒気に負けたのだ、と。調子こいてた自分を棚に上げて、なにかネガティヴな力がこんな曲をプレイさせたのだ、と考えた。ナ・ホンジン監督の映画『哭声／コクソン』を観たせいかもしれない。マジで凄い映画だった。映画に出てくる人やモノ、出来事のひとつひとつに、「今の、なんだったんだ」という疑問ばかりが湧き、見終えたあとは映画そのものを「私が観たものはなんだったんだ」と考えてしまうような映画。大好きな『エクソシスト』のいかんともしがたいムードと、大好きな『エクソシスト2』のなんだかよくわからないカタルシスとが一本になったような、そんなお得な映画だった。

考えてみると、『哭声／コクソン』は、私が呪われた曲ばかりを再生したから災いが起こった、というような単純な話ではなかった。が、映画に出てくる祈祷師のような「強さ」を持ちえないとネガティヴなものは軽々しく扱えないな、と思った。

そういう意味でも、幻の名盤解放同盟は凄いなあ、としみじみ考えた。

数日後、大阪で行なわれた「幻の名盤解放同盟結成35周年祝賀イベント」に行った。昼の1時から夜10時まで参加したら、完璧に解毒された。霊験あらたかとはこのことか。

ギックリ腰も治った。さて、中古レコードで、斎藤晴彦「赤い夕陽のバラバラマン」を探すとするか。

乗っ取り砂丘

ツイッターのアカウントを乗っ取られて、突然、何者かに勝手なことを呟かれるようになった。

思い当る節はあった。

友人の「あなたがブロックされている人数がわかります」という内容の呟きに乗っかって、そこにあったURLに行って、ツイッターのアカウント名とパスワードを入力した。パスワードを入れた瞬間に、あっ、と過ちに気がついた。冷静に考えると、呟きの文面がまったく、友人の口調ではなかった。そもそも。私は何人にブロックされているのかなんて、本当に知りたくはなかった。それでも、地雷を踏んでしまった。塀にのぞき穴があって、それを覗くと、何もない空き地で、穴に塗られたペンキの跡が目の周りにつくという…丸出だめ夫あたりの古典的なギャグ漫画をつい思い出した。

恥ずかしまぎれに、こんなツイートをした。

〝アカウント乗っ取られた腹いせに「乗っ取っていいのは、よど号だけ」、ついでに「百人乗ってもいいのはヨド物置だけ」とツイートしかけたけど、よど号は不謹慎だし、百人はイナバ物置だった。〟

自分で書いていて、ウケた。特に「よど号は不謹慎だし」という言い回しを発見したことが収穫だった。「不謹慎は承知で言うが…」と前置きするよりもスピード感があって、いいと思った。

ここまで読まれて、一体この男は何が言いたいのか、と思われた方もいるだろう。そりゃそうだ。私もさっきから何が言いたいのか、さっぱりわからない。

ただひとつ発見したことは、たいして重要でもないことを、いちいち懺悔してみると、なんとなく純文学みたいなものになるのだな。

沢尻エリカが進行役をつとめる番組『アナザーストーリーズ　運命の分岐点「山口組対一和会～史

上最大の抗争～」』の録画したものを、母の家で観せてもらった。

　ヒットマンに射殺された山口組四代目・竹中正久組長の生前のエピソードを山口組の顧問弁護士、山之内幸夫が語っていた。

「ホステスを口説くとき、マンションとか、なんか高いもん買うたろか、と普通なら言うところを、あの人はホステスにヘッドロックかまして、誰殺してほしい？　って言ってました」

　母とふたりで笑った。そのあと、山之内弁護士はこんなことを言った。

「その文句で女にモテると本気で思てるんです。この男はそういう風に生きてきたんです」

　うーん、と唸ってしまった。

　私が死んだあとで、「この文章で人が面白がると本気で思てるんです。この男はそういう風に生きてきたんです」と、誰かに言われたら、なんて考えると、なんとも言えない。

　こんな夢を見た。家から歩いてちょうど10分くらいの場所にある喫茶店で、全裸で座っている。とても恥ずかしい。なんとかテーブルや、角度などで店の人の目はなんとか誤魔化せているようだが、これから10分、昼間の町をどうやって家に帰ろうか、と考える。

　こんな夢を続けて2回見た。2回見るような夢じゃないと思う。

俺はなんでも歌う女

「岡村靖幸さんから〈昼下がり〉をライヴで歌いたい、と連絡がありました」と、横浜マリンタワーで取材させていただいているときに横山剣さんから直接、お聞きした。

「昼下がり」はクレイジーケンバンドが99年にリリースしたアルバム『ゴールドフィッシュボウル』に収録された、陽炎ただよう夏の昼下がりの焦りをGファンクのグルーヴで見繕ったドがつく名曲だ。

岡村ちゃん（敬称変わってますよ）のバンドに長年在籍しているトランペットの澤野博敬はクレイジーケンバンドの一員でもある。そういう流れもあっての選曲かと思いきや、岡村ちゃんが入った店のBGMとして偶然かかっていたのを、「これ、誰の曲？」という反応で出会ったそう。いい話だね。

そう、いい話なのである。岡村靖幸が「昼下がり」をカヴァーする。こんないい話、そうそうないのだ。

「昼下がり」という曲に人格があるなら、岡村靖幸にも歌って欲しいな、とむずむずしていたことだろう。

この曲、あの人が歌ったらハマるだろうな、と考えることが年に30回ほどある。ピコ太郎の「PPAP」。あの曲は、セニョール・ココナッツにカヴァーされるのを待っているんじゃないだろうか。

そう思いついたきっかけはユーチューブで観た「PPAP」と、イエローマジックオーケストラ「アブソリュート・エゴ・ダンス」のマッシュアップ動画だ。連想ゲームのようにセニョール・ココナッツのことを思い出した。あの男の行動力と気の早さを考えると、もうすでに「PPAP」はカヴァーされているかもしれない。

予測しえなかったカヴァーの好例という意味では、2015年に、May J.がテレビ（『FNS27時間テレビ2015ドリームカバー歌謡祭』）で披露した、月亭可朝「嘆きのボイン」に尽きる。

フルオーケストラをバックに、一切のフェイクもなく、彼女は「嘆きのボイン」を歌い切った。そもそも、この企画は、May J. が「レット・イット・ゴー〜ありのままで〜」をはじめ、カヴァー・ソングばかり歌って…という部分を揶揄する、共通認識で成立していた。この曲を完璧に歌うことによって、一瞬にして、カヴァーのなにが悪い、と万人に言わしめる結果を呼んだ。

ちょうど月亭可朝さんとお会いする機会があり、この話を是非させていただこうと思っていたら、むこうから先に、「素晴らしいでんな、メイジェイちゃん。うまいわー。ありがたいことですわ」というお言葉をいただいた。

ということで、話はクレモンティーヌで終わる。あなたは、彼女が歌う「スーダラ節」を聴いたことがあるだろうか。「天才バカボン」も「サザエさん」も「踊るポンポコリン」も歌っている。「ゲゲゲの鬼太郎」や「宇宙戦艦ヤマト」の破壊力はそうとうのものだ。

まあ、大人なので、誰かによって歌わされているのだろう、ということは理解できる。問題は、それが誰か、ということではない。その誰かに私がなりたい、ということだ。クレモンティーヌに歌わせたい歌を日々考えながら、暮らしたい。

私は稲村亜美になって始球式で生計を立てるか、クレモンティーヌに何を歌わせるか、を考えて稼ぎたい。

あ〜あ爆弾

6月6日、というのも今にして思えば、という気がしないでもない。

昼まで配達のアルバイトをして、週一回のペースで行っているプールへ。いつもの距離を泳ぐ。

プールから出たあとは尿意の頻度が異常に高くなる。

最寄りのJR六甲道駅のトイレに駆け込んだ。

男性トイレには4つの小便器が並んでいる。その左から2番目で用を足しながら、ふと前をみると、便器の上の目の高さの棚に一枚の紙が立った状態でおかれている。

赤いボールペンのようなもので書かれた文字をさっと読むと、それが爆破予告のようなものであることがわかった。

それ以上、文面を吟味することもなく、便器を離れた。

家に帰ってほどなく、妻から、今、爆破予告のために駅が封鎖されている、とメールが入った。

一連の流れをネットのニュースからまとめると、「JR六甲道駅のトイレで、〝6日午後5時45分ごろに六甲道駅を爆破する〟と書かれた紙片を乗客が見つけ、駅員に知らせる。午後7時10分ごろからJR神戸線芦屋駅と西明石駅の間で運転見合わせ、振り替え輸送を実施した。県警が付近を捜索したところ、同駅のコインロッカーで不審物とみられる段ボール箱1個が見つかり、本部機動隊の爆発物処理班と灘署員計約百人が出動したが、安全確認が終了したため、午後8時30分ごろに上下線とも運行を再開した」という騒ぎに発展した。

私が見たところ、まるで幼稚で、切実味のかけらもない犯行予告に対して、これだけの騒動になるのだな、としみじみ実感させられた。

どれだけ、その予告がなってなかったかというと、一応、スマホで撮影しておくか、という気にもならなかった、というシロモノだった。後悔するとすれば、さっと紙を掴んで丸めてゴミ箱に捨てればよかった、というところか。極端な話、あとで実際に爆発が起こったとしても、そっちのほうがよかったとさえ思う。それほど、あの犯行予告は、なってなかった。オーラのかけらもなかった。

大人が子供の意見に振り回されるのばかりを見ているような気がする。Yahoo! ニュースのコメント欄とか、アマゾンのカスタマーレビューとか、いいかげんやめればいいのに。

あと、不審物とみられた段ボールの所有者は、なんとも不憫である。

話は変わる。4月にエジプトで8体のミイラが新たに発掘された。掘れば掘るだけなんぼでも出てくる。彦摩呂の声で「ミイラの入れ食いや〜」と言いたくなる。

今、ミイラ男が出てくる映画やドラマって少ないですね。売れっ子ゾンビのあおりを食って、なんでしょうか。昔はしょっちゅうミイラ男が出ていました。まあ、ミイラ男だけじゃなくて、半魚人も出てこないわけで、西部劇が少なくなったのと同じようにジャンルとして衰退していった、ということなのでしょう。そういう意味ではゾンビの一人勝ち。そんな思いを込めて、サンフランシスコで90年代に活動したガレージ・バンド、ザ・マミーズを聴いてお別れします。

若者のはなればなれに

前回のこの連載で「今、ミイラ男が出てくる映画やドラマって少ないですね。売れっ子ゾンビのあおりを食って、なんでしょうか。昔はしょっちゅうミイラ男が出ていました。まあ、ミイラ男だけじゃなくて、半魚人も出てこないわけで、西部劇が少なくなったのと同じようにジャンルとして衰退していった、ということなのでしょう」と書いた。

入稿して数時間後に、トム・クルーズの主演映画『ザ・マミー／呪われた砂漠の王女』が公開されるという話を目にした。あちゃー。思いきりミイラやん。調べてみると、１９３２年の映画『ミイラ再生』のリブートだという。なんやねん、ミイラ再生って。再生するのがミイラの仕事やろが。ピンク・レディー「透明人間」の一節、〝現れないのが透明人間ですぅー〟…じゃあるまいし。

というようなことをツイートしたら、古くからの友人が、ギレルモ・デル・トロ監督の新作『The Shape Of Water』が、思いっきり半魚人モノだ、と教えてくれた。

プロ野球中継の解説者が「ノーヒット・ノーラン」と口にしたとたんに投手がヒットを打たれる、というようなことが、ままある。呼び水、というやつだ。

ミイラも半魚人も俺が呼んだようなものである。

映画『ギミー・デンジャー』で「ファラオもの」（『十戒』のユル・ブリンナーみたいな）が好きだとイギー・ポップが語っているが、今度は俺様がファラオも呼んでみせようか。

この夏は立て続けに3度、近くの海に行った。まだ夏休み前だったせいか、私以外に誰一人、海で泳いでいる人はいなかった。インスタグラムにアップするためか水際で写真撮影に励んでいた数人の女子グループたちを横目に、決して綺麗とは呼べない海を懸命に泳いだ。

泳ぎながら少し話題になった「若者の海離れ」をしみじみ実感した。

…と、原稿のここまでを、太平洋をひとりぼっちで泳ぎながら考えた。

家に帰って、クーラーつけて昼寝してから、パソコンでいろんな「若者の○○離れ」を検索してみた。

車、酒、テレビ、旅行、恋愛、セックス、野球、結婚、新聞、雑誌など、それぞれ、まあ、そういえば、というか、そんなもんかな、という気持ちになる言葉が並んでいる。

それぞれを謳歌した世代が、不景気を象徴する現象として、わざわざ口にしたくなるのだろう。

ロック離れ、というのも見つけた。CDやDVDなどパッケージしかり。ライナーノーツなんてものは若者だけじゃなく、老眼が進む老人も離れているに違いない。日々、私も若者にいろいろ離れられている。ちぇっ、と口にしてまた、若者が離れた海で泳ぐ。泳ぎまくる。もはや俺自身が半魚人と呼ばれるべき存在なのかもしれない。海水浴なのに、競泳用の帽子をかぶり、競泳用のパンツを履いて泳いでいるのだが、いっそ、褌一丁で泳いでるくらいが、風景として成立するのではないだろうか。

こんな感じで、「若者の○○離れ」というテーマの原稿を書き終えて、タイトルを考えた末、「若者の人間離れ」というのを思いついた。馬鹿馬鹿しくて、我ながら気に入った。

念のためにキーワード検索すると、実際にそういう表現が存在していて、びっくりした。

アメ! アメ! アメ! トラ! トラ! トラ!

『AMETORA 日本がアメリカンスタイルを救った物語』(DU BOOKS) は、78年生まれの米国人ジャーナリスト、デーヴィッド・マークスによる、戦後日本のメンズ・ファッションの歴史を一気に描ききったノンフィクション。2年前に発売された同名の原書を訳された奥田祐士さんに薦められて、発売前から楽しみにしていた。今のところ今年読んだ本…何冊もないので説得力はないが…の中で間違いなくベストの面白さだ。

穂積和夫の表紙画が予告するように、石津謙介とVANの話からはじまる。様式美の極みのようなアイビー・ファッションと、今の私の無頓着なTシャツ&ジーンズ・ルックとはまるで対極のように思えるが、しっかりとひとつの時間の流れの中で繋がっていることを教えてくれる。

中学生の私がファッションに目覚めるきっかけとなったムック本『Made In USA カタログ』が『ホール・アース・カタログ』をヒントに作られたものであることにも、静かな衝撃を受けた。基本的に物質を捨てて精神世界に向かおうとする『ホール・アース…』が日本では逆に物欲に根差したものに転化してしまった。そして、現在に至るのである。

ここでは触れられないのかなあ、と思ったころに、不良ファッションがじゃじゃーんと登場する構成にもわくわくさせられる。

「1972年8月15日——27回目の終戦記念日——に矢沢永吉はキャロルを結成した」

「1970年代末、藤原ヒロシは三重県一クールな少年だった」

いちいちシビレる言い回しの連発である。

「アメリカ人ならボタンダウンのカラーを見ても『留めなければ』と思うだけだろう。(中略) だが

１９６０年代の日本人はその代わりに、『なぜこのカラーにはボタンがついてるのか？』と考えた。ひとつの疑問が50年以上にわたって、新たな疑問を生みつづけ、その結果できあがったのが、アメリカのファッションについて、無類な知識を有する人々の国だった」。

優れた輸入文化論であり、ファッションに関心がない…私のような…男が夢中に読める本である。

映画『プラダを着た悪魔』の中で忘れられないシーンがある。プラダを着た悪魔役のメリル・ストリープが、ファッションに深く興味が持てないという顔をしてみせる新人編集者のアン・ハサウェイに、あなたが無意識に着ているブルーのセーターの色はただのブルーじゃなく、セルリアンで、それをあなたがセールで買うようになるまでには…という流れがあるの、と一席をぶつ場面。

これを真似て、僕はユニクロとかGUで済ませてるんで、という友人をつかまえ、「おまえが着ているユニクロの創立者、柳井正の父親はかつて山口県宇部市で小さなVANのフランチャイズ店を経営していて…からはじまって…最晩年の石津謙介がユニクロの店舗を訪れ、息子の祥介に『本当は俺、あれをやりたかった』と打ち明けた、んだぜ」と、したり顔でキメてやりたくなった。

あ、そういえば、夏の間、部屋で履きっぱなしだったユニクロのキース・ヘリング柄のステテコが破れたので、新しいのに買い替えねば。

赤ちゃん　運ちゃん

エドガー・ライト監督の映画『ベイビー・ドライバー』を劇場に観に行ったのは8月20日の日曜日。劇場公開2日目の夜だった。

その帰りみちに、考えた。この映画の主役といっても過言ではない、劇中で流れるロックやポップスを、いちいち日本の曲に変換してみては、どうだろう。

よっぽど原稿のネタに困ったら、それを書けばいいじゃん、とぼんやりと考えていた。

というわけで、映画『ベイビー・ドライバー』の劇中使用曲を、いちいち日本の曲に変換する、という原稿を書くことになりました。

ちなみに、監督、俳優、舞台、プロットなど、いちいち「日本版」を考えると楽しいに決まっているのだが、ここは使用曲だけに絞ってみた。映画を観ていない人には何を書いているのか、さっぱりわからない、とても不親切な原稿になることだけは間違いない。ごめんなさい。

まずはジョン・スペンサー・ブルース・エクスプロージョン「ベルボトム」。主人公の〝逃がし屋〟ベイビーが、仲間が銀行強盗を実行するのを待つ間、iPodからイヤフォンで再生し、ノリノリになる曲だ。映画そのものにちりばめられた「90年代」の意匠を汲みとって、ミッシェル・ガン・エレファント「スモーキン・ビリー」でどうだろう。

同じように、仕事中、気分を高める（&鎮める）べくダムド「ニート・ニート・ニート（嵐のロックンロール）」を聴くシーンがあるが、ここはルースターズ「ロージー」でどうだろう。ザ・ブルーハーツ「リンダリンダ」もどこかで流れてほしいです、というのはキングジョーくんの意見。これも捨てがたい。

悪い奴らに、コーヒー買いにパシリにされるベイビー。1回目にはボブ&アール「ハーレム・シャッフル」が。２回目は同じ曲のザ・ファウンデーションのヴァージョンが流れる。これはゴールデン・カップス「本牧ブルース」と、同曲の平田隆夫とセルスターズのカヴァーでどうだろう。

ベイビーはダイナーで働くデボラに一目ぼれする。二人の名前に因んだ曲の話題になって、「デボラ」はT・レックス（とベック）くらいしかないけど、「ベイビー」は星の数ほどあるね、という流れになるのだが、ここはさすがに難しい。サム＆デイヴ「僕のベイビーに何か」の代わりになるのは、中尾ミエ「可愛いベイビー」じゃないだろう。キングトーンズ「グッド・ナイト・ベイビー」ならサマになるかも。梓みちよ「こんにちは赤ちゃん」と開き直ってみるのも悪くない。どうだろう。

強盗犯バディ（大好きなジョン・ハムが演じる）が「兄貴が好きだった」と語るのはクイーン「ブライトン・ロック」。この曲が再び、彼のテーマとして登場するシーンが個人的にはクライマックス。これはもう、寺内タケシとブルー・ジーンズ「津軽じょんがら節」に決まりだ。実際、映画を観ながら、脳内でブライアン・メイのギターを寺内タケシにすり変えて興奮していた。

ザ・バトン・ブラス・バンドがチャンプスをカヴァーした「テキーラ」の銃撃シーンには、ジョージ山下とドライボーンズ「おさけ」を。テキーラ！の間合いでおさけ！っと叫ぶゴキゲンな曲だ。

どうだろうったら、どうだろう。

ブレードランナー4126

刺激が欲しい。そう思った。

より正確に言うと、もう少し自分の文章に刺激があってもいいのでは、と思った。

刺激と言っても、バンジージャンプだとか、ジェットコースターとか、あの手のエクストリームなものではない。もっと、まったりした、のどかな刺激がほしい。だって、55歳ですもん。怖いの、やだもん。

少し前に、ラジオとテレビで有吉弘行が、喉が壊れるくらい強い炭酸水が飲みたい、と言っていた。その気持ち、よくわかる。まあ、そういう種類の刺激を体験してみたい。

そこで、関西ローカルの深夜バラエティで何度か観た温泉を思い出した。その漢方の湯に入浴すると、男性器の先端が痛くなる、という。かつて、エログロナンセンスの時代に『猟奇尖端図鑑』という奇書が刊行されたが、これこそまさに猟奇尖端風呂である。

ネットで「大阪　温泉　ちんちん痛い」と検索してみると、励明園《れいめいえん》という旅館の名前がヒットした。バイトも休みの日、朝から1時間ちょいかけて、電車で大阪市営地下鉄の大阪港駅に向かった。

その日の数日後に、コーネリアスのライヴを観ることになっていた。イヤフォンでアルバム『Mellow Waves』を聴いていて、駅から降りたときにちょうど「Surfing On Mind Waves pt 2」が流れた。歩きながら聴いていると、地面に足をつけるたびに、この曲の全編を覆いつくすシンセサイザーの持続音が揺れて、拍子がつく。ゆったり歩いたり、四つ打ちディスコにしてみたり、速足にしてみたり、3連に変えてみたり、立ち止まってビートを無くしてみたりしているうちに、励明園に着いた。

入浴料、１４４０円を受付の女性に支払い、「はじめてです」と告げると、入浴の流れを説明してもらった。日帰り入浴だが、和室で仮眠することもできるという。タオルを手渡されて、「男の方はおしりが痛くなるそうなので、お気をつけください」とソフト&メロウに警告された。

脱衣場で服を脱ぐ。設置されたポットの熱い茶を呑み、浴室へ。身体を洗い、軟水の湯で身体を温めたあと、低温のラジウムサウナに30分入る。これがなかなかの苦行。テレビもないサウナ室で効能が書かれた張り紙を何度も何度も読む。すっかり汗が出たあとで、ようやく薬用風呂に入る。

注意書きに従い、急所を両手で包んで身体を湯に沈める。湯の色といい、匂いといい、中華の「火鍋」の赤いほうの鍋に入っているような気分になる。10分ほどの入浴中はそれほど身体の変化はない。が、湯を上がると、じわじわと皮膚が熱くなってきた。

休憩を挟んで、もう一度、薬湯に。湯の中で、手の中に包みこんだ小鳥を空に放つように、そっと両手を広げてみた。あ、痛い。めちゃ痛い。すぐに両手を閉じた。

入浴後は全身が燃えるような感覚に。アメコミのヒューマン・トーチみたいに発火するんじゃないか、と思えるほど。あるいはかちかち山の狸の気分。これが約1時間持続する。

地下鉄を乗り継いで、天神橋筋六丁目の麻拉麺へ。汁なし担々麺を「辛さ2、痺れ5（マックス）」で注文。山椒が我が物顔で腔内を支配する。刺激はこれくらいにしておこう。

訳詞○ひろ子

ドラマ『監獄のお姫さま』で、小泉今日子に「洒落た看守の計らいで」というセリフがあった。言わずと知れたエルヴィス・プレスリー「監獄ロック」の日本語訳詞の歌い出しで、これを平尾昌晃が歌っていた。58年のデビュー曲「リトル・ダーリン」はダイアモンズのカヴァー。この曲の訳詞にも「ちょっぴり浮気が　おいらの病《やまい》」の名ラインがある。「ダイアナ」は「アイム・ソー・ヤング・アンド・ヤング・ソー・オールド」と言われるより、やっぱり「君は僕より年上と　まわりの人は言うけれど」のほうがしっくりくる。訳者の音羽たかしはキングレコードの洋楽担当のディレクター（複数）のペンネーム。

ディー・ディー・シャープ「マッシュド・ポテト・タイム」を「マッシュポテト」の邦題で、日本語で歌ったのは目方誠（のちの美樹克彦）。「マッシュポテトのリズムで木魚叩けばイエイエイエ　池の鯉がはね出す　石の地蔵さんが手拍子取る」という超訳で楽しませてくれる。平成のソウル歌謡歌手、伊集院幸希が新しいアルバム『New Vintage SOUL ――終わりのない詩の旅路――』で、この曲を取り上げていたのには、「鉢巻した鯨が蛸を背中にのっけて踊ってる」のを見たくらい、びっくりした。

訳詞の井田誠一は浜村美智子「バナナボート」でも知られている。イデデイデデの産みの親だ。

八代亜紀の、これまた新作『夜のつづき』ではプロデューサーでもある小西康陽がいくつかの曲を翻訳して、歌わせている。中でもクローバーズ「恋の特効薬」が、「秘伝のマムシのエキスもホレたハレたの恋の処方箋」てな具合に、これまでに挙げたような往年のカヴァー・ポップス時代の遊びに満ちた言葉使いの連発で、とても楽しい。ちなみに、この曲の日本語詞といえば、中島らもが歌っていた「町はいつでも揉め事　金歯に落ちるぜカミナリ」も最高。強烈なロック詞だ。

ちなみに、小西康陽は野宮真貴の近作でもバート・バカラック作の「世界は愛を求めてる」や、映画『男と女』の主題歌など、アルバムに1曲ずつ訳詞を提供している。

近年、韓流ポップスにも、往年のカヴァー・ポップスの時代のように日本語詞が作られているが、圧倒的にハングルの原詞の響きのほうが楽しめるように思える。言葉のノリの問題だけじゃなく、日本語詞に面白みがまったく無いのが惜しい。

数年前に女性歌手、MACOがテイラー・スウィフト「ウィ・アー・ネヴァー・エヴァー・ゲッティング・バック・トゥゲザー」を日本語詞で歌っていたけど、あれもサビは英語に頼っていて残念だった。せめて、歌詞に「テラスハウス」という言葉を盛り込んでほしいと思った。ついでに、オースティン・マホーン「ダーティ・ワーク」に「35億」とオチがつく日本語詞を考えてしまうが、もはや訳詞ではなく、大喜利になってしまう。いやいや、そもそも日本語詞って大喜利みたいなものだ。

京都の誠光社で堀部篤史さんから薦められた、広島のジョンとポールの『ENGLISH-JAPANESE』はランディ・ニューマン、キンクス、ビーチ・ボーイズのあの歌やこの歌を、几帳面に訳して、ぎこちなさの一歩手前の日本語で心地よく聴かせる。

そろそろ松岡計井子のアンソロジーが出てもいいと思わないか。

一曲集中

面影ラッキーホール改めOnly Love Hurtsによる人生相談本『けだものだもの〜OLHのピロウトーク倫理委員会』を読んでいて、杉良太郎の「君は人のために死ねるか」が数バージョン収録されたアルバムが発売されていることを知った。

04年発売ということだったが、まったく見落としていた。隅から隅までよ〜く読まなきゃな、CDジャーナル。通販サイトを覗いてみると、まだ廃盤ではない。すぐに購入した。

これまでにも、「こんな」CDをよく買ってはいたけれど、洋楽の新譜をストリーミング配信サービスで済ましちゃったり、買うとしてもアナログ盤で、ということが増えたため、ますます「そんな」CDばかりを買うようになってきた。

『君は人のために死ねるか』には同曲のシングル・バージョン、菊地成孔のリミックス、ライヴ・バージョン、主題歌として使用されたドラマ尺、カラオケ、さらにDVDでライヴ映像が収録されている。

こういうつくりにめっぽう弱い。

松崎しげる「愛のメモリー 35th Anniversary Edition」はシングル盤仕様にもかかわらず、新録含む14のバージョンが収録されていた。近頃、新文芸坐でブライアン・デ・パルマの『愛のメモリー』をリバイバル上映したとき、幕間BGMでこのCDが流されている、という話を聞いて嬉しくなった。

尾藤イサオ「悲しき願い」が5バージョン入っている『悲しき願い '60s to '90s』も買った。TMネットワーク「Get Wild」が36バージョン入っている『Get Wild Song Mafia』もいつか買う日が来るのだろう。このCDが出たときに、間違って同じバージョンが2曲入ってしまった…という騒動があったが、よく気づいた奴がいたな、と感心した。新手の宣伝かも、と今もいちおう疑ってはいる。

m.c.A・T「Bomb A Head!」が11バージョン入ってるのも買っていなかったので、勢いで今、ポチった。織田裕二の「Love Somebody」が12バージョン入っているのは…買わなくてもいいか。

「軍艦マーチ」「君が代」「ラジオ体操」などなど、それぞれバラエティに富んだバージョンを収録したキングレコードの『…のすべて』と『…の謎』のシリーズもありがたい。近い将来、『野球拳のすべて』をお願いしたい。

海の向こうには「ラ・パロマ」「ラ・バンバ」「テルスター」「ムスターファ」「クワイエット・ヴィレッジ」などのコンピレーションもある。高円寺・円盤の『スキヤキ地獄』も忘れてはならない。

そういえば、この『書をステディ町へレディゴー』の前身『ロックンロールストーブリーグ』の第一回のネタは「ルイルイ」ばかりの編集盤の話題だった。あの頃、すっかり忘れられていた太川陽介がその後、路線バスに乗ったり、嫁に浮気されたりするとは思ってもいなかった。

と、ここまで書いて、一度、入稿した翌日に荻野目洋子「ダンシング・ヒーロー」が（本人歌唱の）15バージョン入ったシングルCDのサンプルがうちに届いた。3月には「夢で逢えたら」のカヴァーを50曲、3枚組のCDに編んだものも発売される。CDなんて、もう、こんなんばかりでいいんじゃないか、とさえ思う。

ポーの一族

坂本慎太郎のソロとしてははじめてのライヴを観た、そのちょうど1週間後に、8年ぶりとなる想い出波止場のライヴを観た。

いずれも強い泉質の温泉に入ったような、終わって、しばらくぼんやりしてしまうような体験だった。特に想い出波止場のあとは2日経ってもまだ身体全体が重い。バイトを早退して医者に行くと、インフルエンザA型に感染していた。

5日間家で過ごした。渋谷毅が作った「あまだれピチカート」という曲を松倉如子が歌うCDを繰り返し聴いては、歌に出てくる病欠の子供のきもちになっていた。

病み上がり。妻と30分電車に乗って宝塚大劇場に出かける。

花組公演『ポーの一族』を観た。

前日の夜から、萩尾望都の原作本（うちにあるのは小学館文庫の全3巻）を読み、物語をおさらいした。

冬の雨の日。平日の午前11時開演の回という状況にも関わらず、立ち見客が出るほどの盛況だった。

阪急宝塚駅から宝塚大劇場までの道のりを浮足立って歩いていると、人の流れが大きく緩やかな川のように感じられる。この感じ、何かに似ている。そうだ。阪神タイガースのナイターがあるときの阪神甲子園球場駅から甲子園球場への道のりだ。まるで対極のイメージを持つ、宝塚大劇場と甲子園球場だが、いつ果てるとも知れぬ人気を持つ興行という視点から見ると、まるで腹違いの兄弟（姉弟）のようでもある。思えば、それぞれの母体である阪急と阪神グループは今、ひとつの企業なのである。「六甲おろし」と「すみれの花咲く頃」のマッシュアップが脳内で炸裂した。

さて、『ポーの一族』。とても見ごたえがあった。

原作に忠実に、〝バンパネラ〟が生き続けるいくつかの異なる時代を舞台としているのだが、どれだけ大勢の出演者がいる中でも、一目で主人公、エドガー（明日海りお）が目に飛び込んでくる。歌詞に〝ポーのいちぞく～〟と歌いこまれる主題歌（萩尾先生の作詞）に、ぞわ、っと来る感覚があったが、もっともっと、そういう違和感を求めてたくなるほど、スマートにドラマは進行していった。

原作と歌劇の親和性という意味では申し分のない題材である。それを誰もが知っていながら、ここに来て、満を持しての舞台化が実現したという興奮と、内容に対する満足が客席にも湯気のように漂っているようだった。観ている間、宝塚歌劇メソッドに則れば、『巨人の星』だって『あしたのジョー』だって『アンパンマン』だって『ジョジョの奇妙な冒険』だって、なんでも舞台化出来るのでは、と考えていた。そう、『風と木の詩』も、さらに『リボンの騎士』も上演される日がいつか来るのだろう。それが数年後なのか、数十年後なのか、百年後なのか…と考えているうちに、宝塚歌劇団そのものが、不老不死の怪物『ポーの一族』なのだと気がつき、ちょっと怖くなった。

終演後、ブロマイド売り場を覗くと、唯一、大老ポー（一樹千尋）が売り切れていた。みなさん、わかってらっしゃるなあ、と訳の分からない納得をしたが、もともと在庫が少なかった気もしないではない。

今回のタイトル。『ぽいちのーぞく』と書いているの、わかりました?

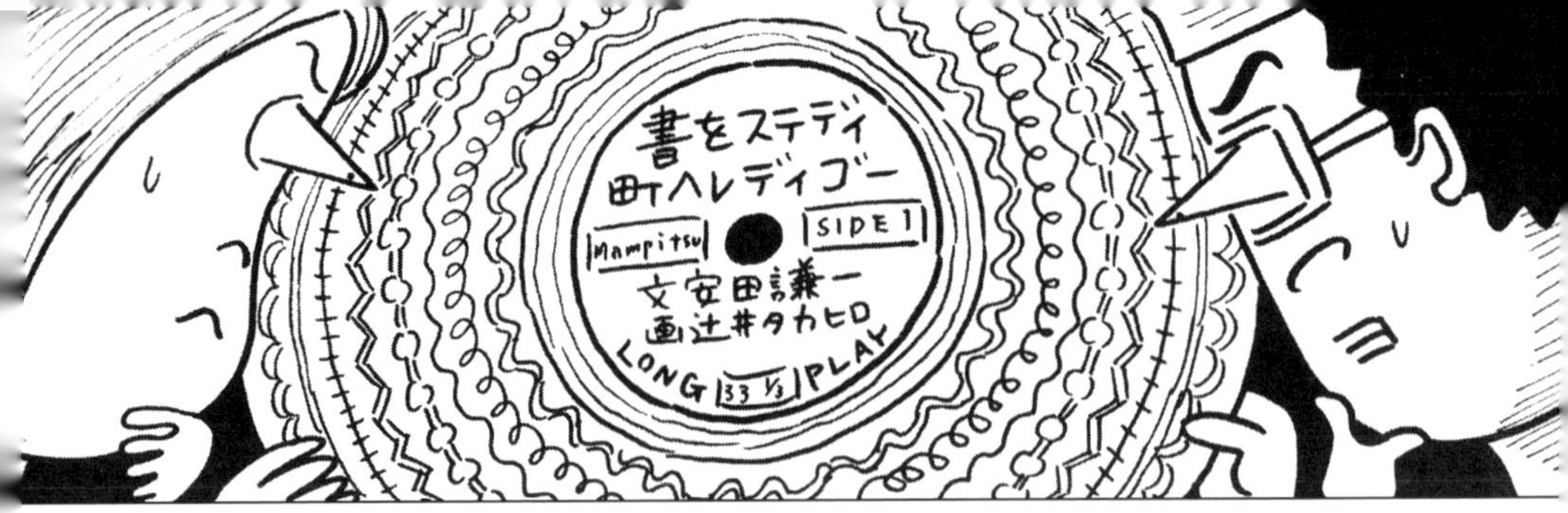

ダイアモンドだね

極端なつくりの本が好きなので、『針と溝』（本の雑誌社）という写真集も無視することはできなかった。著者は写真家の齋藤圭吾。書名はレコード針とレコードに刻まれた溝を指す。さまざまな種類のレコード針の針先と、著者が所有するいくつかのレコードの溝を、顕微鏡を使わずに大きく鮮明に撮影したもの、それだけで構成されている。

前半は「針」が並ぶ。「SHURE M75 TYPE2 1968 USA」なんて文字情報がカタログ文化で産湯を使った世代のスケベ心をくすぐってくる。無機質であるはずの針がまるで昆虫の触覚、いや、オスの生殖器のように見えてくる。

後半に「溝」が待っている。どっちが好き、と誰に問われた訳でもないが、この写真集の上では、断然、私は「溝」派である。細かく滑り止めが施された靴のような、黒い髪がびっしりと並んでいるような、なんとも言えない美しさと気持ちの悪さが両立している。これがメスの生殖器に見えたなら達人だ。こちらには「THE ROLLING STONES Honky tonk women 7inch 45rpm mono」てな風にキャプションがつけられている。そう思って、溝を見ていると、直線がよれよれと乱れているところがサビの「♪ホーンキトンク、ホーンキトンク、ウィメン」かな、なんて想像してしまう。

30年ほど前に結婚して以来、夫婦ふたりで中古レコードに行くときは限られた時間を有効利用すべく、私がLPを、妻がEPを漁る、というのが基本姿勢になっている。ある日、四天王寺の市だったか、中古シングルの溝を見て、おおまかな曲調を判断しようとする妻を見て、マジか、と戦慄したことがある。いつの間にこんな恐ろしい能力を手に入れていたのだろう。どういう風にわかるのか、とは恐ろしくて聞けなかった。「溝」の写真を見ながら、ついそんなことを思い出した。

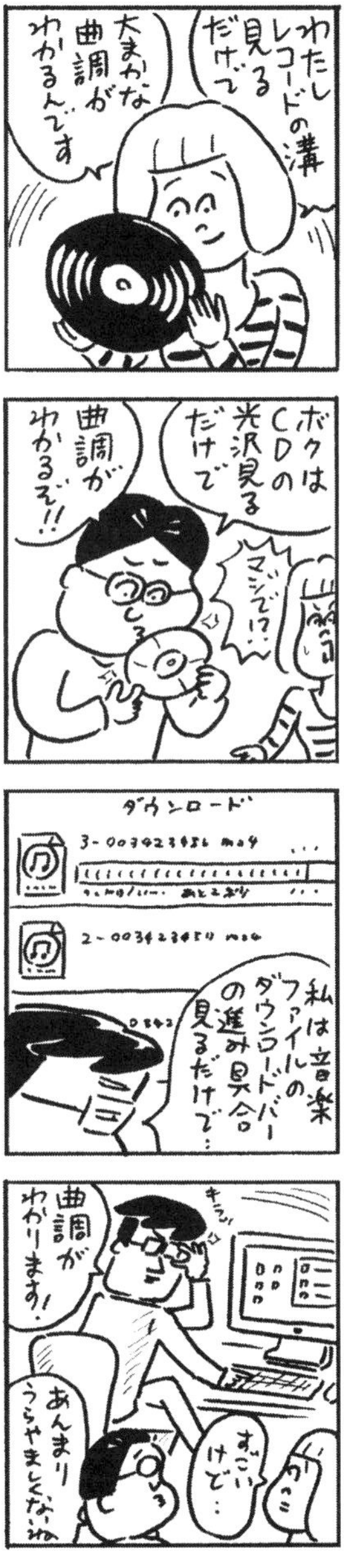

「溝」は映画「スター・ウォーズ」の有名なデス・スター・トレンチ突入シーンを想起させる。この画、最近、どこかで…と思ったらインターネットで見た、回転寿司のレーンの上に小型カメラを設置して撮影した動画だった。とても、いい画なんだけど、当然、店側にとって撮影は迷惑行為でしかなく、近頃では、店に日本語と英語のイラストが入った警告文が貼られていたりする。

レコード針の針先や、レコードの溝を撮るのは自前なので迷惑がかからない。ユーチューバーの人、ここ重要。コンビニではなく、自分の家の冷蔵庫に入ればいい。

あるいはテレビ東京に入社して、池の水を全部抜きたい、という欲望を叶えるという手もある。もし、あなたが池の水を全部抜きたいという欲望があれば、という話ではあるが。

テレビ東京に入社したあかつきには、空港で気になる旅行者がいれば、「YOUは何しに日本へ?」と聞いてみればいい。テレビ東京に入社出来ないくせに「家、ついて行ってイイですか?」なんて言ってはいけない。それも立派な犯罪だ。

『針と溝』という本の話をしていたはずが、テレビ東京の話になってしまった。

この本の英題が『stylus & groove』。レコードの溝を指すgrooveが、今も日常で使われるグルーヴという言葉の語源となっている。溝《みぞ》い話だぜ!

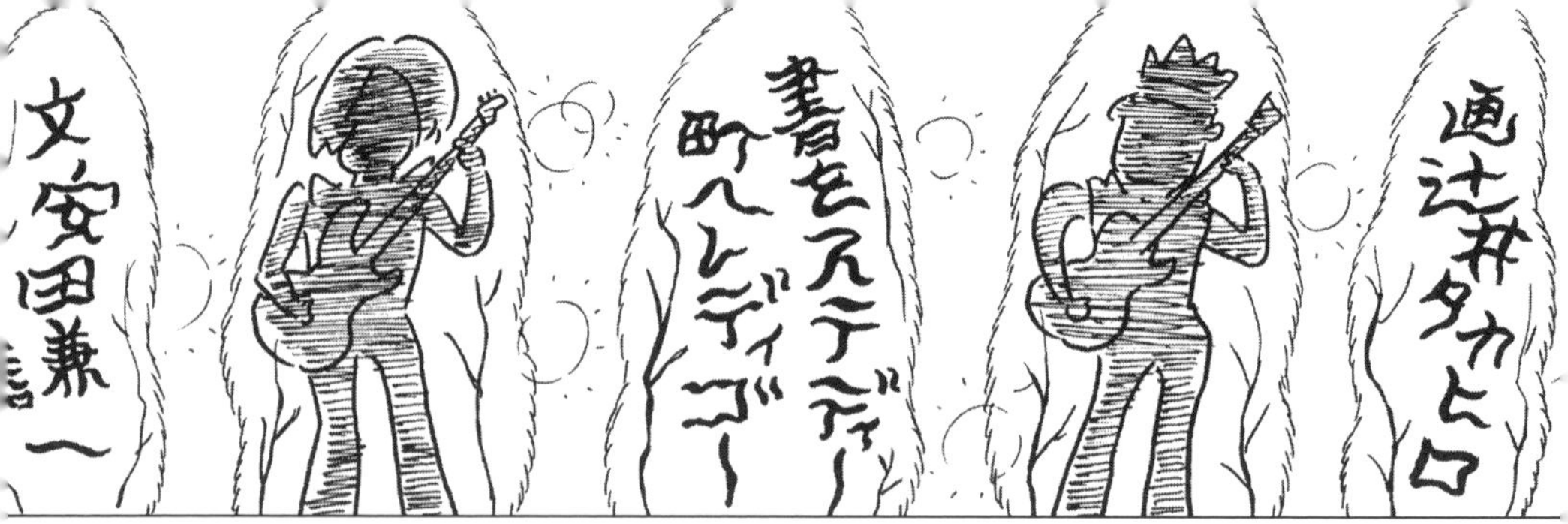

そんなやつおらんやろ

年齢…それは単なる数字。数字…それは単なる言葉。言葉…それは単なる物質。

伝説のロック・ミュージシャン、デレク・スモールズ。50年を超えるキャリアにおいて、はじめてのソロ・アルバムとなる『スモールズ・チェンジ（メディテーションズ・アポン・エイジング）』は、こんな浅イイ言葉ではじまる。副題〝老化後の瞑想〟にあるとおり、このアルバムの主題は加齢である。スモールズは今年で75歳を迎える。

タイトル曲「スモールズ・チェンジ」は荘厳なストリングスとジュディス・オーウェンのベルカント・コーラスをフィーチャーしたバラード。ドラマティックに〝スモール・チェンジ＝せこい変化〟について歌う。曲の終わりのSEで、スモール・チェンジが小銭を意味することを教えてくれる。

リック・ウェイクマン、ジェフ〝スカンク〟バクスター、デヴィッド・クロスビー、ジム・ケルトナー、ダニー・コーチマー、ラス・カンケル、ラリー・カールトン、リチャード・トンプソン、スティーヴ・ルカサー、ジョー・サトリアーニ、スティーヴ・ヴァイ、ドゥイージル・ザッパ、チャド・スミス（レッチリの、ウィル・フェレルと同じ顔した人）と…とにかく参加ミュージシャンが異様に豪華だ。「メモ・トゥ・ウィリー」にはドナルド・フェイゲンが参加している。彼のプレイを聴き取ることが出来るのか、という不安も無用だった。「リキの電話番号」の替え歌で〝ウィリー・ドント・ルーズ・ザット・ナンバー〟と、あの声で歌っている。

フランク・ザッパ『ロキシー・アンド・エルスウェア』を思い出すような大宴会の魅力に酔いまくる。ジョン・エントウィッスル『衝撃!』やビル・ワイマン『モンキー・グリップ』などロック・バンドのベーシストのソロ・アルバムが醸し出す「申し訳ないような」雰囲気も魅力だ。

「ホェン・メン・ディッド・ロック」のベース・ソロの侘しさについ涙。数滴、失禁した。

教室の隅の席からひとりの生徒が手を挙げる。さっきから話に出ているデレク・スモールズっていったい誰ですか。

失礼しました。では、説明します。

デレク・スモールズは英国のロック・バンド、スパイナル・タップのベーシスト。アルバム『スメル・ザ・グローヴ』を発表した82年の全米ツアーの模様を収録したドキュメンタリー映画『スパイナル・タップ』（84年）でおなじみの。空港で金属探知機に引っかかって、見栄で股間を膨らませていた器具を発見された男。あと、舞台美術の繭の中から登場するはずが、それが開かずに四苦八苦するベース奏者、あれがデレク・スモールズですよ。アニメ『ハクション大魔王』に出てくる〝それからどしたの〟というセリフ（声は愛川欽也）のキャラそっくりの。あるいは、常田富士男みたいな、あの男！

そうですか。映画、観てないですか。ちょうどいいや。今年、日本ではじめて劇場公開されるよ。

6月16日の新宿武蔵野館を皮切りに全国で順次公開されるので、這ってでも最寄りの劇場に行きましょう。そこでボリュームの目盛りが「11」まであるギター・アンプや、楽屋からステージへの通路で迷子になるバンドを目に焼き付けてください。

秀樹の弟たち

昼のラジオを聞いていると、臨時ニュースが入ってきた。

「〈傷だらけのローラ〉〈ＹＭＣＡ〉などのヒット曲でおなじみの…」というところで、頭の中が洗濯機のように渦を巻いた。

訃報のショックを受け止めながら、西城秀樹の長いキャリアの中で、歌手としての個性をもっとも強く示した「傷だらけのローラ」と、カヴァー曲でありながら、最大のヒットとなった「ＹＭＣＡ」の2曲が代表曲とされることに、まったく異論はないな、なんてことを考えていた。

その週末に放送されたワイドショーで、あるコメンテイターが「〈傷だらけのローラ〉は、キング・クリムゾンの〈エピタフ〉に影響を受けていて、そういう意味でもロック・ファンの男性からも人気があったんですよね」と言ったときには、おいおいおい、とテレビにむかって力なくツッコんだ。

デビュー曲「恋する季節」が発売されたのは72年3月。それから約2年、当時、小学校5、6年の私にとって西城秀樹は特別な存在だった。74年の「激しい恋」まで、新曲が出るたび、歌と振り付けを覚え、ひとり部屋で真似た。「傷だらけのローラ」を初めて聴いたときは、そのすぐ前に出た沢田研二の「追憶」(こっちはニーナ)に似すぎてるな、と思ったりした。私が好きな秀樹のシングル曲は、「薔薇の鎖」(たかたかし作詞、鈴木邦彦作曲、馬飼野康二編曲)のようなタイプのポップンロール調の曲で、ついついスージー・クアトロ「ワイルド・ワン」を歌い出しそうになっちゃう「恋の暴走」(安井かずみ作詞、馬飼野康二作・編曲)も大好きだった。「傷だらけのローラ」が大仰すぎて、この曲あたりから〝卒業〟していったと思い込んでいたけれど、ディスコグラフィを振り返ると、それより前に出ていた「ちぎれた愛」や「愛の十字架」も同じ路線で、なんとも記憶はいい加減なものです。

実際にロックと出逢うまでに出逢ったロックを感じさせるアイコン、として、西城秀樹、ブルース・リー、（初代）仮面ライダーの３つを挙げたのは、ギターウルフのセイジだったか、甲本ヒロトだったか、奥田民生だったか。あるいは、３人全員かもしれない。

そんな記憶を象徴するのが、「パクパク・コンテスト」だ。73年、関西で放送された人気バラエティ番組『プリン＆キャッシーのテレビ！　テレビ!!』の中ではじまったコーナーで、視聴者がレコードにあわせて、口パクで歌い踊る、いわゆるリップシンク芸を競い合うものだった。ここから西城秀樹を真似た松原秀樹（！）、草川祐馬、そして川崎麻世らが歌手デビューするきっかけとなった。西城秀樹は男の子が考えるカッコいい男の子の理想だった。物真似芸というより、一種のアバターとして、西城秀樹になりきった。ブルース・リーになりきった。本郷猛になりきった。訃報とともに、そんな記憶のスイッチが押されて、こんな文章を書いている、というわけだが、島本和彦の漫画を読んでいるときには、常にこんな体験を反芻しているのであった。

訃報でもっとも心に残ったのは高校時代の日本史の教師が「西城秀樹と東條英機、これだけ似た名前なのに文字はひとつも重ならないんだ。覚えておくように」と言ったのを今も覚えてる…という誰かのツイートでした。

シェイム・シェイム・シェイム

初夏の神戸で複数の音楽家が参加するイベントがあった。私も誘われて、レコードをかけたり、話をしたり、自分でかけたレコードに合わせて歌ったり、踊ったりした。

会場の古い洋館で打ち上げがあった。同世代や若い世代の出演者たちと酒を呑みながら、ゆっくり話をした。とてもいい宵だった。あくる日は朝からアルバイトなので、最終電車の2、3本前で帰ることにした。それぞれの顔におやすみなさいとご挨拶をして、表に出る。

履いてきた黒いコンバースのローカットのバッシュが見当たらない。

一足、同じ型のスニーカーが残されているが、サイズがまったく違う。私のは28センチだが、26センチくらい。おそらく、この靴の持ち主が間違えて私のを履いて帰ったのだろう。チャップリンのような歩き方で帰ったはずだ。かなり酔っていたに違いない。

いちおう、26センチに足を入れて、数歩歩いてみたが、話にならなかった。まだ宴が続く会場に戻って、「靴を間違えられたみたい」と伝えるのが恥ずかしいので、置かれていた室内履きのスリッパを一足、黙って借りて、履いて帰った。

帰りの電車の照明の下、室内履きのスリッパは目立つ。どこかの施設を脱走してきた人みたいな気持ちになったが、おそらく、夜の乗客は誰も気にとめちゃいないだろう。

座席につくと、スマートフォンを取り出して、amazonで28センチの黒いコンバースのローカットのバッシュを注文した。いただいたばかりの出演料の半分ほどが消えた。こういう時、お金って面白いな、と思える。古い靴はかなり草臥れていたので、買い替え時だったかな、と自分に言い聞かせる。

借りて帰ったスリッパは消毒のようなことをして、次の機会にそっと返しておくことにした。

あ、こんな小説があったな、と思い出した。山口瞳だったか。梅崎春生だったか。

ツイッターで「ご存知の方がいれば教えてください。昭和の日本の小説で、飲食店で帰り際に、履いてきた靴を誰かに間違って履いて帰られたことに気がつく、というストーリーのものがあったのですが、誰のなんという作品でしたでしょうか。」と呟くと、その日のうちに一服文庫（@bunkoippuku）という方から、永井龍男の短編『出口入口』ではないか、と教えていただいた。

検索すると、ちくま文庫のアンソロジー『名短篇、さらにあり』に収録されている。本棚から取り出して読むと、間違いなく、この短編だった。山口瞳でも、梅崎春生でもなかったうえに、冒頭に書いた「飲食店で…」は記憶違いで、通夜が舞台の話だった。痺れるように苦い、巧みな小説だ。さすがに、これで一生、忘れることはないでしょう。

今月はもともと、辻井タカヒロが21世紀のチープ・シックを世に問う新作漫画『京都ケチケチ買い物案内』（誠光社）と、誤植の多さで話題を呼んだ『がんばれ！ベアーズ』（DU BOOKS）と一緒に「安田謙一という名前が出てくる本」という共通項で語ろう、と考えていた。満を持して、『がんばれ！ベアーズ』を読んでみたら、私の名前なぞ、どこにも出てこなかった。まあ、恥ずかしい。

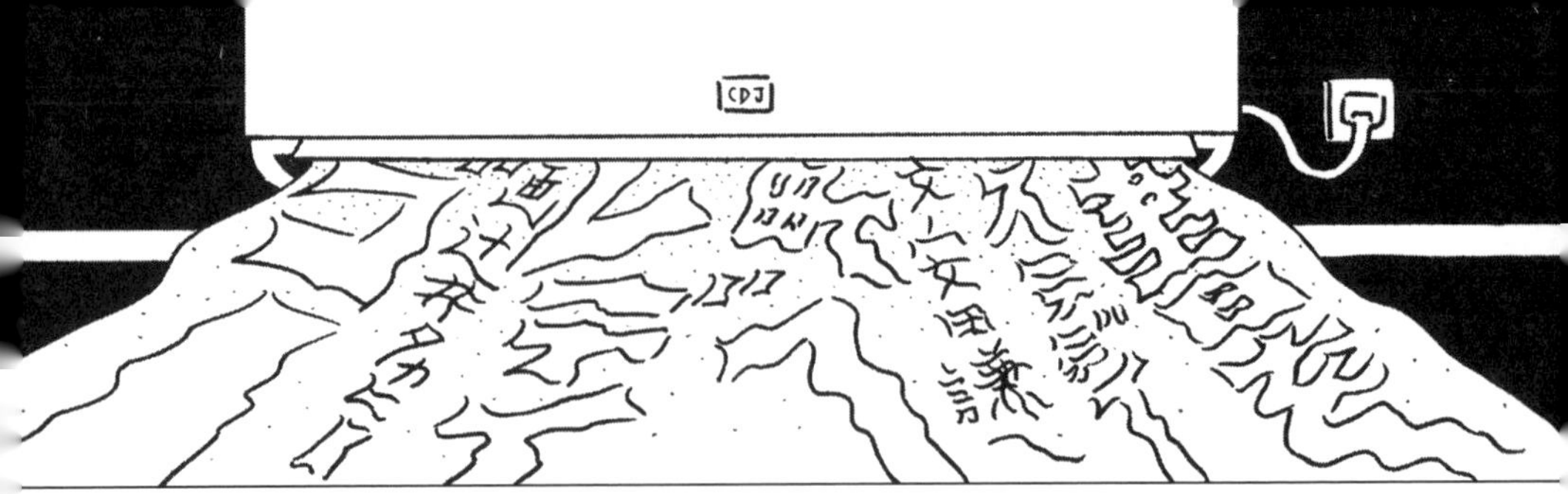

クーラーを止めるな！

酷暑という言葉がこれほど似あう夏もないだろう。よっこいしょーいち（横井庄一）みたいに、酷暑と言うたびに国書刊行会と口に出した。

そういえば、この夏、いちばん面白かった小説はドナルド・E・ウェストレイクの『さらば、シェヘラザード』（国書刊行会）だった。映画『カメラを止めるな！』の「この映画は二度はじまる」というコピーをモジるなら「この小説は何度も何度もはじまらない」といったところか。限りなく漫筆に近い小説である。

何度か海に泳ぎに行った。台風のあとで川からの漂着物が浮きまくっている海でも、海は海。泳ぐというより浮いてばかりいた。

高校野球を積極的に見た。ある試合のＮＨＫラジオでの実況を女性アナウンサーがやっていて、なかなか味があってよかった。違和感は5分。すぐに慣れるものだ。

ＤＪもやった。ひさしぶりにがっつりとレコードを廻した。ネットラジオで聴いて気に入って友人に頼んで通販で買った7インチ・シングル盤をターンテーブルに乗せ、ヘッドフォンで聴いてみると、まったく覚えのない曲だった。念のため、裏面も聴いたが、それも違う曲だった。そっと袋にしまって、べつの曲をかけた。シングルは、おとといフライデー「私ほとんどスカイフィッシュ」。

翌朝、家で聴いてみると、まさに、その曲だった。ちょっとした怪談。

銭湯にもよく行った。スーパー銭湯にある寝湯（床に寝ころぶ背中を湯が流れるつくり）で爆睡した。寝ている間、下半身をタオルで隠すのが暗黙のエチケットだが、ある日、タワーレコードのノベルティのタオルを使っていて、ハッと気づくと、「NO MUSIC NO LIFE」という文字がちょうど局部に乗っかっていた。これ以上、インスタ映えな光景もそうはないだろう。そう思いながら、また眠った。

毎年、盆と正月に会う友人と、この夏も遊ぶことが出来た。彼が推薦する、よしながふみの漫画『大奥』をレンタルコミックで借りて15巻一気読みした。これも夏らしい体験。

身体の調子はよかった。が、8月の終わりにちょっとした異変があった。右の乳首がほんの少し痛む。触ると小さなしこりがあった。これが1週間ほど続いた。気になったので、近くの病院に行った。乳腺外科でエコーの検査をした。結果、なんら問題はないと診断された。最初、医者が左の乳首を診はじめて、それが妙に長かったので、「あの〜、右なんですけど」と言いたかったが、言わずに我慢してよかった。左右を比較するため、どちらも順番に診るという方式だった。

診察代は千九百円。安心を買うなら安いもんだと割り切った。

2日後、ちょうど一週間前に買ったかばんを肩からかけようとして、ハッとした。かばんのベルトが右の乳首にあたり、まさに、そこが痛む場所だった。ベテラン看護士の「男の人も乳がんがありますからね」という微笑みが蘇える。診察代は千九百円。ああ、損した。

道の上で腹を上に向けてじっとしている蝉。サンダルのつま先でそっと触れる。夏が終わりに近づくと、動かないやつが増えてくる。それを「セミ・ファイナル」と名づけた。

顔はカラダの一部です

ひさしぶりに雨傘を買った。

雨風が強い日に家から出る気力が萎えないように、それなりにしっかりしたものを買おうと考えた。アマゾン・ジャパンに2千円台のものを注文する。私にとって雨傘に払うことができる、これが限界だ。

商品が届いたあと、メーカーによって商品について書かれた説明文を読んだ。そのまま書き写す。

【生涯補償】製品が購入者によって所有される限り、ご愛用の長短に関わらず修理ではなく交換対応をいたします。へんぴん不要で再送承ります。

…理解するのに少し時間がかかった。理解すると身体がこわばった。

客としてはたいへんありがたい話である。それだけ品質に自信があるということなのだろう。にしても、このサービスはやりすぎではないか。

想像するのは30年後、86歳の私が（何本目かの）傘の不具合を発見して連絡、（何本目かの）傘が送られてくる、という状況。これを、ほのぼのした話やなあ、と素直に思えないのだ、私は。

そもそも「生涯補償」という言葉が怖い。結婚式の「死がふたりを分かつまで」に似た怖さがある。イアン・カーティスもそんな気持ちで「ラヴ・ウィル・テア・アス・アパート」と歌ったはずだ。傘が故障するより先に、私が死ぬか、メーカーが消滅するか、そういう暗示にも見えてくる。いわゆるフラグがたつ、というやつ。文章終わりの、ひらがなで書かれた「へんぴん」も怖い。今一度、先の商品説明を喪黒福造（大平透）の声で読んでみてほしい。ドーン。

なーんて話題だけでこの回を書き終えるだろうと思って書き始めた自分が怖い。あと何を書こう。しょうがない。映画でも観に行くか。

贔屓の土屋太鳳が出ているので『累―かさね―』を観ることにした。

顔に大きな傷を持ち、劣等感とともに生きるヒロイン、累。亡き母は舞台女優で彼女にも秀でた演技の才能がある。母が彼女に遺した「塗って口づけした相手と自分の顔や声を入れ替えることが出来る」不思議な口紅。累はこの口紅で、美人だが演技下手な女優の卵、ニナの顔を奪い舞台に立つ。累を芳根京子、ニナを土屋太鳳が演じている。原作となる松浦だるまの漫画を読まずに観た。濱口竜介監督の『寝ても覚めても』は「他人についている顔」についての話だったが、『累――かさね――』は「自分についている顔」の話だ。

顔が入れ替わる映画、といえば、『転校生』や『君の名は。』など先例も少なくないが、映画を観ている間、一番思い出していたのはジョン・ウーの『フェイス／オフ』（97年）だった。ジョン・トラボルタとニコラス・ケイジが大好きな私にとって『フェイス／オフ』はとても贅沢な映画だったが、土屋太鳳が好きで芳根京子もまんざらでもない人間として、これもなかなか楽しい映画だった。一日、入れ替わらせてやると言われたら、ニコラス・ケイジも楽しかろう。一生涯（出た！）と言われたら、申し訳ない、土屋太鳳を選ばせてもらう。サイモンとガーファンクル「コンドルは飛んでいく」の歌詞「カタツムリになるよりスズメになりたい」より説得力がある。

レコード欲しいなぁのうた

一番好きなうたの話をしよう。

ラス・コロムビアニタスの「クエルポ・シン・アルマ」だ。Las Colombianitas「Cuerpo Sin Alma」と検索すれば、動画サイトにもいくつかアップされている。

「一番好きなうた」なんて、まず答えようがない質問で、実際、そんなことを聞いてくる人もいないのだが、だからこそ、そういうことを決めておきたい性分なので、数十年前にこの曲に決定した。レコードをかけるイベントや、ラジオ番組でも、そう言って再生するようにしている。

そのときにかけるレコードは『エスト・シ・ティエネ・リトモ』というメキシコのエコというレーベルから出ているオムニバス盤で、私はこのアルバムで初めてこの曲を知った。

ひなびたボレーロのリズムに乗ってふたりの女の子がけなげに歌う。ピアノとハーモニカと（初代の）アニメ『天才バカボン』の劇伴みたいなワウ・ギターが歌のまわりを浮遊する。スペイン語でなにを歌っているかわからないが、なんとなく「おなかが減ったなぁ、腹いっぱい好きなものが食べたいなぁ」と歌っているように聞こえる。オクノ修じゃないけれど、「おなかがへってる唄」みたいな曲なのだ。

この曲があまりに好きで、当然、メキシコシティやロサンゼルスのメキシコ人街を訪れたときには、レコード屋で、存在するのかどうかわからないラス・コロムビアニタスのアルバムあるいはCDを探した。曲名を書いたメモを見せてもピンと来ていないときには、メロディを歌ってみせた。それに合わせて一緒に歌ってくれた店員もいたが、歌い終わると「無い」と答えた。

見つかったのは昔のヒット曲を集めたオムニバス盤ばかり。最初に書いたように動画の数を見ても、この曲を愛する人は少なくないはずだ。

私がスポティファイの有料会員になって一年ほどになる。オール・ミュージックのサイトで紹介される新譜がほぼアップされていたり、洋画を観た帰り道にその映画のサントラを聴いたり、中古盤屋で見つけた良さげなアルバムをこっそり「試聴」したり、バイト中の配達車で発作のように「ストラングラーズの3枚目が聴きたい」という欲望に応えてもらったり、と、すっかり堪能している。サブスク万歳。

数日前、何気なく、ラス・コロムビアニタスの「クエルポ・シン・アルマ」あるかなー、と検索してみると、アルバム全曲が入っていた。あっさり。アップルミュージックにも入っているようだ。

コロムビアの老舗レーベル、フエンテスから76年に発売された、ラス・コロムビアニタスのアルバム『クエルポ・シン・アルマ』。ジャケットにはふたりの少女が映っている。冒頭のタイトル・トラック以降、全10曲が、メロディこそ違えど、ほぼ同じテンポのボレーロで、どの曲でも、ピアノとハーモニカと（初代の）アニメ『天才バカボン』の劇伴みたいなワウ・ギターが歌のまわりを浮遊している。「おなかが減ったなぁ」に加えて、「オシャレがしたいなぁ」とか「好きなだけテレビが観たいなぁ」と聞こえる、いたいけな歌が揃っている。幻のアルバムをまぼろし〜のようなかたちで、とりあえず手に入れた。いつか現物を手に入れたいなぁ、とラス・コロムビアニタスみたいな声で歌ってみる。

カメを助けただけなのに

妻とふたり、一泊二日の旅で、ずっと行きたかったホテル浦島にようやく行くことが出来た。場所は和歌山県の南部、紀伊半島の最南端に位置する串本町から30キロほど三重県側に位置するJR紀勢本線「紀伊勝浦」が最寄りの駅。まず、ここまでのアクセスがなかなか大変で、神戸に住む私としては、新大阪駅から特急「くろしお」に3時間半乗らないとたどり着けない。

紀伊勝浦駅から、寂しげな土産物屋が並ぶ商店街や、いい塩梅のスナックのネオンが気になる裏通りを抜けて桟橋につくと、ホテル浦島への送迎船が待っている。わざわざ船に3分乗ってホテルに向かうのだ。船が亀のかたちをしていて、もう、ここで早くもウラシマなキブンはちょっとしたクライマックスを迎えてしまう。桟橋の反対側にはクジラのかたちをした船があって、これは（おそらくライバル的存在の）ホテル中の島への送迎船になっている。

この旅を決めてから、ずっと脳内で再生していた曲は、ローザ三宅の「浦島太郎」だ。船の中でも♪むかし、むか〜し、浦島は〜、たーすけたカメに連れられブラジルにやってきて〜」のリフレインが止まらなかった。もし、これが一人旅だったら、私は『燃えよドラゴン』のブルース・リー（あるいはジョン・サクソンか、ジム・ケリー）になり切って、ミスター・ハンの島で行われる武道大会に向かっている…という妄想に入っていただろう。

ホテル浦島は広い。東京ドーム4個ぶんの敷地に4つのホテルが建ち、それぞれに温泉施設が分散されている。チェックインを済ませて、内湯をひとつずつ制覇していくという使命が与えられる。

本館から山上館をつなぐのが全長154メートルのエスカレーターで、これにスペースウォーカーという名前がついている。片道乗っただけで、一年分エスカレーターに乗った、という気分になる。

ホテルとホテルをつなぐ渡り廊下には土産物を売る店や、ゲームセンターが並ぶ。それぞれがなんともやるせなく枯れている。求めていたエキゾ感と同時に、いつもぶらぶらしているシャッター商店街の雰囲気が入り混じっていて、それはそれで落ち着いた。ただシャッター商店街と違うところは、外国人観光客を含む盛況ぶりで、日曜の夜の泊りにも関わらず、多くの宿泊客が浴衣姿で敷地内を行ったり来たりしていた。

メインとなるのは6つの温泉（源泉）で、中でも海底が岩窟の中に湧き出る「忘帰洞」は素晴らしかった。到着してすぐに入り、眠る前に入り、翌朝一番にもう一度、入った。

奇観を絵に描いたような見栄えはもちろん、なにより凄いのは波の音だ。寄せては返す波の音が洞窟で生むディレイ効果で、なんとも凄まじい音響体験となった。あまりの大音量にスピーカーを仕込んでいるのでは、と疑いたくなるほどの凄さだ。日光東照宮の「鳴き竜」で起こる反響音に感動したというデイヴィッド・トゥープに「ハヴ・ユー・エクスペリエンスド？」とドヤ顔で聞いてみたい気持ちになった。

旅から帰って2日目に検索ランキングにホテル浦島の名があった。おーっ、私がツイッターにアップした亀の送迎船の動画が話題になっているのか、と興奮したら、集団食中毒を起こしていた。

ノー美勇士　乃～羅イフ

高円寺の円盤で「電波の届かない場所」という年末恒例のトーク・イベントを行なった。開演前にイベントの相棒、キングジョーとふたり、楽屋がわりの部屋で酒も飲まずに時間を潰していた。

ジョー「ノラ、ヤバいでしょ」

安田「知らん。何それ？」

ジョー「桑名正博の息子…」

安田「ああ、知ってる。勝手に名乗ったというやつ」

ジョー「あれの名前がノラっていうんですよ」

安田「え、てっきり、美勇士《みゅうじ》を名乗ったんだと思ってた」

ジョー「違うんですよ。美勇士とは腹違いの息子のノラを名乗ったんです。漢字で〈刀〉みたいな〈乃〉と〈羅生門〉の〈羅〉で〈乃羅〉って書くんです」

…という流れでイベントもまた、乃羅の話ではじまった。

2012年に亡くなった桑名正博の息子、乃羅を名乗る男が日本各地に出現。福島県でラジオ番組にゲスト出演したり、三重県の呑み屋で「セクシャルバイオレットNo.1」や「月のあかり」などを歌っては小銭を稼いだりした。桑名にはアン・ルイスとの間に、美勇士、その下にさらに2人の息子がいるが、乃羅は自身を銀座のホステスとの間の隠し子と名乗っている。

ここでは純粋に、桑名の隠し子、乃羅を騙る男のことを考えてみる。

まず、桑名正博の…というチョイスが絶妙である。そのうえで、最初に書いたように、てっきり美勇士になりきっていた、と思っていたところ、それが乃羅というオリジナルな（オリジナル…？）存在であることに、ちょっとした感動を覚えた。

さらに、乃羅というネーミングが、漢字も含めて、いかにも、である。

つい、映画化もされた希代の結婚詐欺師、ジョナサン・エリザベス・クヒオ大佐（と名乗った男）のことを思い出したが、だまし取る金額が全然違う。乃羅の稼ぎはせこい。

彼が無伴奏で「セクシャルバイオレット…」を歌っている動画を見ると、上手くはないのだが、それなりにクセを真似ようとする努力は感じられる。撮影者が発したであろう「エロいなあ」という声も収録されているが、それは合いの手であり、単なる景気づけみたいなものだ。

２０１８年、もうひとつ心に残ったのは、大阪、富田林署から脱走した樋田淳也容疑者が、山口県の道の駅で身柄を拘束されたあとに公表された写真。自転車で日本一周の旅に出る青年に扮した笑顔の一枚だ。

逃げるための手段として、想像を超えた行為を選んだ樋田容疑者の写真のパワーに比べると、乃羅ショックはかなり劣るものの、それぞれの旅先での心の動きを思うと、なんだかグッとくるものがある。旅に出るとすぐに「家に帰ったら…」と考えてしまう私のような人間の旅は旅なんてものじゃない。樋田や乃羅が騙り続けた日々、それが旅である。

ハイク　KAWASAKI　ハイク

俳句を詠むイベント、「吟行」と「句会」というものにはじめて参加した。最初、主催する酒井匠さんからのお誘いを、何度かお断りした。その理由は根っからの負けず嫌いにある。俳句への知識も経験も浅く、その中で詠んだら詠んだで、「ああ、それ、季語が入ってないですね〜、残念」（麻雀でいえば、揃っているのに役がなくてあがれない、と言われる感じ）なんて言われ、落ち込む自分の姿を想像してしまったのだ。「大喜利」が（大好きなくせに）下手、という経験もあったりする。懲りずにお誘いいただき参加した。心配は不要だった。なんとも刺激的な体験をさせていただいた。

「吟行」というのは、風景を見てそこにあるものを題材に詠む散歩のようなもの。この日は私が住む神戸にある寂れたジャンク商店街、元町高架《モトコー》下が舞台で、そこに放された10数人の参加者が決められた時間の中で俳句を詠む。2月23日の昼は穏やかな日和だったけれど、一歩、高架下に入ると、陽が差さず、シャッターだらけの風景に身体も冷えてくる。2時間半の間に私は次のような句を詠んだ。

〈吟行に　確定申告　思い出し〉　〈国鉄と　花粉くすぐる　鼻の奥〉

〈モトコーや　元も子もない　春もない〉　〈立ち退きて　アスベスト舞う　春悪夢〉

いま読まれている人には理解不能なものが多いだろう。同じ風景を見た人にはわかるものもあり、それでもわからないであろうものもある。

ひとり3句の提出がルール。私が出したのは次のとおり。

〈シャッターに　春奪われて　季語探し〉　〈ヤンジャンの　3月7日号　9冊も〉

〈闇市の　市が無ければ　春遠く〉

1句を短冊一枚ずつに書く。詠み手の名前は記入しない。

次は「句会」。締め切りの1時間半後に、KIITOというスペースの会議室で行われた。先に提出された「参加者×3」の句が、すでに一枚の用紙にリストアップされている。それぞれが好きな5つの句を選び、投票する。その際、自分が詠んだものは含んではいけない。

集計されたものが発表される。最多の7票を集めたのは次の句。

〈春日射す　エバラのたれの　空瓶に〉

高架下の埃っぽい空気がうまく捉えられている。俳句が写真のようなものという表現が腑に落ちる。

ここから多くの点数を集めた順に、ひとつひとつの作品を、選んだ人の感想とともに紹介していく。最後にはじめて詠んだ人が名乗りをあげる、というシステム。選ぶ、選ばれるという行為を経たあとでは、自分の作品に対するこだわりがほとんどゼロになる。これが新鮮だった。

プロとして俳人の榮猿丸さんが参加されたのだが、寸評がいちいち柔らかくユーモアに満ちていて素晴らしかった。老若男女が「俳句」という世界に身を委ねて、とてもピースフルなムードを生み出していることに感動した。草野球で、朝6時くらいから大のオトナが18人揃っているのを見て、無性に笑えてくる、あの感じを思い出した。このまま俳句にハマるか、それとも自分なりの「吟行」や「句会」を模索するか、にやにやしながら考えている。

最終回ヅラ

深夜、ぼんやりワイドショーを見ていたら、整形外科医のような人が出ていて、彼が発明した特殊な施術が紹介されていた。

スキンヘッドの男性の頭部に、ぽつぽつと毛穴から覗く毛根を入れ墨で描くというものだった。

つまり、このスキンヘッドは自らの意志でやっているのであり、決して薄毛をカモフラージュしているものではない、と無言でアピールする、という作戦なのである。感心した。

髪が白くなりはじめて数年経つが、髪もずいぶん薄くなってきた。雨が降ると、最初の一滴が髪の中にとどまらずに、しゅっと顔に流れてくる。鉄砲水を防ぐための植林の重要性を思い知らされる。

こんなことなら若いうちからスキンヘッドにしておけばよかった。いっそカツラをかぶってやろうかと考えたりする。

カツラで思い出したはなし。

19年の「R－1グランプリ」に出ていただーりんず、松本りんすのカツラ芸（アキラ100%がお盆で股間を隠すのを、カツラでハゲを隠すに変換したもの）が結構好きだったんだけど、なんとか、これからも続けてほしい。80歳になっても同じスタイルでそれなりに成立するはず。

続・カツラで思い出したはなし。

カルロス・ゴーンが保釈時に作業員に扮したコスプレをしたことが話題になった。あの光景を見ていた桑原征平がラジオで鋭い指摘をしていた。曰く、逮捕前と比べ釈放時の毛量が明らかに少ない、というのだ。通常時、なんらかのメンテナンスをほどこしていたゴーン氏も、拘留中にはそれも叶わず、あの変装は苦肉の策だったと推理した。陽動作戦とはこのことか。それで皆の視線が薄毛に行かなかったとすれば、作戦は大成功。トラ・トラ・トラ。損して得取れ、だ。

損して得取る。カツラの本質を一言で言いあらわすならば、そういうことになるのだろう。残念ながら、世の中にはたくさんの「損して得を取りそこなった人」がいる。

…てな話題を、今月、このページで展開しようと思っていた。それなりに展開した。そこに編集部から悲しいしらせ。今回でこの連載は最終回となる。最終回にカツラの話をしていていいのだろうかと、思わなくもないのだが、じゃあ、どんな話題がふさわしいのだと逆ギレ気味に私は問いたい。

安田謙一と辻井タカヒロのコンビによる「書をステディ町へレディゴー」の連載も、今回で１０２回目となる。その前身である「ロックンロールストーブリーグ」がはじまったのが２００２年。当時の編集長、藤本国彦さんから、シンコーの「THE DIG」誌での連載「安田ビル」みたいなものを、とお声をおかけいただいたのがきっかけで、それから17年に渡り、安田&辻井にとってライフワークとも、ライフラインとも呼べる大事な連載だった。

近い将来、「ロックンロールストーブリーグ」のように単行本化される予定があることをお伝えしつつ、お別れします。安田謙一と辻井タカヒロのコンビは続きます。よろしく。

（カツラを脱いで、頭を下げる。）

ポールが
ジョージに
ジョンずに
リンゴの
絵を描いた

1962

イワン・ウイスキーの年間ベスト10

音楽誌（月刊ミュージック・マガジン）で仕事として年間ベストを選ぶようになってから、もう20年ほどになる。

基本ルールは、その1年のうちに発売された「新録」となっている。もちろん、その意味も、意義も十分に理解している。

と同時に、日々、レコード店で購入するのは過去の「新譜」である。中古盤だけでなく、再発盤、編集盤なども含んでいる。私の場合、後者の比率は年々、増している。

というわけで、今一度、「この1年に出逢った音楽でよかったものを10枚選べ」と言われると、先の「年間ベスト」とは、がらりと内容が変わってくる。違った見方をするなら、「2016年のベスト10」を2016年に選んだものと、20年後、40年後に選んだものとは、ラインナップが変わってくるものだ。私は2016年に生まれた面白い音楽の多くに、2016年の時点ではまだまだ出逢えてはいない、はずだ。

ということで、この連載がはじまったときから、「1962年」の回は、私が選ぶ「1962年のベスト10」にしよう、と考えていた。申し遅れましたが、私は1962年生まれです。当然、0才児としてリアルタイムで音楽を意識的に聴いてはいなかったが、昭和37年当時だと、テレビも持っていなかったので、ラジオや、母に背負われた町の街頭で流れるいくつかの音楽には触れていた。そんなことを想像すると、なんともぞわぞわとした気持ちになってくる。

最初に書いた「新録」のベスト10をリアルタイムで選ぶことの「潔さ」を考えると、私がここでしようとすることは完全にじゃんけんで言うところの「後出し」である。

1962年といえば、クラシックやジャズなど一部のジャンルを除いて、ポピュラー音楽においてはまだシングル盤が主流の時代。日本ではまだソノシートも健在だった。そこから、あえてアルバムを選んでみることにした。「後出し」だから、なんでも出来る。

インターネットの「Rate Your Music」というサイトに発売年別のアルバムをユーザーの評価順に閲覧出来る、というページがある。「196

2年のアルバム」で、もっとも評価が高かったのは、ジョン・コルトレーン『Coltrane “Live” at the Village Vanguard』。それを1位として、なんと1200位までアルバムが並んでいる。どこかのレコード屋のエサ箱に「1962年」という仕切り板があって、そこに、ずらっと千枚ほどアルバムが並んでいる…そんな図を想像して興奮してしまった。そういう店が世界に一軒ほどあっても面白いよね。

洋楽ばかりになっちゃうが、とりあえず、ここから選んでみよう。

私が選んだ10枚は次のとおり。

Barbara Lynn「You'll Loose A Good Thing」
Elvis Presley「Pot Luck」
The Tornadoes「Telster/The Sounds Of」
Speedy West「Guitar Spectacular」
Raymond Scott「Soothing Sounds For Baby」
Lightnin' Hopkins「Mojo Hand」
Barbara George「I Know」
Esquivel「Latin Esque」
OST「Mondo Cane」
Roy Orbison「Crying」

という感じ。いずれも出逢ったのは10年、20年、30年…それ以上後だったのだが、本当によく聴いた、お世話になったアルバムばかりである。「後出し」もいいところだけど、とても正直なラインアップではある。

ここから嘘をつく。0歳の安田謙一が1962年の音楽を総括する。「サイボーグ009」の「001」のイメージで。ばぶ〜。

「自分の名前をつけたアルバムでデビューしたフォーク歌手。これは大きくなるね。将来、ノーベル賞を取っちゃったりして。んなわけないか（笑）。デビュー・アルバムを出した西海岸のバンドも気になるところ。日本では、草野球チームから選抜されたアイドル・グループ。彼ら自身は大したことはないけど、その後の日本の芸能界に大きな影響を与えるものになりそう。あと、イギリスで、シングル出した4人組。あれは凄いことになるよ、きっと。何が凄いって、54年経った私が彼らのことを書いてお金をもらうんだから。」

1963

ノルウェイの暗殺の森

第35代アメリカ合衆国大統領、ジョン・フィッツジェラルド・ケネディがテキサス州ダラス市で暗殺されたのは1963年11月22日のこと。

事件直後に犯人として逮捕されたリー・ハーヴェイ・オズワルドは、その2日後、移送中にジャック・ルビーに銃殺される。ルビーが元マフィアであったことなど複雑な背景も影響して、大統領暗殺そのものの謎はさらに深まった。

カナダの前衛音楽家、ジョン・オズワルド（オズワルド！）は、L・H・オズワルドが撃たれた瞬間の有名な写真をコラージュして、パロディ化している。オズワルドの手にはマイクを持たせ、苦痛にゆがむ表情は、そのままロックンローラーがシャウトしているように見せる。となりの警官にはキーボードを、犯人のルビーはエレキギターを弾かせている。

ロックンロールが暴力を演じる構図を見事に表現したコラージュ写真は、ジョン・オズワルドの2枚組CD『Plunderphonics』のブックレットに掲載されている。このCDは、「ア・デイ・イン・ザ・ライフ」のエンディングの残響音が、「ア・ハード・デイズ・ナイト」のイントロにモーフィングしていくという〝曲〟で幕を開ける。もしCDの入手が困難ならば、安田謙一の著作『ピントがボケる音』（国書刊行会）の210頁を開けば、問題のコラージュ写真を見ることが出来る。

話をケネディの暗殺に戻す。

日本人にとって、この事件が特別なものとなった大きな理由のひとつが、この悲劇がリアルタイムの11月23日の早朝に、太平洋を越えてのはじめての衛星中継によってテレビ放送されたことである。

ピチカート・ファイヴの初期の曲「Satellite Hour（衛星中継）」には〝深夜の衛星中継で／どこかの国の王様が撃たれる〟という一節がある。当時、この曲をライヴで演奏するときに小西康陽はMCで「衛星放送じゃなくて、衛星中継です」と断った。

さて。銃による暗殺を扱った映画、たとえばフレッド・ジンネマンの『ジャッカルの日』（73年）には、銃身に取りつけられたスコープ越しの画が登場する。あれって、いつ頃から映画に登場したのだろう。

すぐに、ジェームズ・ボンドのシリーズのオープニングを思い浮かべたが、よく見ると、十字のスコープが見当たらない。まわりにはカメラの絞り羽根のようなものも見える。ネットには、銃の弾丸の弾道を安定させるために掘られた渦巻状の溝という説もあった。

名著『世界映画・拳銃大図鑑　小林弘隆ベストワーク集』（洋泉社）にも、残念ながら、映画の中の銃スコープの歴史については触れられていなかった。

印象に残った「映画の中の銃スコープ画」を挙げてみよう。

フランソワ・トリュフォー『黒衣の花嫁』（68年）では結婚式で教会を出てきたばかりの新郎が、ジャンヌ・モロー扮する新婦の目の前で射殺される。犯人は複数のガンマニアのひとりで、ふざけて教会の風見鶏を撃とうとして、誤殺してしまうのだ。まるで子供の好奇心そのままに、風景を動き回るスコープがなんとも恐ろしい。

同じ68年の、ピーター・ボグダノヴィッチ『殺人者はライフルを持っている』は実在した〝テキサスタワー乱射事件〟をモデルとしている。ハイウェイを走る自家用車を次から次へと物色するスコープ画の不気味なこと。

ポン・ジュノ『スノーピアサー』（13年）での、カーブに差し掛かった長い列車の前方車両と後方車両とで、スコープを覗いて撃ちあうシーンには、劇画か、とツッコんで、喜んでしまった。なんとなく近年は、映画にスコープ画が出てくると〝命中しない〟という〝フラグ〟が立っているような気もする。

ここまで深く考えずに書き進めてきたが、ジョン・F・ケネディとジョン・レノンのそれぞれの悲劇を結びつけて終わるのも、なんとなく芸がない。では…。

バック・トゥ・1963。この年、力道山が赤坂のナイトクラブ「ニューラテンクォーター」で起こした喧嘩の際に腹部を刺され、入院先の山王病院で12月15日に死亡した。

事件が起こったのは12月8日。

もう忘れられないでしょう。

ポールがジョージにジョンずにリンゴの絵を描いた

文 安田謙一
画 辻井タカヒロ

1964

オリンピックの顔と顔と新幹線の顔

サザンオールスターズ、2014年の『東京victory』のジャケット写真を見た瞬間、1964年の東京オリンピックの図案をパロディ化したものだ、と判断した。横向きになった女性の身体のアップ、これとまったく同じ図案がどこかにあった記憶がある。

家に帰って、関連するキーワードを入力して画像検索してみたが、考えていた〝元ネタ〟に辿り着くことは出来なかった。

イメージとしては、実際に東京オリンピックの優れたポスター・デザインを手がけた亀倉雄策の力強さと、資生堂の宣伝図案を数多く手がけた中村誠の洗練との中間にあるような〝元ネタ〟。それは脳内にだけ存在するものだったのかもしれない。とりあえず、負けを認めよう。サザンオールスターズ『東京victory』のジャケット写真は、64年の東京オリンピックのイメージを喚起させる、オリジナルな作品だ。

1962年生まれの筆者にとって、64年の東京オリンピックはほぼ完全に記憶にない。東京の町風景を完膚なきまでに変貌させた東京オリンピックという出来事の大きさについては、多くの人が語っている。が、具体的にオリンピックの大会自体について考えると、それは「点」と「線」の「点」のような出来事なわけで、2歳の幼児が体験出来るものではない。2年前のロンドン・オリンピックは2年前に終わっている。そういうものだ。

では、1964年に、「点」ではなく、語るべき「線」は無いのか。あった、あった。忘れちゃいけない「線」があった。

1964年、東海道新幹線が開通した。

東海道新幹線を「線」ととらえる意味は、数年間、開通時の通称「0《ゼロ》系」が運行され、幼少時にそれに乗った記憶がある、ということだ。

なにより先に思い出すのは、たしか洗面所に設置された給水器。備え付けられた紙コップでウォータークーラーの水を呑むという仕掛けなのだが、この紙コップが、小さなサイズの〝円すい〟のフォルムをしていた。座席から給水器のところまで歩いて、水を呑む、という行為を、新大阪から東京へと向かう道中、何度か繰り返した。これが、僕の新幹線での最初の記憶だ。

「0系」にはビュフェ車という名の食堂車があった。何を食べたかは覚えていないけれど、薄～いポタージュ・スープの味は忘れられない。決して旨くはなかったけれど、たまに思い出すことがある。酒が飲めるようになってからは、車内販売の缶ビールではなく、わざわざビュフェ車に行って、瓶のビールを呑んだりした。食堂車が無くなった今、車内で別の場所に移動するという、ささやかな自由が強烈に愛おしい。

　数年前、元・ぴんからトリオ（兄弟）の宮史郎さんとお仕事させていただいた時のこと。宮さんは楽屋でケータリングのコーヒーを呑んで、「ああ、濃いなあ」とため息をつかれた。「昔の新幹線のコーヒー、薄かったですなー。あの味が好きでしたわー」としゃがれた声を聞いた瞬間に脳内に「0系」の車内の空気が蘇った。

「0系」を描いた映画といえば、佐藤純彌の「新幹線大爆破」（75年）に尽きるが、たとえばフランキー堺が松竹で取った、〝旅行シリーズ〟のような呑気なムードで「0系」の車内を舞台にしたような作品はないのだろうか。劇中、給水器から三角すいのコップで水を呑むようなシーンがあれば、失禁ものだ。

　ギターウルフの「新幹線ハイテンション」という曲には〝光と呼ばれたあいつさ〟というキラーフレーズが飛び出す。

　さて。ジョンとポールとジョージとリンゴ。ソロ時代になって、4人の中で来日中に新幹線（0系にこだわらず）に乗ったことがあるのは誰と誰だろう。ジョンはヨーコと京都に行くときに乗ってそうだし、ポールとリンゴはツアーの移動で利用した。ジョージもたぶん乗ったはず。スピード狂のジョージは道中、きっと時速も気にかけていただろう。

　1966年のビートルズ来日時に武道館だけでなく、大阪でも公演があったとしたら、移動に彼らは新幹線を利用しただろうか。そうなってくると、日本で遭遇した警官の回転式拳銃から名づけたアルバムのタイトル『リヴォルヴァー』が、『シンカンセン』になっていた（…長い沈黙…）かもしれない。

　今では〝シンカンセン〟は世界共通語。かつて、ミュージカル「スターライトエクスプレス」で「新幹線のハシモト」を演じた川崎麻世も鼻が高いだろう。「0系」の鼻ほどには。

1965

だけども ぼくは とべるんだ

1965年は、テレビでアニメーション「オバケのQ太郎」が放映され、日本中で空前絶後の大ブームを巻き起こした年である。

65年のQちゃん、という話から、オランダで60年代に活動していたQ65という名前のガレージ・バンドについても何か書こうと思ったけど、話が続きそうにないのでやめておく。では、気を取り直して。

藤子不二雄による同名原作漫画は前64年2月から「少年サンデー」で連載開始、その秋から人気が出始め、同じ小学館が発行している「幼稚園」、「小学一年生」から「小学六年生」の全誌でも連載がはじまる。文字通り、満を持してのアニメ化であった。この原作漫画が、藤子不二雄のふたり、藤本弘と安孫子素雄による完全な合作で、さらにキャラクター画を石森（石ノ森）章太郎が手伝うなど、ややこしい権利関係のせいもあり、長らく絶版状態にあった（現在は「藤子・F・不二雄大全集」で無事、復活）。白黒のアニメも再放送されることなく、すっかり世間に忘れ去られてしまった感がある。格落ちした、もうひとつの理由は、同じ藤子・F・不二雄の代表作が「ドラえもん」に完全に取って代わられてしまったことも大きい。

「ドラえもん」なんかより、教訓も、屈託も、生産性もない「オバケのQ太郎」のほうが好きだ。そもそもフォルムの可愛さは比べものにならない。わたしは断然、オバQ派だ。

東京ムービー企画室の作詞、広瀬健次郎の作・編曲による主題歌もキューピーちゃんの愛称で知られた石川進の天才的歌唱で人気を博した。歌い出しの〝キュッ、キュ〜、キュウ〜〟から、苦手の犬になりすましての〝ワン、ワンときて、キャ〜、コワイーの愛嬌、また2コーラス目のイビキも素晴らしい。

同じく広瀬健次郎が書いた「オバQ音頭」も、Q太郎の声を吹き替えた曽我町子と石川進のユニゾン二重唱が楽しい。これが2百万枚のヒットとなった。長きにわたって、盆踊りの定番曲として広く愛されている。〝空にQの字の、宙返り〟という歌詞は、「炭坑節」での三池炭鉱の上に出る月と同じように、櫓の上に広がる夜空を想起させる。夜の空は今よりもまだ、ずいぶん暗かった。

にしてもQ太郎の「Q」はどこから来たのだろう。早い段階で、オバケの「ー」太郎、というネーミングは出来ており、三太郎、怪太郎、変太郎と、麻雀のテンパイ（待ち）の状態だったそう。そこで、藤子（どちらかは特定出来ず）が本屋で立ち読んだ安部公房の小説にあった「Q」の文字に反応し、帰りの電車の中でこれに決定したという。その電車が小田急（オダキュー）だったというのも、よく出来た話だ。

「Q」という字はなんとなく、オバQのフォルムに似ている。ついでに言えば、「Ω」という文字も、もっと似ているのだが、オバケのオメガ太郎、ではきっと人気も出なかっただろう。

オバQ人気がいかに凄いものだったか、というエピソードで強烈なのが、これ。

「オバQ強盗登場。川崎。出刃で脅し1000円奪う。犯人は白布被ったオバQスタイル」

うーん。凄い。かくいう私も30年以上前にアマリリスというアングラ・バンドでオバQのコスプレ、とは名ばかりの白衣をかぶり、サックスを吹いていた。強盗さん、ちょっと他人とは思えない。

高橋尚子もオバQ仲間だ。ウィキペディアによると、彼女が「Qちゃん」と呼ばれるようになったのは〝リクルート陸上部の新入部員歓迎会においてアルミホイルを使ったボディコン風の衣装を着て『オバケのQ太郎』の歌を歌い盛り上がったことに由来するものである。また、このパーティーの際に、オバケのQ太郎の仮装をしていたという話もある。〟とのこと。顔が似ているから、ではない。

ついでに高橋尚子の「尚」の漢字がオバQに似ている、という話をネットで誰かが書いていた。悔しいほど素晴らしい指摘だ。外国人が「汁」という漢字が「十字架が光っているみたいでクール」と言うのに匹敵する。

子供の頃は、屋根の上をオバQのスピード（8キロ、10キロ、50キロ）で飛行する夢をよく見た。今、見ることが出来るだろうか。

とりあえず、「フライング」聴いて寝よ。

（参考文献：「二人で少年漫画ばかり描いてきた」（藤子不二雄著、毎日新聞社）

1966

サム・ハヴ・ゴーン・アンド・サム・リメイン

「1966年」のこのページに書くネタは早くから決めていた。

66年6月29日から7月3日まで、ビートルズの4人は武道館での公演以外のほとんどの時間をヒルトン・ホテル（現キャピタル東急ホテル）の10階の客室で、おおよそ軟禁状態にあった。その間、彼らはラジオで日本の流行歌を聴き、それが『リヴォルヴァー』以降の彼らの曲に影響を与えることになった …というのが、そのネタ。

ズバリ、これはパクリなのです。

元は、岸野雄一さんによる原稿。先に書いた5日間のホテルの部屋で、彼らはどんなテレビ番組を観たのか、を当時のテレビ欄から妄想していく、という素晴らしい発想の産物。THE DIG誌の通巻23号、01年冬号に『研究レポート!：ビートルズが日本で観た（かもしれない）テレビ』と題され、4ページ掲載されていた。99%は妄想であるが、そのきっかけとなったのは〝リンゴ・スターがホテルで石坂浩二、内藤洋子主演による日本テレビのドラマ「あじさいの歌」の第一回を観ていた〟という事実を膨らませたものである。

それを真似て、ちょっとアレンジしてみよう、と思い立ったのさ。

まず、ウィキペディアの「1966年」の項を見る。この年ヒットした曲の一覧がある。

加山雄三「君といつまでも」、マイク真木「バラが咲いた」、美空ひばり「悲しい酒」、城卓矢「骨まで愛して」、園まり「逢いたくて逢いたくて」、千昌夫「星影のワルツ」、西郷輝彦「星のフラメンコ」、山本リンダ「こまっちゃうナ」、水前寺清子「いっぽんどっこの唄」、槇みちる「若いって素晴らしい」、ザ・スパイダース「夕陽が泣いている」、森進一「女のためいき」…とキラ星の如きラインナップ。もちろん、これらが6月以前に発売されていたものかどうか調べる必要もあるんだけど、それ以前に、先に書いた〝日本の流行歌が『リヴォルヴァー』以降の彼らの曲に与えた影響〟というネタに結びつくものが、ひとつも思いつかなかった。ひとつも。しゅーん。

打ちひしがれて、1966年のウィキペディアをスクロールしていると、6月1日、漫才コンビ「横山やすし・西川きよし」結成、という文字が目に入ってきた。

ビートルズと、やすし・きよし。共にスピードを伴った革新性に満ちた表現で時代を切り拓いていった。それぞれ、ブリティッシュ・インヴェンションと漫才ブームという社会現象を巻き起こした。デビュー時はともにスーツを着用している。…と、共通点を挙げていくも、早くも力尽きてしまった。

やすしときよしをレノンとマッカートニーに絞って比較してみよう。攻撃的なやすしとジョン。坊っちゃん気質のきよしとポール。やすしとジョンはメガネ。きよしとポールは眼がデカい。ジョンもきっと人生で2、3度は「めがね、めがね」と探すフリをしただろうし、やすしも酒に酔った勢いできよしに「そんなデカい眼ぇーして、夜、眠れるんかいな」と言ったかもしれない。

やすしはタクシー運転手を雲助と呼び、ジョンは、ビートルズはキリストより有名と発言して、それぞれ非難を浴びた。

…と、こっちの方がノッてきた。ついでに言えば、きよしとポールの嫁は白人で、やすしとジョンの嫁は日本人だ（粗い！）。

喜劇作家、香川登志緒先生はかつて「〝漫才人間〟と〝役者人間〟というふたつのタイプの人間がコンビを組むと成功する」という名言を生んだ。小林信彦がそれを引用している。やすしが〝漫才人間〟、きよしが〝役者人間〟である。コント55号で言えば、萩本欽一が〝漫才人間〟、坂上二郎が〝役者人間〟。ダウンタウンで言えば、それぞれ、松本人志、浜田雅功、となる。

この論が漫才コンビ以外にあてはまる訳はないのだが、私の勝手な解釈、〝漫才人間＝つぶしが利かない〟、〝役者人間＝つぶしが効く〟にあてはめると、案外、漫才人間はポールで、役者人間はジョンだったのでは、という気もするのであった。

66年、デビュー4年目のビートルズを武道館に間に合わなかった私は、70年、デビュー4年目の横山やすし・西川きよしの実演を観た。箕面市民会館で行われた渚ゆう子ショウの前座だった。

ポールがジョージにジョンずにリンゴの絵を描いた
画 辻井タカヒロ
文 安田謙一

1967

さむくないかい

スウィンギング・ロンドンを象徴する英国のファッション・モデル、ツィッギーが来日したのは1967年10月18日。

ミニスカートの女王、という異名でマスコミにも大きく取りあげられた。

歴史をふりかえると、彼女の来日によってミニスカートが黒船襲来のように日本に伝来されたような印象を受ける。ウィキペディアで「ミニスカート」の項を見ると、それ以前の、65年に帝人が日本で初めてのミニスカート「テイジンエル」を発売した、とある。さらに、67年に野際陽子がパリから帰国した際に着用していたことが話題になり、同年、美空ひばりがミニスカート姿で「真赤な太陽」を歌謡番組で歌い、脚光を浴びた、と続く。いずれにしても、日本人にとって、ミニスカートの年が67年であったことは間違いないだろう。

ツイッギーの本名はレズリー・ホーンビー。ツイッギー（小枝ちゃん）はもちろんアダナに決まってます、である。ちなみに、もうひとり、ミニスカート時代を代表したファッション・モデルに、ジョージ・ハリスンとも交遊があったジーン・シュリンプトンがいた。愛称はシュリンプ（小海老ちゃん）。こちらもアダナに決まってます、である。もし、ふたりが大阪で生まれた女だったら、桂小枝に桂小海老と呼ばれたかもしれない。

山本リンダが「ミニミニデート」を出したのは67年7月。このジャケでもしっかり膝上10センチ（適当）のミニスカートを穿いている。同じ月に木の実ナナが、ドイツのバンド、グーシーズの同名曲の日本語カヴァー「ミニミニ・ロック」を発売。こっちのジャケも膝上、約15センチ（適当）のミニを穿いている。

メキシコの個性的なムード音楽家、エスキベルもズバリ「ミニスカート」という曲を吹き込んでいる。これが68年の曲。曲間で、ひゅー、ひゅーと口笛を吹いたり、グルーヴィー、と冷やかしている。ミニスカートは野郎共の冷やかしとセットなのだ。ボブ・クルー・ジェネレーションが66年にヒットさせたインスト曲「ミュージック・トゥ・ウォッチ・ガールズ・

バイ（邦題「恋はリズムに乗って」）も同じくミニスカを眺める野郎のBGMというイメージだろう。

このラインまではスマートなのだが、コント55号がテレビでモデルと野球拳やって、負けたモデルのスカートを切って、丈を短くする…という趣向は、今にして思えばなんとも無茶苦茶な世界である。国民全員が覚醒していたのではないだろうか。ずっと、あの「野球拳」の音盤が欲しい。出来れば7インチのシングル盤で。

オーティス・レディングが「トライ・ア・リトル・テンダネス」を歌うとき、歌詞に出てくる〝ミニスカート〟という言葉がパートカラーのように発色する。この曲を彼の代表曲にしたモンタレー・ポップ・フェスティバルも67年の出来事だ。

ミニスカートとツイッギーのイメージをコンパクトに真空パックするのはピチカート・ファイヴ「トゥイギー・トゥイギー」だ。アルバム『女性上位時代』（91年）で発表されたこの曲、元は野宮真貴のファースト・ソロ『ピンクの心』（81年）に収録されていた。佐藤奈々子の作詞、作曲による。

この「トゥイギー・トゥイギー」の元に、（意味として）山本リンダ「ミニミニ・デート」が存在する、ということを、曲で示してみせたのが宮崎吐夢の「mini mini chimpo」である。完全に「トゥイギー・トゥイギー」を意識した曲調の基本的にナンセンスな歌ではあるが、〝女の子って気にしない。むしろデカイとおっかない。意外とそんなの気にしない。女の子でも無理だもの〟と、と～っても重要なラインをさらっと忍び込ませている。

一度でいいから山本リンダが歌う「トゥイギー・トゥイギー」を聴いてみたい、というのが長年の夢だが、どうせ夢なら、山本リンダが歌う「mini mini chimpo」を聴いてみたいと書くのはタダである。

もう一度、ツイッギーの来日に話を戻す。彼女がその後の日本にもたらしたのは、ミニスカートよりも、むしろ、〝痩せっぽち〟という美意識だったような気がする。ビートルズは、（20秒の沈黙を経て）男の長髪だろう。

1968

メキシコ・シティは絵文字だらけ

1968年の「68」という数字を見て、連想するのはランス・ワイマンがデザインしたメキシコ・オリンピックのロゴ。オリンピックというネタは、連載の「64年」の回の東京五輪とカブってしまう気もするが、これだけは譲れない。参考までに、「64年」を読みなおしてみたら、ほとんど東海道新幹線について書かれていたので、安心した。

66年11月、ニューヨークで活動するグラフィック・デザイナーのランス・ワイマンは新婚の妻と、英国人の家具デザイナーを伴いメキシコ・シティに向かった。68年の第19回オリンピックの公式グラフィック・アイテムを一手に手掛ける契約を得るための旅で、彼はまだ30歳に届く前の若さだった。

国立人類学博物館に展示されたスペイン侵略以前のメキシコ美術と、路上に並ぶ市場の豊かな色彩に触れたワイマンは、オリンピックの五輪のフォルムから数字の「6」と「8」を形成することを思いつく。この力強いデザインと、3重線を基調とした独自のフォントがコンペを制し、メキシコ五輪のグラフィック・イメージはワイマンの独壇場となった。

ピクトグラム（絵文字）をメインに扱うという点では、64年の東京五輪を大いに参考にしたという。多数を占める英語圏の人種にとって、解読することが出来ない「日本語」や「スペイン語」に対応する、きわめて実用的な手段だった。東京大会で使用された「道案内表示」を、ワイマンはそのまま流用した。彼のオリジナリティはデザインが「いかにメキシコ的に見えるか」ということにあった。彼の作品の特性である、強烈な彩度を持つ色合いについては、ペヨーテの影響があるのでは、という説もある。

私が最初にメキシコ・シティに行ったのは、97年。まず、最初に目についたのが、メトロ（地下鉄）の各駅にそれぞれ付けられたシンボル・マーク＝ピクトグラムだった。もちろん、これもランス・ワイマンの作品。これをオリンピックの翌69年に手がけている。

この絵文字による駅名はスペイン語を判読出来ない先住民にも分かりやすいように作成され

た、と旅行案内書に書かれていた。駅ごとに「鈴」や「蝶」や「鷲」や「大砲」などがシンプルな図案で描かれている。当然、日本人の私にも、これは便利だった。「馬」の駅で乗って、「バッタ」の駅で降りる、とか考えていると、ついつい、山上たつひこの「ぶた時くま分とら秒」（通称・動物時計）を思い出したりした。97年のメキシコ・シティにはメキシコ・オリンピックの68年がまだ堂々と息づいていた。これに惹かれない訳はない。

同じように北大阪急行電鉄の千里中央駅には、大阪万博の1970年の意匠が当たり前のように息づいている。これについては「70年」で書くような予感がしまくっている。

ワイマンは語る。「あのメキシコの体験は本当に〝民族〟の体験だった。言っておかなければならないのは、私が本当にメキシコとの恋に落ち、愛情をもってメキシコの人々とコラボレーションしたことだ。（中略）私はしばしばメキシコ・シティに飛んだのだが、飛行機の窓から外を見ると心が震えて熱くなったものだ」。読んでいてこちらも心が震えて熱くなる。デザインの、さらに言えば仕事の理想がこの言葉に込められている。

と、ここまで読まれて、なんだか、いつもと様子が違うなあ、と思われた読者もいるに違いない。なんとなく真面目。フザケが少ない。理由はひとつ。この原稿のために、雑誌『アイデア 2016年7月号』を2829円プラス税で購入し、その元を取ろうと、第2特集「ランス・ワイマンと1968年メキシコ・オリンピック」に書かれた情報を必死で盛り込んでいるから、こんな原稿になっているのだ。読んでいて（書いていても）心が冷えて寒くなるようなことを書いてしまった。まあ、これもひとつの納涼ということで。

68年といえばグループ・サウンズの年でもある。大好きなザ・ボルテイジ「トゥデイ」、ザ・タックスマン「恋よ 恋よ 恋よ」、ザ・ライオンズ「すてきなエルザ」、ザ・レンジャーズ「赤く赤くハートが」、ザ・ルビーズ「恋のピストル」などを知ったのは、故・黒沢進さんが編集されたB級GSのカセットテープからだった。このシリーズが、生涯で一番世話になったカセットであることは間違いない。

ポールがジョージにジョンずにリンゴの絵を描いた
文 安田謙一
696969696969696969
画 辻井タカヒロ

1969

野球するなら。しなくても。

「69年は…」と書くと、どうしても「…エロな年」、というところに着地してしまう。

「東京CITYは…」とくれば、どうしても「…風だらけ」である。

「バーニー・レイクは…」とくれば、「…行方不明」しかない。

「私のハートは…」と来た日にゃあ、「…ストップモーション」と相場が決まっている。

残念ながら私は「東京CITYは…」とか、「バーニー・レイクは…」とか、「私のハートは…」などとはじまる原稿を書く必要に迫られたことがない。

だが、「69年…」とはじめる必要が訪れたのだ。いつ書くか。今でしょ。

「69年はエロな年」はセルジュ・ゲンズブールがジェーン・バーキンとデュエットした曲「69 année érotique」の邦題で、もちろん69年に出たアルバム『ジェーン&セルジュ』に収録されている。このアルバムの1曲目は「ジュ・テーム・モワ・ノン・プリュ」。ゲンズブールがフランス・ギャルにエロ隠喩の歌詞を歌わせて、泣かせた「アニーとボンボン」も入っている。いわば、筋金入りのエロ・アルバムである。

わたしは告白する。この原稿。「69年はエロな年」という書き出ししか考えずに書いている。書きはじめて、ここまで来た。もう引き返せない。

年末に、その年を一文字の漢字で表すと…というイベントがはじまったのは95年。もしも69年にすでに実行されていたとしたら、さらに、漢字一文字ではなくカタカナ2文字だとしたら、京都、清水寺の清水の舞台で、森清範貫主は特大の和紙に大きく「エロ」と書いたことだろう。

69という数字がエロと結びつく理由は、この二つの文字が、性交時に互いの性器に顔をつけ、舐め合う体位に似ていることからだろう。いわゆるシックスナインである。

数十年前、大阪の繁華街に、その名もずばり「69」というラブホテルがあった。若いアベックが入店するのには、ずいぶんハードルが高いネーミングだなあ、と感心した。青木雄二が描く下卑たおっさんが、同じく下卑たおばはんに

「なっ、このホテル、名前がええやろ、なっ」とか言いながらしけ込む画しか浮かばない。ある意味、潔いともいえる。

このホテルがどこにあったかを検索していて偶然、〝『ラブホテル』という呼称は69年に開業された大阪府の「ホテル・ラブ」が語源〟という文言を発見した。おっ、69年！と興奮していたら、それ以前にもその呼び名は使われていた、という情報もあった。残念。

永井豪が週刊少年ジャンプで「ハレンチ学園」の連載をはじめたのは、68年。69年の14号に登場した「モーレツごっこ」が日本全土でブームを巻き起こしたスカートめくりのきっかけとなった。「モーレツ」は、小川ローザがミニスカートの裾を風にまくられる丸善石油のCM（69年）のコピー「Oh！ モーレツ」に因んだものである。

69年はエロな年。日本においてはハレンチな年、のほうがしっくりくるのかもしれない。と言えば思い出すのは、あの番組。

『コント55号の裏番組をぶっとばせ！』は69年4月から日本テレビで放映がはじまった。名物は野球拳のコーナー。坂上二郎あるいは萩本欽一と、女性ゲストが公開録画の会場で野球拳を行い、負けた者が服を脱ぎ、女性の脱いだものは会場でオークションにかけられ、収益金は全額寄付される、という企画だった。これも大ブームを呼んだ。

このコーナーのBGMとなる派手なホーンがメロディを奏でるゴーゴー・ビートの「野球拳」は音盤化されているのだろうか。あったら欲しい。当時も会社の余興などで野球拳の真似事は流行ったはずだ。シングル盤のニーズは必ずあっただろう。にも関わらず、中古レコード屋のエサ箱で一度も拝んだことがない。野球拳がしたいわけではない。この盤さえあれば、完全無敵なクラブDJになれるような気がするのだ。たぶん気のせいだろうが、かなり本気でそう思う。アウト、セーフ、よよいのよい、と盛り上がるだけ、盛り上がりたい。90年代にダウンタウン司会のバラエティで野球拳が復活した際も、同じ音源が使用されていたのがユーチューブで確認出来る。今からでも遅くない。アナログ化を希望する。

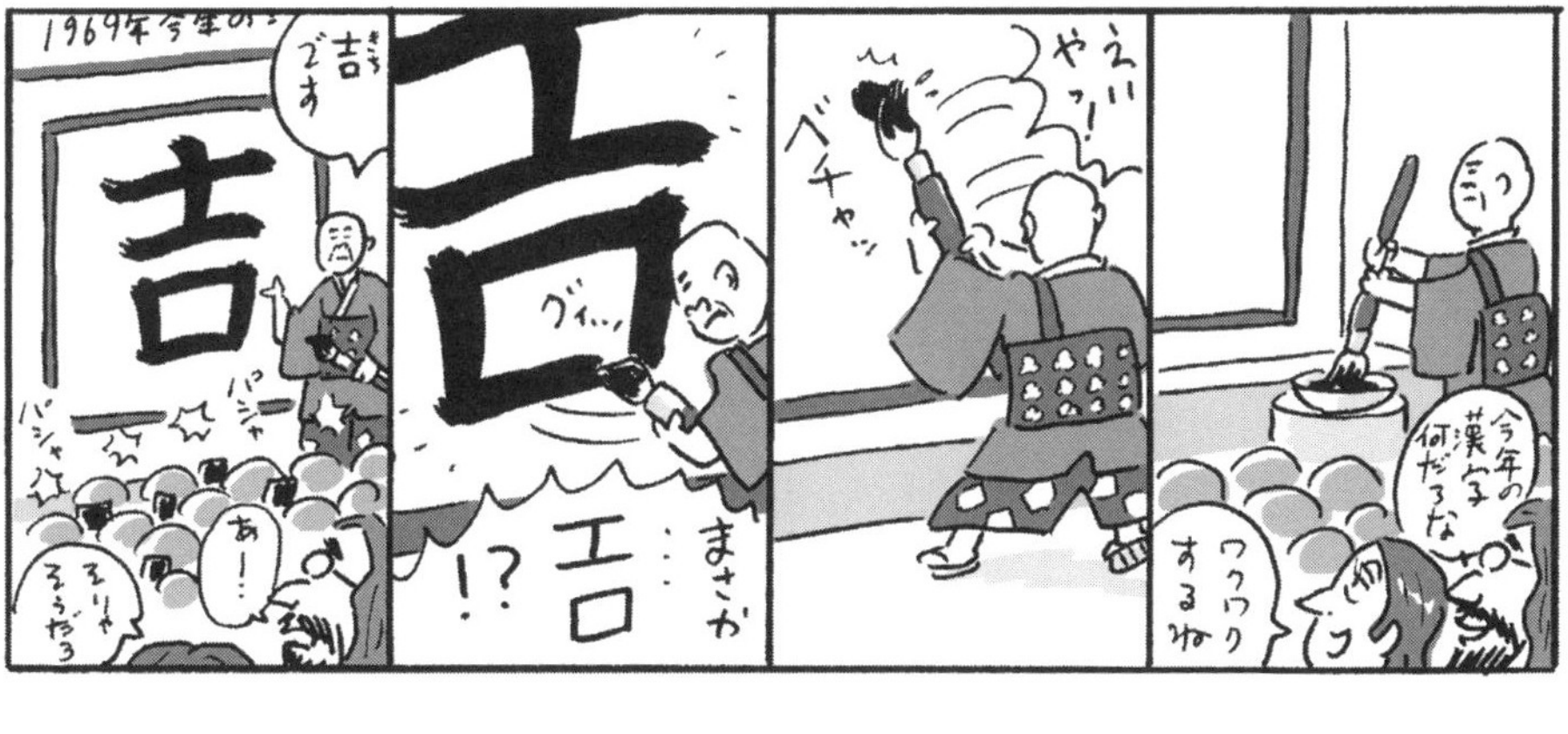

1970

万博でもいい

数日前に6枚目のアルバム『Mellow Waves』を発表したコーネリアスにインタビューした。

彼にインタビューするのは2度目。前回は、と記憶を遡ると、3枚目のアルバム『FANTASMA』を出したときで、ちょうど20年前の97年のことだった。掲載された雑誌の表紙やグラビアには、大阪万博の跡地で撮影されたコーネリアスが掲載されていて、たしか万博跡の敷地内でインタビューもした記憶があるが、ちょっとあいまいである。

手元にその雑誌が見当たらないが、私の原稿はこんな感じで締めたと思う。

1970年の大阪万博への思い入れでなにかを生み出すのは、実際に足を運んだことがない小山田圭吾（69年生まれ）の妄想力であり、実際に（2度）訪れた私（62年）ではない。

その気持ちはいまもあまり変わらない。私は万博が大好きだけど、それほど凄いものだったのだろうか、という気持ちも常にどこかにある。

あと5歳、いや2歳年上だったら、かなり印象は違っただろうし、さらに10歳上だったら「ハンパク」なんて言いながら、斜めに見ていた気もする。

小学校2年のときに体験した記憶は、それ以降に映像などによって何度も追体験した記憶に上書きされちゃっているようなところもある。そんなこんな、を呑み込んで、私の大阪万博が出来上がっている。

今も万博記念公園には太陽の塔が立っている。近くで見上げるのもいいけど、大阪モノレールの車窓から、ちらちらと見える姿も味がある。「鉄鋼館」が改造されて出来た「EXPO'70パビリオン」も思いがけないほど、クオリティが高く、来日アーティスト（ここではメリー・ホプキンの名前を忘れずに書いておかなくちゃ）のポスターなど、とても充実したコレクションが展示されている。

万博公園に行く前に大阪モノレールの万博記念公園駅から会場に向かうまでに、中国自動車道の中央環状線をまたぐようにかけられた陸橋を渡る。ここでかならず、走る車の波を見下ろして感慨にふける。おそらく、その風景は

1970年からまったく変わっていないはずだ。今、万博跡地に遺されたなにものよりも、そう、太陽の塔よりも、えらいものを作っちゃったなあ、という歴史を感じさせてくれる風景だ。

　2025年に再び大阪万博を、という動きがあるけれど、もし実施されるとすれば、70年万博にとってのこの高速道路の風景にあたるものが、なんになるのか、見当もつかない。

　実際に万博公園に行くことは年に一度もないくらいだけど、その「少し手前」で大阪万博を感じることがある。

　大阪市営地下鉄の御堂筋線の延長にある、北大阪急行電鉄はちょうど大阪万博の開催にあわせて開業された。終点の千里中央駅は、万博の閉会から使用されたのだが、この駅のまわりのデザインが、私の大阪万博の記憶をくすぐる。ホームを見下ろすように、両側に並んだ店舗のいじらしい佇まいに、強烈に1970年を感じてしまう。

　この駅をたまに訪れる理由は、千里セルシーという商業施設があり、そこで、アイドルの無料コンサートが行われるのを観に行くため。特に贔屓とするアイドルはいないけれど、それ以上にこの「場」の空気を味わうべく、ここに出向くのだ。

　千里セルシーは72年にオープンした。当時ここで、「プリン・キャッシーのテレビ！テレビ!!」というバラエティ番組が公開録画されていて、その中の名物コーナー、「パクパクコンテスト」（いわゆるリップシンク芸）から草川祐馬や川崎麻世がスターになった。実際に番組が撮られていたのは、この施設の中のセルシーホールという場所だったが、千里セルシーという名前が、脳内でひとり歩きして、今もその名を目にするだけで、川崎麻世が歌う（真似をする）西城秀樹を幻視してしまう。ここには70年代の空気が淀んでいる。

　千里セルシーに行くたび、「肉工房 千里屋ホルモンバル」という昼からやってる立ち呑み屋に足を運ぶ。肉屋が経営しているので、肉系の肴が安く、充実している。締めには必ず、肉そばを注文する。わざわざ、これを食べるために千里中央まで足を運ぶ。

　70年に観た万博は、半世紀近く経って、一杯の肉そばになった。麺類の進歩と調和。

文 安田謙一
画 辻井タカヒロ
ポールがジョージにジョンずにリンゴの絵を描いた

1971

しかたないではすむものか

ずいぶん前に古本屋で買った週刊少年マガジンの1971年2月7日号が家にある。これが信じられないくらいに暗い。「巨人の星」の連載が終わったばかり、「あしたのジョー」が休載中で、「ワル」と「アシュラ」がメイン。新連載の「魂《ソウル》シンガー」をはじめ、読み切りマンガのすべてが暗く、救いがない。

漫画だけではない。モノクロ・ページの読み物が「ショッキング・レポート　危機に立つ'71日本公害列島」ときたもんだ。田子の浦のヘドロ、尼崎工業地帯のスモッグなどの写真が添えられている。

62年生まれの私が少年期に思い描いた未来像について、大阪万博でデザインされたキラキラした世界を「A面」とすれば、「B面」となるのは公害で荒れ果てた風景といえるだろう。ある意味、「両A面」かもしれない。

71年は公害ブームがピークに達した年だった。なにせ、映画『ゴジラ対ヘドラ』が公開された年である。〝水銀　コバルト　カドミウム〟と歌われる主題歌「かえせ！　太陽を」（歌は麻里圭子 with ハニー・ナイツ）は監督の坂野義光の作詞によるもの。映画とともにカルト的な人気を持っている。

歌謡曲としてはアプリコット「公害ブルース」が先駆けていた（70年12月発売）。

明日 明後日 そのまた明日
遠い未来を夢見るよりも
今日のお米のカドミウム
阿賀野 安中 水俣 黒部
仕方ないでは 済むものか
誰の罪なの どうすりゃいいの
ああ 公害 公害ブルースよ

と、ワンコーラスまんま抜き出してしまったが、こんな痛烈な歌詞を女性2人組がなんともいい塩梅で歌う、これまた名曲だ。

テレビでは、この年の1月に「スペクトルマン」の放映がはじまっている。当初は「宇宙猿人ゴリ」の題名だった。スペクトルマンの正体でもある主人公、は蒲生譲二が務めるのは、公害調査局第8分室、通称「公害Gメン」。ヘドラを先駆け、公害から生まれた怪獣たちと戦う。サブタイトルを並べると「公害怪獣ヘドロンを倒せ！」、「恐怖の公害人間？」、「美しい地球のために!!」と偏りまくっている。公害路線はウケが悪く、すぐに軌道修正され、公害Gメンは怪獣Gメンと変更させられた。

71年の4月から「仮面ライダー」の放映がはじまっている。

空前のライダー・ブームを象徴するものとして、同じ71年の暮れに発売された「仮面ライダースナック」（最初は東京だけ、翌年、全国発売に）がある。目当ての「仮面ライダー カード」を抜きとったあと、子供たちが中身の入ったスナックを投棄することがちょっとした社会問題になった。そうだった。この時代、ガキもまた公害に加担していたのだった。

アメリカのテレビ・シリーズ「マッドメン」は60～70年代の米国の広告業界を描いた秀作（ビートルズも鮮烈に登場する）だ。時代背景に忠実に、登場人物はのべつ幕なしに煙草を吸い、仕事場で昼から酒を呑む。そんな〝失われた倫理〟が描かれる中、もっとも私がショックを受けたのは、主人公が家族とともにハイキングを楽しんだあと、そこで出たごみを、なんの躊躇いもなく地面に捨て帰るシーンだ。

多かれ少なかれ、誰もが公害に加担していた時代があった。

公害を歌ったポップ・ソングを思い出そうとすると、ビーチ・ボーイズの「ドント・ゴー・ニア・ザ・ウォーター」がまず頭に浮かんだ。この曲が入ったアルバム『サーフズ・アップ』も71年の作品だ。

ジョン・レノンはオノ・ヨーコとともに71年2月に出演したテレビ番組「マイク・ダグラス・ショー」で環境問題について語った。ポール・マッカートニーは妻リンダからの影響もあり環境保護を広く訴えかけるようになる。

ジョージ・ハリスンと環境問題を考えると、『リヴィング・イン・ザ・マテリアル・ワールド』は当然として、『オール・シング・マスト・パス』の30周年リイシューの際にアレンジされたレコジャケの背景に描かれた高速道路や排煙する煙突などの風景を思い出す。

ポールがジョージにジョンずにリンゴの絵を描いた
文 安田謙一 画 辻井タカヒロ

1972-73

サイダー'72 サイダー'73

長い間、麻丘めぐみのことをスター誕生からデビューしたと勘違いしていた。

という書き出しではじまる今回は、全編、私が物心ついた…って正しい意味がよくわかっていないまま使ってますが…、そんな時代の話をつらつら書かせていただきます。

最初にテレビで麻丘めぐみを見たのは72年。スター誕生でデビュー曲「芽ばえ」を歌っていた。この時の記憶から、ずっと冒頭に書いたような勘違いをしていたのだ。彼女はステージの上ではなく、客席の通路で歌わされている姿を見て、ぞわぞわっとした感覚に襲われた。歌詞から感じられる〝いたいけ〟な雰囲気がそのシチュエーションにとても似合っていた。これはなんとかしなくちゃいけない、と焦った。ちょうど10歳で、小学5年になったところだった。

漫画家、山上たつひこが「喜劇新思想体系」を雑誌（マンガストーリーと別冊マンガストーリー）で連載をはじめたのも72年。そこに麻丘めぐみをモデルとしたヒロイン、めぐみちゃんが出てくるのは、しばらく後で、しかも私がそれを読むことになるのはさらに後、青林堂から「続・喜劇新思想体系」が単行本化された75年のこと。中学になっていた。両親が離婚したのをいいことに、まったく勉強せずに、近所にあった貸本屋で馬鹿みたいに何度も何度も同じ本を借りて読んだ。

その「続・喜劇新思想体系」に収録されている「至上の愛」はオープニングからいきなりふたりの男がまぐわうカットではじまる。布団の上で汗まみれになる男と男が「あなたがじいんと」「くるっときはん」「わたしもじいんと」「くるんでーす」と悶えながら「サイダーッ！」と果てる。

最初にこの漫画を読んだときから、この紙の上のセリフに脳内でちゃんとメロディがついていた。三ツ矢サイダーのCMソングで、スター誕生の時間に放映されていた。伊藤アキラ作詞、大瀧詠一の作・編曲、そして歌の「サイダー'73」の歌詞だった。この時はまだはっぴいえんどを聴いていなかったし、名前すら知らなかったけれど、とても好きなCMソングだった。今聴いてもハレーションを起こしそうな強い光量が眩しくてしょうがない。

　しばらくして、この三ツ矢サイダーのCMに風吹ジュンが出てくる。〃♪なんだか、うまくいきすぎる、今日は～〃と歌われる「サイダー'74」がCM曲に使用されていた。

　山上たつひこが週刊少年チャンピオンで出世作となる「がきデカ」の連載をはじめたのは74年で、主人公、こまわりくんの同級生に黒髪の木の内モモ子、その妹でロン毛の木の内ジュンという姉妹のキャラクターが出て来た。モモちゃんのモデルは山口百恵だったが、私は俄然、風吹ジュンをモデルとしたジュンちゃんが好きだった。

　ロック・バンド、葡萄畑が（アニメの主題歌ではなく、漫画のノベルティとして）「恐怖のこまわり君」というシングルを発売したのは75年。この曲を聴くのはもう少し後のことになるが、それより確実に前に「恐怖…」の編曲の元ネタである10ccの「シリー・ラヴ」が入ったアルバム『シート・ミュージック』を聴くことになった。じわじわロックの虫になっていった。


　麻丘めぐみがいて、山上たつひこがいて、大瀧詠一がいて、風吹ジュンがいて、またまた、山上たつひこがいて、（葡萄畑を通りこして）10ccがいて。私にとって、パンク・ロックが出てくるまでの、セヴンティーズはだいたいこんな感じだった。もろもろが始まったのが72年くらいだった、と振り返って気がついた。

　そういえば、ビートルズの本だった。

　はじめて買った彼らのレコードは『赤盤』『青盤』で、国内盤も出ていたけれど、輸入盤が安いので、そっちを買った。

　スター誕生と同じ日曜日の日本テレビ（関西なので読売テレビ）をずっと見ていると、昼過ぎに、土居まさるが司会の「TVジョッキー」がはじまる。ここで流されるエドウィンのCMにビートルズ（版権の関係でバッド・ボーイズ）の「シー・ラヴス・ユー」が使われていた。このCMが具体的にいつ放映されていたのか、ネットで調べてもなかなか特定できない。なんとなく、72年、73年あたり、という気がするのだが、どんなもんだろう。

1974

2度漬け解禁

ウィキペディアで「1974年」を検索してみると、安田謙一はいかに「1974年」をネタにしてきたか、と、ちょっと感動してしまった。いかに…といっても、まあ、4つなんですが。ということで、みなさまにも、その感動をお裾分けしてみようと思いついた。

（その1）1974年2月1日。永谷園が「あさげ」を発売。

この「あさげ」のテレビCMに5代目の柳家小さんが出演していた。小さんが亡くなった02年に、雑誌「CDジャーナル」の連載「ロックンロールストーブリーグ」にこう書いている。

＊＊＊

小さんが死んだ。安藤鶴夫は好きだけど、江戸落語を、生涯を通じて10時間も聞いてはいないであろう私にとって、訃報を耳にした時に、思わず口から出た言葉は「うまいねえ。これでインスタントかい？」であった。困ったもんだ。

いや、本当は困ってはいない。私にとって小さんといえば、「これでインスタントかい？」だ。いや、小さんと言わなくとも、私はこのフレーズを常に日常生活に垂れ流していた。

＊＊＊

この「うまいねえ、これでインスタントかい」はCMで小さんが発するキャッチコピー。漫才師、兵頭大樹のラジオを聞いていると、彼もまた、今なおこのコピーに取り憑かれているようだ。

（その2）1974年4月11日、東京・両国の日大講堂で行われたプロボクシング・WBC世界ライト級タイトルマッチで、挑戦者・ガッツ石松が王者・ロドルフォ・ゴンザレス（メキシコ）を8回KOで破り3度目の世界挑戦で王座獲得。

03年に、またまた雑誌「CDジャーナル」の連載「ロックンロールストーブリーグ」にこんなことを書いている。

＊＊＊

「ガッツ・ポーズ」。あのガッツ石松がプロ・ボクサー時代に、勝利の喜びを表したポーズから命名されたことは有名なけれど、その命名の前には何と呼ばれていたでしょう。僕は最近、ケーブルTVでやっていた実際の試合ビデオで知り、びっくりした。

＊＊＊

答えは「石松の勝ち名乗り」です。これじゃあ、後世に残らない。

（3）1974年1月25日、中条きよしが「うそ」でデビュー（正確には改名後の再デビュー）。オリコンチャートで1位を獲得。累計150万枚のヒットとなった。

これについては雑誌「DIG」の雑誌内雑誌「安田ビル」に、こんなコラムを書いている。これは99年とか00年くらいかな？

＊＊＊

たとえばビートルズの「ハッピネス・イズ・ア・ワーム・ガン」って曲名の「ワーム・ガン」の意味するところが「撃ったばかりの銃」から「打ったばかりの注射器」だったり、「射精したばかりの男性器」だったりと、色んな解釈があるわけです。（中略）中条きよしのヒット曲「うそ」。歌い出しの「折れたタバコの吸い殻であなたの嘘がわかるのよ」って箇所が長い間理解できなかったんだけど、その時、頭の中の「ワーム・ガン」と重なってピン！と来ました。そうか「折れたタバコ」は「射精してきた（ばかり）の男性器」だったのか！

＊＊＊

この原稿はお気に入り。「本当はエロい昭和歌謡」みたいな新書を出したいものだ。

（その4）1974年7月13日、映画「エクソシスト」日本公開。同年の洋画配給収入1位の大ヒット。

映画「エクソシスト」が好きなことについては、何度も文章にしている。去年観た韓国映画「哭声　コクソン」についても〝「エクソシスト」と「エクソシスト2」を足して2で割ったような傑作〟と評した。今年、公開された映画「8年越しの花嫁　奇跡の実話」の土屋太鳳扮する新婚の花嫁が難病に罹る実話の映画化で、彼女が罹った抗NMDA受容体脳炎という病気が「エクソシスト」のモチーフとなったというのを読んで気になり、ただ、それだけの理由で劇場に足を運んだ。それほど「エクソシスト」が好きなのだ。

ポールがジョージにジョンずにリンゴの絵を描いた
7
5
辻井タカヒロ 画
安田謙一 文

1975

ダイナマイトが チャール屯ヘス屯

75年といえば、と私の中に住む百人に問えば、75人ほどが「Gメン75」と答える。私の中の関口宏がもっともだ、という顔でそれを聞いている。

「75」という数字にはそれ自体に、なんともハイプなイメージがある。

大瀧詠一がアルバム『Niagara Moon』を発売したのは、75年5月31日。

ここに収録された「ハンド・クラッピング・ルンバ」には、多くの映画のタイトルが詠み込まれている。登場順にざっと抜き出そう。

『かもめのジョナサン』（74年10月）
『エクソシスト』（74年7月）
『エマニエル夫人』（74年12月）
『日本沈没』（73年12月）
『サブウェイ・パニック』（75年2月）
『ポセイドン・アドベンチャー』（73年3月）
『大地震』（74年12月）

タイトルのあとには日本公開の年月を加えた。

当時、中学生だった私はロードショー、あるいは数カ月遅れに名画座でこれらすべてを観ている。記憶の中で、映画と劇場パンフレットとチラシがセットになっている。にしても、それぞれ「押し」の強い映画が並んでいる。7本のうち『日本沈没』と『ポセイドン…』と『大地震』は、当時言うところの「パニック映画」だ。『サブウェイ・パニック』は、他と比べてそれほどパニック感がないのに、パニック映画ブームだったために、こんな邦題がつけられている。

最後の『大地震』を、この映画を知る世代の人は間違いなく「だいじしん」と読み、そうでない世代の人には「おおじしん」と読む人もいるだろう。

75年の正月映画として公開された『大地震』。監督は次作の『アバランチエクスプレス』が遺作となったマーク・ロブソン。主演はチャールトン・ヘストン。ヘストン主演で、同じくユニバーサル映画の副社長、ジェニングス・ラングが製作総指揮となった『エアポート'75』（私の中の9人が、冒頭の「75年といえば」の質問に、こう答えた）も、『大地震』の1週間前に日本で劇場公開されている。チャールトン・ヘストン、どんだけパニック映画づいとんねん、という話である。ちなみに、どっちにもジョージ・ケネディが出ている。つくづく、チャールトン・ヘストンとジョージ・ケネディの時代である。『猿の惑星』シリーズ、『地球最後の男オメガマン』、『ソイレント・グリーン』…とチャールトン・ヘストンは「人類・男性」の見本のような役の印象が強い。晩年の「ハッピネス・イズ・ア・ワーム・ガン」とラキダシがつくような愛銃（ライフル）家としての生き方も映画の役柄と地続きだった気がする。

『大地震』。日本公開時の売りは「センサラウンド方式」という名の音響効果で、観客に実際の地震を疑似体験させる…という仕掛けが「売り」だった。現在の「4D上映」につながっていくものだ。私は神戸の三宮にあった阪急会館という劇場でこれを体験したのだが、地震のシーンで揺れる以前に、劇場の隣を走る阪急電車の振動音がたえまなく鳴り響く会場にあっては、まったくその効果を堪能することは出来なかった。

ウィキペディアには、「余談」として「日比谷有楽座での上映は1974年暮れ（正月映画）であったが、隣の東宝会館4階・芸術座では山田五十鈴が座長として『たぬき』を上演しており、最初の上映で本物の地震かと思った山田五十鈴は激怒し、以後音響効果は他の劇場と比べると弱める形での上映となった」という文章がある。これ以上の宣伝効果はないだろう。さすが山田五十鈴である。さすが、たぬきである。

「パニック映画」は完全に死語になってしまった。「ディザスター映画」がそれに代わるものだろうが、なんともパワー不足だ。ついでに言えば、「オカルト映画」も死語になった。今では完全に「ホラー映画」だ。

言葉だけでなくパニック映画が減少したのは、世に地震、雷、火事、台風、津波…の災害の頻度が年々高くなり、それを現場で民間人が撮影した動画を見ることが出来るようになったから…かもしれない。じゃんじゃん「パニック映画」が作られるような平和な世の中に、なってほしいものです。マジで。

安田謙一の最新アルバム

文・島田潤一郎（夏葉社）

最初にあこがれた文章が大江健三郎で、その次が村上春樹、それから保坂和志に首ったけになり、大学三年生のころは安田謙一に夢中だった。『ミュージック・マガジン』の発売日が待ち遠しくて、真っ先に本秀康の「レコスケくん」を読み、「萩原健太のコンパクトディカバリー」を読んで、今月号は安田さん、なにを書いているんだろう、とページをめくった。大学の教室で。ひとりで。

モーニング娘。が「抱いてHOLD ON ME!」を出し、キリンジが「双子座グラフィティ」でメジャーデビューしたころのことで、音楽の話をする友人がだれもいなくても、毎日が楽しかった。いつだって、なにかの発売日を待っていた。「ミュージック・マガジン」がフェラ・クティの特集をすればフェラ・クティのアンソロジーを買ったし、高橋敏幸の『エレクトリック娑婆世界』というCDがすごいと知れば、それを探すためにトボトボと町へ出た。

それまでにウォークマンで聴いてきたものや、寝床で読んだもの、テレビで見てきたものが、頭のなかでリンクしはじめようとしていた。結びつけるのは、もちろんURLではなくて、知性でもなくて、知識だ。聴けば聴くほど、読めば読むほど、買えば買うほど、いろんなものが互いに影響しあい、あるいは実際にその物の制作をとおして人が行き来していることを知り、ああ、この人とこの人は知り合いなんだ、とか、この人とこの人は〇〇に住んでいるんだ、とか、そういう細かな情報に胸を躍らせた。雑誌に書いてある公の情報なのに、ぼくだけが知っているんだ、と思い込み、だれかに打ち明けるタイミングを日々さがしていた。

あれから二〇年以上経ち、個人が所有していたはずの膨大な知識・情報がどういうものとなり、共有されているかは、周知のとおり。たとえば、二〇年前、本書に出てくるLas Colombianitasの「Cuerpo

Sin Alma」を聴きたかったとしたら（狂おしいくらいに聴きたかったはずだ）、延々とレコード屋をまわり、徒労と知りながらブックオフの中古CD棚の「L」の棚を目を細めてチェックしていかなければならない。ぼくはその労働のあとの慰めとして買う一〇五円の本の重さも想像できるし、ブックオフ隣りのコンビニで買う「ガリガリ君」のコーラ味のことも、毎月立ち読みしていた「BUBKA」のことも思う。

ノスタルジーで書いているのではないし、知識の価値がなくなったといいたいわけでもない。だれもが等しく情報にアクセスできるいまだからこそ、文章というものは、ますますその魅力を増している。そんなふうに思うのである。遠く離れたAとBを結びつけるのは、知識でもあるが、それ以上に文章であり、ユーモアだ。もっといえば、飛躍であり、こじつけであり、語呂合わせであり、グルーブだ。レコードの溝を眺めるように文章を読み、遠いところに、あるいは思いのほか身近な場所にたどり着く。そして、「あっ」と思う。

『書をステディー　町へレディゴー』のなかには、専門の音楽や映画の話だけではなく、時事ネタや生活の話もたくさん出てくる。それらが連想や妄想によってひっつき、自由自在に語られ、あれよあれよと最後の一行にまで流れていくとき、ああ、こういうものを読みたかったのだ、と思う。紹介したいアレよりも、伝えたいコレよりも、いちばん最初にポップソングのような魅力的な文章がある。

ぼくはたとえば、本書のなかで「配達」という言葉が出てくると、それだけでうれしくなる。日々の労働というフラットな場所から、この文章がどこへ辿り着くのか。ハンドルを切ってどこへでも行ける、というのが文章の自在さを表現する比喩だとすれば、どうしようもない渋滞にはまったときにロック漫筆家の文章はどこへ辿り着くのか。そのこたえは、「これって、今、我々が生きている世界、そのものではないだろうか。」であり、「なーんてね。天声人語みたいなこと考えてみたりして」であったりするのだが、同じような文章の転調の先に、さらっと事の本質を書いてみせるのもロック漫筆家の魅力だ。たとえば、自分は桑名正博の息子であると偽った乃羅と、二〇一八年に富田林署から脱走し、自転車で全国一周をしているふうを装って、警察の目を欺き続け樋田淳也のこと。「旅に出るとすぐに『家に帰ったら…』と考えてしまう私のような人間の旅は旅なんてものじゃない。樋田や乃羅が騙り続けた日々、それが旅である」しびれる。

なにかを伝えたいのだとすれば、その情熱と同じくらいのユーモアを。迂路を。転調を。レコードが一本の溝であるのと同じように、文章もまた一本の線だ。それは情報ではなく、コピー&ペーストできる断片でもなく、音楽と同じような何かだ。

『書をステディー町へレディゴー』は全部で百二（プラスアルファ）曲入り。辻井タカヒロさんの漫画も百二（プラスアルファ）本入っているから、デラックス・エディション、あるいはレガシー・エディション、またはコレクターズ・エディションといいたくなる。どこから聴いても（読んでも）おもしろい。

安田謙一

1962年神戸市生まれ
ロック漫筆家

身長 183cm ／水瓶座／Ｏ型／老眼
好きな食べ物……カレー　汁物全般
好きな本……ゲンイチロウのチョイチョイ話（柳生弦一郎）

1988年、ミニコミ誌『３ちゃんロック』を発行。音楽誌などに寄稿、生計を立てる。著書に『ピントがボケる音』（国書刊行会）、『なんとかとなんとかがいたなんとかズ』（プレスポップ）、『神戸、書いてどうなるのか』（ぴあ）がある。

辻井タカヒロ

1967年京都市生まれ
漫画家・イラストレーター

身長 171cm ／魚座／
B 型／近眼
好きな食べ物……
豆類全般、チーズ
好きな本……
梵雲庵雑話（淡島寒月）

1991年、フリーペーパー『花形文化通信』で、初めて原稿料というものを貰う。以来、その気になり、雑誌やウェブなど、様々な媒体でイラスト、漫画を寄稿。著書に『焦る！辻井さん』（京阪神エルマガジン社）、『京都ケチケチ買い物案内』（誠光社）がある。

書をステディー町へレディゴー

二〇一九年十一月一〇日　第一刷発行

著者　安田謙一・辻井タカヒロ
発行者　堀部篤史
装丁　藤田康平（Barber）
イラスト　辻井タカヒロ
写真　平野愛（P254）
発行所　誠光社
〒六〇二－〇八七一
京都市上京区中町通丸太町上る俵屋町四三七
https://www.seikosha-books.com
s-contact@seikosha-books.com

印刷・製本　モリモト印刷株式会社

定価　一六〇〇円＋税

ISBN 978-4-9911149-0-8　C0095　Printed in Japan